本书系国家社会科学基金重大项目“建构基于生态文明建设的公共财政体制研究”（批准号：15ZDB159）的阶段性成果
本书由江西财经大学资助出版

激励企业技术创新的财税政策研究

基于江西省的分析

魏吉华 著

上海财经大学出版社

图书在版编目(CIP)数据

激励企业技术创新的财税政策研究：基于江西省的分析/魏吉华著．—上海：上海财经大学出版社，2019.12

ISBN 978-7-5642-3398-3/F·3398

Ⅰ.①激… Ⅱ.①魏… Ⅲ.①企业创新-地方财政-财政政策-研究-江西②企业创新-地方税收-税收政策-研究-江西 Ⅳ.①F812.756

中国版本图书馆CIP数据核字(2019)第230591号

□ 责任编辑 肖 蕾
□ 书籍设计 张克瑶
□ 责任校对 姚 玮

激励企业技术创新的财税政策研究
——基于江西省的分析
魏吉华 著

上海财经大学出版社出版发行
(上海市中山北一路369号 邮编200083)
网 址：http://www.sufep.com
电子邮箱：webmaster@sufep.com
全国新华书店经销
江苏凤凰数码印务有限公司印刷装订
2019年12月第1版 2019年12月第1次印刷

710mm×1000mm 1/16 16印张(插页：2) 235千字
定价：68.00元

前 言

科学技术是第一生产力，技术创新是民族进步的灵魂。面临新经济浪潮的冲击，提高企业技术创新能力以提升国家核心竞争力成为世界各国公共政策制定的逻辑基点。经济新常态背景下，中共十八大报告提出了以创新为首的五大发展理念，强调科技创新是提高社会生产力和综合国力的战略支撑，必须摆在国家发展全局的核心位置。中共十九大报告进一步指出，创新是引领发展的第一动力，是建设现代化经济体系的战略支撑，并要求建立以企业为主体、市场为导向、产学研深度融合的技术创新体系。技术创新是促进我国转变经济增长方式实现可持续发展的必然要求，是推进产业结构优化升级完善现代产业体系的中心环节，是企业提高自身竞争力的重要途径。财政是国家治理的基础和重要支柱，公共财政是政府履行职能的物质基础、政策工具和管理手段，是技术创新的重要引导、支撑和经济保障。我国已经建立起了较为庞大的激励企业技术创新的财税政策体系，但无论从国家层面还是从地方层面来看，政策的实际创新激励效应尚未达到预期。对于江西省来说，长期较低的技术创新水平制约了省域经济跨越式发展，唯有推动企业走技术创新之路，才能提升区域竞争力，实现发展升级和绿色崛起。现行激励企业技术创新的财税政策对江西省企业有哪些影响，影响的强度和方式如何，如何修订、完善和创新既有的财税政策，如何建立健全的激励企业技术创新的财税政策体系等，均需要从理论和实证层面进行充分研究。

第一章介绍本书的研究背景、研究意义和研究方法等。通过研读大量国内外技术创新和财税政策的相关文献,梳理技术创新的理论渊源、财税政策工具影响企业技术创新的效应,挖掘激励江西省企业技术创新的财税政策的研究空间,在此基础上形成本书的主体研究框架,并阐释了本书创新点及研究难点。

第二章在财税政策激励企业技术创新的理论分析中,剖析了科技创新、自主创新、制度创新等与技术创新的区别和联系,然后分别基于新古典经济学和演化经济学理论,从弥补技术创新市场失灵和弥补技术创新系统失灵两方面解析了政府以公共政策激励企业技术创新的必要性,认为由于技术创新存在着公共性、外部性、不确定性和风险性、信息偏在性导致创新市场失灵,以及由于技术创新基础设施失灵、制度失灵、交互失灵和能力失灵导致创新系统失灵。依据技术创新政策工具分类体系,从供给面、环境面和需求面选取了财政投入、税收优惠、政府采购三类财税政策工具,分析了各自激励技术创新的作用机理。此外,书中分析了企业技术创新各阶段对财税政策的需求,肯定了三类财税政策工具在不同技术创新阶段的积极作用。

第三章剖析了激励江西省企业技术创新的财税政策的现状和问题。在财政投入政策分析部分,梳理了国家层面和江西省层面的财政投入政策,分析了江西省财政科技投入政策存在着财政科技支出规模较小、R&D 经费资源配置不合理、对企业的 R&D 资助存在缺陷、财政科技投入管理体制不科学等问题。在税收优惠政策分析部分,首先从扶持高新技术企业发展、激励企业加大研发投入、推动科学技术成果转化、鼓励科技人员创新创业、支持创新创业平台建设等方面梳理了国家层面激励企业技术创新的现行税收优惠政策,并分析了现行技术创新税收优惠政策的主要特征,然后运用大量的调研数据考察了江西省落实技术创新税收优惠政策的实际情况,分析了政策落实过程中发现的包括政策设计层面、政策执行层面和企业创新管理方面的问题。在政府采购政策分析部分,梳理了江西省政府采购政策演变历程,并在国家政策变化大背景下基于政策文本和调研资料分析了江西省在政府采购政策制定和政策执行上存在的主要问题。

为了获知江西省企业技术创新实际能力,第四章构建了创新投入能力、协同创新能力、知识产权能力和创新驱动能力四个维度的企业技术创新能力评价指标体系，对江西省企业技术创新能力进行了动态评价和横向对比分析，肯定了江西省企业技术创新的成就，但由于大多数创新能力指标在全国和中部地区省份位次都不高，表明江西省企业创新能力依然较弱。通过综合分析对企业和政府部门展开调研获取的资料，认为江西省企业技术创新主要存在企业创新制度缺失、创新资源配置失衡和创新环境不佳等问题，从而导致江西省企业创新能力提升缓慢。据此认为政府不仅要采用数量型的财政投入、税收优惠和政策采购等财税政策工具激励企业加大研发投入、加速科技成果转化、实现技术产业化，还应当以更宏观的科技政策鼓励企业完善创新制度和体制、促使创新资源向企业聚集、优化区域技术创新环境等。

第五章对财税政策工具的创新激励效应进行了多角度的实证分析。首先，基于统计年鉴数据，建立了多元线性回归模型，分析了区域创新体系下江西省政府 R&D 资助对企业 R&D 投入的影响效应。研究发现，江西省政府对企业的直接 R&D 资助对企业 R&D 投入存在杠杆效应；政府对科研机构的 R&D 经费投入对企业 R&D 投入会产生挤出效应；政府对高等院校的 R&D 资助会对企业 R&D 投入的增加产生杠杆效应；企业新产品销售收入对企业 R&D 投入起着正向的激励和支撑作用。其次，基于在江西省原国税部门获取的数据，建立了面板数据回归模型分析税收优惠政策对企业创新产出的影响效应。研究发现，研发费用加计扣除能够有效提升企业技术创新产出；其他所得税优惠同样对企业创新产出有显著正向影响，但影响效应不及研发费用加计扣除；企业资产规模是提升企业创新产出的重要因素；企业成本对企业创新产出有显著的负向影响。最后，基于针对深入企业内部以调查问卷形式获取的数据考察了现行财税政策激励江西省企业技术创新的有效性。研究发现，财税政策整体上均具有创新激励有效性；财政投入政策的创新激励较为税收优惠政策更为有效；财税政策的创新激励效应因企业类型的不同而有所区别。

由于现行激励企业技术创新的财税政策的完善要批判地吸收国外经验，总结国内经验，因此第六章归纳提炼了不同制度环境下的美国、欧盟、日本、韩国等发达工业化国家和新兴工业化国家以及相同制度环境下的北京、上海、广州等国内发达省市积累的值得在国家层面改进财税制度以及江西省在实践中加以借鉴的经验做法。鉴于不同国家和地区存在着政治制度、经济水平、文化水平等差异，江西省要以辩证的眼光对待国内外经验，避免落入盲目制度引入的陷阱。

基于对江西省企业技术创新现状的剖析和现行技术创新财税政策的理论分析与实证结果，并结合国内外先进的财税政策制定和执行经验，第七章提出了完善激励江西省企业技术创新的财税政策建议。在财政投入政策方面，建议加大优化宏观创新环境的财政科技支出，合理配置构建区域创新体系的R&D投入，以科学的资助手段激励企业技术创新，完善财政科技投入管理和绩效评估体制等。在税收优惠政策方面，建议从税收优惠法制化、优化税制结构和优惠方式、放宽优惠条件和重视人才激励等方面完善国家层面的税收优惠政策体系，从增强政府间协调与政企交流方面加强地方层面的政策执行机制建设。在政府采购政策方面，建议明确政府采购法律法规的创新激励取向，制定和改进省级层面的相关制度体系，建立技术创新政府采购政策执行机制。最后，分别从构建企业内部创新制度、集聚企业外部创新资源、优化企业创新政策环境三个方面提出了完善江西省企业技术创新相关配套措施的政策建议。

第八章总结了本书研究内容，尤其将政策建议进行归纳提炼，并指出了本书研究的不足之处及未来改进方向。

目 录

前言 1

第一章 绪论 1

1.1 研究背景与研究意义 1

1.1.1 研究背景 1

1.1.2 研究意义 6

1.2 相关研究文献综述 7

1.2.1 企业技术创新的理论进展 7

1.2.2 财政投入政策与企业技术创新 13

1.2.3 税收优惠政策与企业技术创新 16

1.2.4 政府采购政策与企业技术创新 20

1.2.5 江西省企业技术创新及财税激励政策 23

1.2.6 可能的拓展空间 25

1.3 研究内容与研究方法 26

1.3.1 研究内容 26

1.3.2 研究方法 29

1.4 创新点与研究难点 30

1.4.1 创新点 30

1.4.2 研究难点 30

第二章　财税政策激励企业技术创新的理论分析　32
2.1　技术创新的相关概念及模式　32
2.1.1　技术创新的相关概念　32
2.1.2　政府与市场关系下的技术创新模式　36
2.2　政府激励企业技术创新的理论依据及必要性　37
2.2.1　新古典经济学:弥补技术创新的市场失灵　38
2.2.2　演化经济学:弥补技术创新的系统失灵　42
2.3　技术创新财税政策工具类别及其作用机理　47
2.3.1　供给面技术创新财税政策工具:财政投入　49
2.3.2　环境面技术创新财税政策工具:税收优惠　51
2.3.3　需求面技术创新财税政策工具:政府采购　55
2.4　企业技术创新对财税政策的需求分析　57

第三章　江西省激励企业技术创新的财税政策的现状及主要问题分析　60
3.1　激励企业技术创新的财政投入政策　60
3.1.1　财政投入政策的现状　60
3.1.2　财政投入政策的主要问题　69
3.2　激励企业技术创新的税收优惠政策　83
3.2.1　税收优惠政策的现状　83
3.2.2　税收优惠政策的主要问题　92
3.3　激励企业技术创新的政府采购政策　106
3.3.1　政府采购政策的现状　106
3.3.2　政府采购政策的主要问题　110

第四章　江西省企业技术创新能力评价及存在的主要问题分析　115
4.1　江西省企业技术创新能力的现实评价　115
4.1.1　江西省企业技术创新能力评价指标体系　116
4.1.2　江西省企业技术创新能力的纵向评价　122

4.1.3 江西省企业技术创新能力的横向评价 131
4.2 江西省企业技术创新存在的主要问题 134
4.2.1 创新制度层面的问题 134
4.2.2 创新资源层面的问题 137
4.2.3 创新环境层面的问题 140

第五章 江西省激励企业技术创新的财税政策效应的实证分析 143
5.1 区域创新体系下政府R&D资助对企业R&D投入影响效应的实证分析——基于多元线性回归模型 143
5.1.1 理论分析与模型构建 143
5.1.2 数据预处理、描述性统计及检验 147
5.1.3 模型估计与结果解析 150
5.1.4 基本结论及简要政策建议 152
5.2 技术创新税收优惠政策对企业创新产出影响效应的实证分析——基于面板数据回归模型 153
5.2.1 模型构建与指标选取 153
5.2.2 数据来源及描述性统计 155
5.2.3 模型估计与结果解析 156
5.2.4 基本结论及简要政策建议 158
5.3 财税政策激励江西省企业技术创新的有效性分析——基于调查问卷数据的实证 159
5.3.1 调查问卷设计及调查资料的获取 160
5.3.2 财税政策激励企业技术创新的有效性的总体分析 161
5.3.3 财税政策激励企业技术创新的有效性的比较分析 162
5.3.4 基本结论及简要政策建议 166

第六章 国内外激励企业技术创新的财税政策经验 168
6.1 国外激励企业技术创新的财税政策经验 168

6.1.1　国外激励企业技术创新的财政投入政策经验　168
6.1.2　国外激励企业技术创新的税收优惠政策经验　174
6.1.3　国外激励企业技术创新的政府采购政策经验　178
6.2　国内激励企业技术创新的财税政策经验　183
6.2.1　国内激励企业技术创新的财政投入政策经验　183
6.2.2　国内激励企业技术创新的税收优惠政策经验　186
6.2.3　国内激励企业技术创新的政府采购政策经验　189

第七章　完善激励江西省企业技术创新的财税政策的建议　192
7.1　完善激励江西省企业技术创新的财税政策的思路、目标及原则　192
7.1.1　政策思路　192
7.1.2　政策目标　195
7.1.3　政策原则　196
7.2　完善激发企业技术创新动力的财政投入政策　198
7.2.1　加大优化宏观创新环境的财政科技支出　198
7.2.2　合理配置构建区域创新体系的 R&D 投入　200
7.2.3　以更科学的资助手段激励企业技术创新　203
7.2.4　建立财政科技投入管理和绩效评估体制　204
7.3　完善涵养企业技术创新财力的税收优惠政策　205
7.3.1　完善国家层面税收优惠政策体系　206
7.3.2　加强地方层面政策执行机制建设　211
7.4　完善增加企业技术创新需求的政府采购政策　213
7.4.1　明确政府采购法律法规创新激励取向　214
7.4.2　制定和改进省级层面的相关制度体系　215
7.4.3　建立技术创新政府采购政策执行机制　217
7.5　完善企业技术创新相关配套设施的政策建议　218
7.5.1　构建企业内部创新制度　218
7.5.2　集聚企业外部创新资源　219

7.5.3　优化企业创新政策环境　223

第八章　总结及研究展望　226

参考文献　230

第一章
绪 论

1.1 研究背景与研究意义

1.1.1 研究背景

(1)国情:转变经济增长方式及建设创新型国家需要以财税政策支持企业技术创新

20世纪中叶以来,随着世界经济复苏进程加快,技术发展日新月异,技术进步对经济增长的贡献日趋加大。技术创新对激励企业发展的重要性日益显著。新经济的兴起打破了传统工业经济和农业经济主导的经济格局,全球正在形成一个有着多元化市场的经济共同体,寻求积极的对策以抓住经济全球化机遇并迎接逐渐加剧的以科技革命为核心的国际竞争成为各国的重要战略,尤其是提高企业技术创新能力以增加国家和企业的核心竞争力成为政策制定的重要出发点。

古人曰:“天行健,君子以自强不息。”五千年的中华文明铸就了自强自立的民族创新精神,在历史上相当长的一段时期内,中国以四大发明而傲立于世界民族之林。然而资本主义的发展促进西方工业文明飞速进步,列强利用坚船利炮带给了中华民族近百年的屈辱历史。创新精神是中华民族精神的精髓,是中华民族振兴与持续发展的动力之源和必由之路。技术引进在百废待兴的新中国发展中起了重大作用,但是"中兴事件"、中美贸易争端等表明,唯有克服技术依赖的自主技术创新才能让中华民族真正崛起,才能从"制造大国"走向"制造强国",从"中国制造"走向"中国创造""中国智造",提升在全球价值链中的低端地位。唯有通过技术创新才能掌握涉及国家经济命脉的战略性产业的核心技术,才能改变"技术空心化"对国家政治、经济安全的不利影响,从而在激烈的国际竞争中处于不败之地。技术创新是符合中国国情的、独一无二的理论思维和战略举措。

从宏观层面来看,技术创新是促进我国转变经济增长方式,实现可持续发展的必然要求。改革开放以来,我国创造了举世瞩目的"经济奇迹",然而长期以来以"高投入、高能耗、高排放、高污染"为特征的粗放型经济增长模式带来的生态环境压力却成为国家发展的短板和人民生活的痛点,制约了经济社会的可持续发展。技术创新是改变资源瓶颈约束和生态环境恶化困局的重要突破口,有助于经济增长由要素驱动型向创新驱动型转变,由粗放型向集约型转变,由外延型向内涵式转变。从中观层面来看,技术创新是推进产业结构优化升级,完善现代产业体系的中心环节。较之经济发达国家,我国产业自主创新能力弱,服务业、高技术产业的比重长期处于较低水平,面临着艰巨的产业结构优化升级的任务。唯有技术创新,才能促进内外需求结构平衡、产业结构优化,才能提高经济发展的质量,将经济增长方式由投资、出口拉动,第二产业带动,依靠物质资源消耗向消费投资出口协调拉动,第二、第三产业协同带动,依靠科技进步、劳动者素质提高、管理创新转变。唯有技术创新,才能以高新技术加快改造传统产业,提高传统产业的科技含量,盯紧国际科技和产业前沿,加快发展战略性新兴产业,切实促进我国三大产业的高水平协同发展,全面提升产业技术水平和国际竞争力。从微观层面来看,技术创新是企业提高自身竞争力的重要途径。在知识化、全球化的发展形势下,企业之间的竞争已由生产经营环节转移至研发环节，技术创新引发的竞争成为影响企业提高生产效率，实现经济效益的重要因素。企业只有努力提高技术创新能力和水平，才能有效提升自身的核心竞争力和盈利水平，确保面临日趋激烈的国内外竞争时保持持续而长久的后劲。

由此可见，技术创新对于我国政治、经济、社会发展意义十分重大。2006 年我国颁布的《国家中长期科学和技术发展规划纲要》及“十一五”规划正式将自主创新列入国家战略，从理论基础来看，是西方创新理论观点和方法论在我国的具体运用，是中国特色社会主义技术经济学、创新经济学在新的历史时期的发展。从战略举措来看，其标志着我国技术创新的指导思想和发展战略正式进入一个新的阶段。我国实施自主技术创新的根本目的在于解放和发展生产力，为跨越中等收入陷阱，实现中华民族伟大复兴奠定更加坚实的物质基础。“十三五”是我国全面建设小康社会的关键时期，是提高自主创新能力、建设创新型国家、实现创新驱动发展战略的攻坚阶段。党的十八大报告提出以创新为首的五大发展理念，强调科技创新是提高社会生产力和综合国力的战略支撑，必须摆在国家发展全局的核心位置。党的十九大报告进一步指出，创新是引领发展的第一动力，是建设现代化经济体系的战略支撑，并要求建立以企业为主体、市场为导向、产学研深度融合的技术创新体系。企业是微观经济主体，数量众多的具备技术创新能力和掌握核心竞争力的企业是建设创新型国家的基石。

财政是国家治理的基础和重要支柱，是国家实施宏观调控的重要杠杆。财税政策工具由于其作用于技术创新的对象、范围和强度各异，能够较好地从各个方面传达政府科技政策的偏好和导向，特别是合理的财政政策工具组合能够极大地推动技术进步和经济增长，因而成为国际上发达工业化和新兴工业化国家激励企业技术创新的政策工具之一。我国自改革开放以来制订出台了一系列激励科技进步、增强企业创新能力的财税政策，建立起了一个较为庞大的激励企业技术创新的财税政策体系，成为我国企业技术创新的重要引导、支撑和保障性经济手段。国家层面的财税制度和政策工具为地方政府运用财税手段支持企业技术创新提供了有力的依据。同时，地方层面以财税政策激励企业技术创新的实践也成为检验财税制度合理性和有效性的重要依据。

(2)省情:打造经济发展新动能及建设创新型省份亟待以财税政策支持企业技术创新

江西省作为欠发达省份,已经进入工业化发展的中期阶段,具备较明显的重化工业化特征,对资源的依赖性和环保压力均相对较大。然而,江西省科技创新水平在全国长期处于较低位次,经济和科技"两张皮"现象严重制约了省域经济进一步发展,产业结构失衡,传统发展动力不断减弱,粗放型增长方式难以为继,企业技术创新对江西经济社会发展的意义十分重大。

企业技术创新是提升江西省核心竞争力的迫切需要。过去因为各种因素制约,江西工业化进程和城镇化发展等方面都落后于国内发达省份,发展不足是主要矛盾、加快发展是根本任务。随着经济进入新常态,面临着经济结构性减速的挑战,技术创新日益成为我国各地区提升核心竞争力的战略选择,区域竞争逐渐成为技术和人才资源的争夺赛,尤其是发达省份更加注重打造技术创新高地。江西省经济经过十多年持续高速增长后,也已"换挡"进入中高速增长的新常态,经济增长方式从规模速度型的粗放增长转向质量效率型的集约增长,经济发展动力从要素投资驱动转向消费、创新驱动。但是当前消费拉动、创新驱动增长模式的发育和成长明显不足,经济发展的内生动力尚未形成。为了在新一轮竞争中赢得主动,把握发展时机、改变落后地位,打造以企业技术创新为主体的科技创新体系成为江西省提升核心竞争力的唯一选择。

企业技术创新是推动江西省发展升级的现实路径。江西省与全国发展的差距,表面上是总量上的差距,实质上是结构上的差距,尤其是供给体系的质量和效率大幅度落后于发达省份,面临着有效需求不足、传统动力减弱、保持经济平稳健康发展难度增加等一系列新的挑战。加快供给侧结构性改革,已经成江西省当前经济工作的主线。推进供给侧结构性改革,加快传统产业转型升级、培育发展战略新兴产业,科技创新是重要抓手。突破技术瓶颈可以带来产品的质量飞跃,攻克重要技术可以推动产业的重大升级。江西省产业结构不优、竞争力弱、缺少标志性品牌和强劲的经济增长动力,创新能力弱是根本原因。因此，江西省应紧紧抓住创新“牛鼻子”，大力挖掘创新资源，建立有利于企业技术创新的体制机制，加强有效供给，最终推动发展升级。

企业技术创新是江西省实现科学发展、绿色崛起的重要支撑。当前我国资源环境约束不断增强，发展失衡、失调、不可持续的问题成为影响人民日益增长的对美好生活的需要的重要原因，粗放型增长模式已难以缓解经济社会发展矛盾。江西省走科学发展、绿色崛起之路，力求在取得较快增长速度的同时确保发展质量、效益和可持续性，是江西省实现弯道取直、后发赶超的必然要求。然而，缺乏关键核心技术和高层人才、科技成果转化水平较低、企业创新能力较弱、体制机制不完善等问题，是制约江西省科学发展、绿色崛起的突出短板和重大瓶颈。因此，江西省必须以科技创新为突破口引领全面创新，大力推进企业技术创新，为实现科学发展、绿色崛起提供强劲支撑。

综上分析可知，唯有技术创新，才能适应引领经济发展新常态，提升江西省核心竞争力；唯有技术创新，才能加快供给侧结构性改革，推动江西省发展升级；唯有技术创新，才能实现江西省科学发展、绿色崛起。因此，江西省必须紧紧抓住创新这个“牛鼻子”，加快转变经济发展方式，大力发展先进制造业、战略性新兴产业、高新技术产业等现代化产业，实现从传统生产要素驱动向创新要素驱动的转变；必须加强企业技术创新能力建设，以企业技术创新带动全面创新，走自主创新型、资源节约型和环境友好型的科学发展之路，实现经济与社会协调发展、人与自然和谐发展，打造经济发展新动能。同时，江西省是实现我国中部崛起的重要战略支撑点，其技术进步将对中部地区整体发展起着重要的支持作用。以科学的财税手段激励企业技术创新活动的资本积累，将有力促进江西省三大产业均衡发展，并最终为全面建成小康社会战略、实现中西部崛起的战略做出重大贡献。然而，现行激励企业技术创新的财税政策对江西省企业有哪些利弊影响，影响的强度和方式如何，如何修订、完善和创新既有的财税政策，如何建立健全的激励企业技术创新的财税政策体系等，均需要从理论和实证层面进行充分研究。

1.1.2 研究意义

财政是庶政之母,作为一项重要的宏观调控工具,将在企业技术创新发展中发挥引导、激励、协调、化险的作用,成为技术创新的助推器。本书研究江西省企业技术创新与财税政策之间的关系,探索如何通过财税政策整合企业内外部创新资源及优化企业创新环境,助力企业提高技术创新效率,以更好地推动江西省经济增长,理论意义和实践意义均十分重大。

(1)深入推进财税政策激励企业技术创新的理论研究

我国现有财税理论中关于财税政策如何影响技术创新活动的理论尚限于一般性分析,对于应该如何设计和运用财税支持体系实现预期目标,并没有得到很好解决。在实际工作中,现有的各种财税法规与政策已经不能适应我国建设创新型国家的需要,许多法规本身又存在诸多模糊不清、相互冲突的条款和内容,迫切需要予以重新梳理、明确和再设计。本书针对江西省激励企业技术创新的财税政策现状和问题进行客观分析,同时借鉴发达国家的成功经验,可推进我国对技术创新的财税激励政策体系的研究,而且通过深入分析所建立的基本分析框架可为考察和评估财税激励政策的有效性提供理论依据。

(2)总结提炼财税政策激励企业技术创新的实践经验

本研究可以在实践方面推出财税政策激励企业技术创新的江西省样本,为国家层面制定激励企业技术创新的财税政策提供地区性的实践论据,并为其他欠发达省份执行区域性技术创新财税政策提供经验借鉴。具有实践意义的是,运用财政学、技术经济学、制度经济学、统计学、社会学等理论与方法对激励江西省企业技术创新的财税政策进行系统研究,提出一套较为系统的财税政策建议为相关政府部门决策提供参考,有利于江西省审视区域财税政策在激励科技创新发展方面的不足以加强相关执行机制和制度建设,这对于江西省依靠创新驱动打造发展新引擎,开辟发展空间,以科技创新引领全面创新,大幅度提高科技对经济增长的贡献率,实现经济保持中高速增长和产业迈向中高端水平的“双目标”有着重要的现实意义。

1.2　相关研究文献综述

企业技术创新能力成为国家或区域竞争的重要筹码，江西省企业技术创新动力和能力不足制约了自身经济持续和谐发展，研究如何以财税政策激励企业开展技术创新，使企业突破技术创新的瓶颈，防止跌入“技术空心化”之不利境地，有必要了解和掌握先进理论。本书主要从企业技术创新的基本理论、财税政策（财政投入、税收优惠、政府采购）与企业技术创新的关系、江西省企业技术创新及相关财税激励政策等方面对现有文献进行梳理。

1.2.1　企业技术创新的理论进展

（1）技术创新理论的发展脉络

①技术创新理论的确立

创新的基本概念和思想最早由美籍奥地利裔经济学家约瑟夫·阿洛伊斯·熊彼特（Joseph Alois Schumpeter）在其著作《经济发展概论》中明确提出。他认为，“创新是指把一种新的生产要素和生产条件的‘新结合’引入生产体系，它包括五种情况：创造一种新产品；采用一种新方法或工艺；开辟一个新市场；取得新的原材料或半成品来源；实现一种新的产业组织方式或企业重组。”熊彼特强调，企业家是推动企业创新的主要力量，是企业家不断实现生产要素和生产条件的新组合（Schumpeter，1912）。之后，他又先后出版了《经济周期》和《资本主义、社会主义和民主主义》，对创新理论进行了补充和完善，形成了以创新理论为基础的独树一帜的理论体系。其通过解释经济周期现象，认为资本主义经济的发展表现出周期性的波动形式，创新经由“创造性毁灭”将利润从潜在变为现实从而推动了资本主义经济发展进程（Schumpeter，1939）。同时，熊彼特新理论论证了资本主义社会的发展前景，认为随着技术的不断创新和发展，资本主义终将过渡到社会主义（Schumpeter，1942）。熊彼特的创新贡献在于将技术植入经济增长过程，其企业家创新理论也奠定了国家创新体系基础。

②技术创新理论的推进

在熊彼特创新理论之后,国外学者从经济增长、创新体系、技术转移、企业创新战略、政策制订等视角对技术创新进行了系统深入的研究,形成了新熊彼特学派、新古典学派、新制度创新学派和国家创新系统学派等。

技术创新的新熊彼特学派以美国经济学家埃德温·曼斯菲尔德(Edwin Mansfield)、卡罗等为代表,他们坚持熊彼特传统,强调技术创新和技术进步在经济发展中的核心作用,认为企业家是推动创新的主体,侧重研究企业的组织行为及其对技术创新的影响,具体包括:演进理论、创新扩散、企业战略、路径依赖等,并提出了一系列技术创新模型,包括企业家创新模型、线性模型、链环回路模型(Kline 和 Roserberg,1986)、创新周期模型等。归纳来看,新熊彼特学派主要强调创新活动作为一个复杂的相互作用过程的共性,但是忽略了技术创新的国家因素。

技术创新的新古典学派对于技术创新理论的研究可分为以美国经济学家罗伯特·M. 索洛(Robert M. Solow)为代表提出的外生增长理论和以肯尼斯·J. 阿罗(Kenneth J. Arrow)、保罗·M. 罗默(Paul M. Romer)为代表提出的内生增长理论。罗伯特·M. 索洛在《技术变化与总量生产函数》中提出了计算技术进步对于国民经济增长贡献率的柯布道格拉斯生产函数,并测算出1909~1949 年间美国的非农业部门劳动生产率 87.5%的贡献来自技术进步(Solow,1957)。外生增长理论将技术作为外生因素,没有诠释技术的发生机制,认为技术进步只是经济增长中不能用劳动力和资本解释的残差。肯尼斯·J. 阿罗认为技术创新过程中存在着创新收益的非独占性、创新过程的不可分割性和创新的不确定性等市场失灵,强调政府干预的作用,认为技术创新是经济增长的内生变量和基本因素(Arrow,1962)。保罗·M. 罗默在《内生技术变化》中阐述了内生增长理论,认为技术变化是经济增长的核心,是创新者响应市场激励的自主行为的结果(Romer,1990)。他强调研发和人力资本的重要作用,推动了发展中国家从制度内部寻求发展动力,但是忽视了制度和市场等因素。受罗默将劳动分为非技术劳动和人力资本的启发,卢卡斯在《关于经济增长的机制》中研究了人力资本的溢出效应，认为具有知识溢出的人力资本投资能够积极影响全社会生产力的提高(Lucas，1988)。

技术创新的新制度创新学派是以兰斯·戴维斯(Lance Davis)和道格拉斯·C. 诺思(Douglass C. North)等人为代表的新制度经济学家将熊彼特“创新”理论和制度学派的“制度”理论相结合，研究制度安排对于国家经济增长的影响。其中，尤其以道格拉斯·C. 诺思与兰斯·戴维斯等合著的《制度变迁与美国经济增长》为代表作。制度创新学派认为制度创新决定技术创新，好的制度选择会激励技术创新，不好的制度设计将扼制技术创新或阻碍创新效率的提高。该学派肯定了制度创新对技术创新的决定性作用，肯定了技术创新能够改变制度安排的收益和成本。道格拉斯·诺思在《经济史的结构与变迁》中将制度演进引入经济增长，认为经济组织和制度创新是影响经济增长的最终原因；制度的进步(如专利制度)对技术创新的保护刺激了技术的进步和发展；在各种制度因素中，产权制度起着最基础性的作用(North，1981)。

技术创新的国家创新系统学派以英国学者克里斯托夫·弗里曼(Christopher Freeman)、美国学者理查德·R. 纳尔逊(Richard R. Nelson)等人为代表。弗里曼(1987)在其《技术政策与经济绩效：日本的经验》中首次使用了“国家创新体系”的概念。该学派考察日本、美国、欧洲等国家或地区创新活动特征发现，技术创新是由国家创新系统推动的，并非仅仅企业家的功劳。国家创新系统是参与和影响创新资源的配置及其利用效率的行为主体、关系网络和运行机制的综合体系，企业和其他组织等创新主体经由国家制度的安排及其相互作用，推动知识的创新、引进、扩散和应用，取得更好的国家技术创新绩效。该理论重在考察技术创新与国家经济发展实绩的关系，强调国家专有因素对技术创新的影响，认为国家创新体系是政府、企业、大学研究机构、中介机构等为寻求一系列共同的社会经济目标而建立起来的，将创新作为国家变革和发展的关键动力系统。

③技术创新理论的未来发展走向

随着信息技术产业的高速发展，技术创新不断打破产业和市场的界限，技术扩散更加迅速,技术融合更为广泛,技术创新程度日趋复杂,技术创新理论得到了新的发展契机,西方理论界陆续出现了技术创新生态化理论、技术创新社会资本理论、技术创新博弈理论、区域创新系统理论。

技术创新生态化理论基于可持续发展理念,有别于传统技术创新理论,其更为关注技术创新与生态保护的相互关系,认为在技术创新过程中,不仅要重视经济效益,还应将生态效益、社会效益和社会发展等纳入技术创新的目标之中,用生态化的技术替代传统的技术,并实现技术创新的商业价值。同时,认为对技术创新的活动过程和结果的评估,必须谨遵"共生性"和"协调性"的原则。绿色技术创新、循环经济和清洁生产的提出和实践为技术创新生态化理论的发展提供了契机和证据。

技术创新社会资本化理论在 2000 年由美国哈佛大学的弗泰恩和阿特金森教授等学者对意大利、巴西等国家中小企业技术创新路径的长期研究后提出。这一理论认为动态的生产关系或合作创造价值的社会网络有利于创新主体之间的知识交流和沟通,对于企业而言不仅能够获得技术创新所需要的信息、技术、人才等,还能获取更为重要的新知识(包括显性知识和隐性知识)。企业提高技术创新能力的关键就在于知识的创造、获取和内外资源整合(Fountain,2000)。技术创新社会资本化理论从社会学的角度研究和解释技术创新的路径以及成功的社会条件环境,将技术创新理论体系与社会学、经济学进行有机整合,开拓了技术创新理论研究与发展的全新视野。

技术创新博弈理论认为专利许可、技术标准等技术壁垒的产生使得发展中国家引进和应用先进技术的代价越来越大,技术转移过程成为技术创新与模仿学习企业之间利益的博弈和技术创新收益再分配的过程。该理论基于竞争的视角考察技术创新各主体之间的关系、创新的路径和市场结构等,认为企业创新应当以增强核心竞争力为导向,企业核心竞争力和以此为基础的国家综合竞争力是模仿、创新以及制度变革的结果,企业、组织、地区和国家的技术创新能力和综合实力由学习和自主创新能力决定。技术创新博弈理论将技术创新理论与经济博弈理论有机结合,重视学习和自主创新对技术创新跨越式发展的作用,有利于发展中国家确定创新模式和调节政策引导方向。

区域创新系统理论源自英国经济学家库克等在《区域创新系统:在全球化世界中的治理作用》一书中提出的区域创新系统的概念,认为区域创新系统是由在地理上相互分工与关联的生产企业、科研机构以及高等院校等构成的区域性组织体系,该组织体系支持并产生创新(Cooke,Hans-Joachim,Heidenreich,1996)。该体系建设的关键是通过激励企业、大学、研究结构、中介机构及银行、协会等的有效联系,激励区域内新知识、新技术的产生、传播和产业化。地方政府是营造区域创新环境的主体,在政策引导和资金支持方面起着重要的作用。三螺旋创新理论是研究区域创新体系的新范式,最早由美国学者亨瑞·埃茨科瓦茨(Henry Etzkowitz)与勒特·雷德斯道夫(Lote Leydesdorf,1995)提出,他们将生物学DNA研究中的三螺旋模型运用到解释"大学—企业—政府"之间关系中,描述了区域创新体系的动力机制。

(2)企业技术创新能力评价及其影响因素

在企业技术创新能力评价方面,评价指标体系的构建尤为关键。中国科学技术发展战略研究院、中央财经大学经济学院联合发布的《中国企业创新能力评价报告2016》构造了包括创新投入能力、协同创新能力、知识产权能力和创新驱动能力4个一级指标、12个二级指标和24个三级指标在内的企业创新能力指标体系,并对我国企业创新能力进行了动态评价。张林和宋阳(2018)利用熵值法构建了以技术创新投入能力、技术创新实现方式、技术创新产出能力、技术创新转化能力和技术创新管理能力等为准则层的企业技术创新能力评价体系。曹洪军等(2009)认为企业家的创新欲望、每年R&D投入经费、企业每年创新成果产生的收入、新产品在市场上的成功率、企业融资能力等因素是评价企业技术创新能力的关键指标。

关于企业技术创新的影响因素,国内外学者分别从不同角度进行了分析。Herbig和Miller(1992)通过比较研究美国、英国、加拿大、澳大利亚等国的技术创新后认为社会结构对技术创新的影响重大,并认为社会结构由包括语言障碍、国家大小、政治经济情况、科技经济体制、高等教育结构与水平、基础结构等国内因素和科学共同体、国际技术合作等国际因素构成。Freeman(1997)全面考察了29个技术创新项目,对比分析其成功与失败的经验后认为,对用户需要具有更好的理解、对市场给予更多的关注、较高的开发工作效率、有效利用外部技术和外部建议、有高职位和权威的负责人。Langrish(2007)基于对1966~1967年获得英国女王技术创新奖的84个项目的调查表明,影响技术创新成功的主要因素包括:创新组织中有一个处于权威地位的杰出人物;创新组织中有其他类型的杰出人物;对某种市场需要有清楚的认识;创新组织内的良好合作;资源可获得性;来自政府方面的帮助。同时,他认为影响技术创新延迟甚至失败的因素则包括:相关支持技术不够发达;创新没有市场或需要;高级管理层没有认识到创新的潜力;对新思想的抵制;资源短缺;糟糕的合作与沟通交流。Gayle(2010)对熊彼特假说进行了新的实证检验,其将专利被引用次数用来衡量创新产出对微观企业数据进行实证研究发现,市场集中度能够显著地正向影响专利引用次数。朱恒鹏(2006)通过获取我国10个省市800余家民营企业的调查数据后研究发现:企业规模与民营企业研发支出强度之间呈现显著的倒U形函数关系,民营企业拥的市场力量有助于企业创新强度的提高和自主创新比例的增加,此外,企业所采用的主要竞争手段、所处行业特征和地区差异等因素也对企业创新行为有很大影响。余子鹏和王今朝(2015)根据针对我国东中西部地区约300家企业进行的Likert调查问卷数据研究发现,财政、金融和劳动力市场等因素对我国企业技术创新作用不明显,但是企业物质、制度和精神等因素对技术创新选择影响较强。

(3)企业R&D的市场失灵及政府作用

内生增长理论认为知识自身在实现收益递增的同时也能使资本、劳动等投入要素产生递增收益,最终促进经济增长呈现规模递增的效应(Romer,1986;Grossman和Helpman,1993),R&D因此成为各国政府支持的重点。Arrow(1962)、Romer(1989)、程华(2000)认为技术创新是准公共品、效益外溢,政府通过制定一系列法律、税收、金融等政策措施能够矫正市场在技术创新过程中的缺陷,使技术创新的外部性内在化,使创新者享有更好的创新收益。Hall

(2002)认为,R&D知识和技术具有公共物品、外部性等特征,个体投资者无法独占创新成果的全部收益,在纯市场机制下R&D资源投入会低于社会理想水平。这就是企业R&D活动的市场失灵现象。国内外学者的诸多研究为政府干预R&D提供了理论依据。Clause(2009)发现了市场失灵论断的实证支持,认为政府资助能够在社会与私人研发收益率相差较大的领域最大化地激励私人研发支出,建议政府部门应该支持私营部门的研究项目以刺激更多的研发。Akinwale等(2012)运用最小二乘法研究了R&D和创新、劳动力和资本对尼日利亚经济增长的影响,发现当研究机构薄弱、腐败行为严重、学术与产业间的互动性不强、产业集群不协调时,仅仅加大研发投入的力度是不够的,政府有义务提供R&D和创新基金,发展强有力的研究机构,加强学术与产业之间联系,实施可行的科学、技术和创新政策,以促进经济发展和多样化。同时,政府还应为各产业集群中的工业企业提供各种财政激励,鼓励其从事研发和创新活动。

1.2.2 财政投入政策与企业技术创新

(1)支持企业技术创新的财政政策工具

财政支持技术创新的政策工具较多,整个财政收支过程都可以作为财政政策工具来使用,不同的政策工具对技术创新活动的支持特点各不相同,既有文献对技术创新的财政支持政策工具的关注主要集中于以下几个方面。

在财政科技投入政策方面,Bellais(2004)认为由于基础研究的长期性和风险性,使用企业资本金或当期利润开展基础研究会形成机会成本,导致企业投资基础研究的热情小,政府需要通过科技政策加以引导,构建调动全社会科技投入的良性机制。刘军民(2009)认为国家科技经费投入结构不合理,企业从政府获得科技活动经费支持偏低,财政资金政策缺乏配套协调,重点不突出,存在着"撒胡椒面"的现象。欧文汉(2012)研究发现瑞典和德国政府科研投入稳定增长,而且政府科研经费投向以基础研究为重点。寇铁军和马大勇(2013)利用我国1991～2011年政府与企业对技术创新投入的宏观数据,实证检验了我国政府科技投入对企业R&D投入的影响,表明政府科技投入对企业技术创新投入活动具有显著的引导效应。

在财政补贴政策方面,刘和东和梁东黎(2009)通过分析财政补贴的优化结构效应和分配效应,认为初始企业结构、补贴政策力度、补贴政策对创新产出的影响程度等因素影响了补贴政策对创新的激励效应。董霄(2014)主张改变过去“先立项后支持”的补助方式,由企业先进行技术研发,取得研发成果并通过相关考核的,财政给予奖励,研发失败的,财政适当补偿。邵传林和邵姝静(2015)通过检验政府财政补贴政策对企业创新绩效的影响发现,获得过政府补贴的企业与没有获得过政府财政补贴的企业相比呈现出更好的创新绩效。

在政府采购政策方面,李建军和朱春奎(2015)认为随着创新政策范式逐渐由供给侧转向需求侧,政府采购在各国需求侧创新计划中居于核心地位,可以为创新型服务或产品创造需求,加速新产品和服务商业化、扩散和应用。也有学者对政府采购的技术创新激励效应持否定意见。李燕和朱春奎(2016)运用2001～2013年的省际面板数据实证研究中国政府采购与技术创新之间的关系,发现政府采购对技术创新并没有产生积极的推动作用,且政府采购对技术创新的影响作用存在地域性和创新产出类别上的差异。

在财政支出结构政策方面,严成樑等(2010)在资本积累与创新相互作用的框架下,通过参数设置和数字模拟在现实经济环境下,考察财政政策对经济增长的传递机制,认为政府的支出结构对经济增长的影响是多方面的,资本性支出比例上升,会使资本和劳动边际回报上升,却使政府研发支出比例下降,降低知识积累和经济增长的速度,政府支出结构的平衡对于创新研发和经济增长十分重要。

(2)政府R&D投入对企业R&D投入的激励效应

Klette和Moen(2012)认为由于R&D活动具有“(准)公共物品”性和正外部性,企业自发R&D投入难以达到社会最优水平。在政府财政政策工具中,R&D投入因其对技术创新能产生直接的激励而显得尤为重要。但是学界对于政府R&D投入对企业R&D投入的影响效应至今尚无定论,归纳来看主要存在着以下三种观点:

第一种观点是政府 R&D 投入能够正向激励企业 R&D 投入，具有显著的杠杆效应。Holemans 和 Sleuwaegen（1988）通过考察比利时国内外公司的 R&D 行为，发现政府资助的研发并没有取代私人资助的研发，而是产生互补效应。高晶（2009）通过研究政府科技激励政策对大中型工业企业自筹的 R&D 投入及其专利产出的影响，认为政府的科技拨款资助能够积极激励大中型工业企业增加自筹的 R&D 投入。白俊红和李婧（2011）运用中国大中型工业企业分行业面板数据实证研究发现，政府 R&D 资助对提升企业的技术创新效率有显著的正向影响。张小红和逯宇铎（2014）研究发现，政府研发补贴使受补贴的企业平均增加 0.184％的研发强度，并且能够激励企业研发投资支出和新产品产值。郭迎锋等（2016）利用我国大中型工业企业省际面板数据研究发现，政府对企业的 R&D 资助、对高等院校的 R&D 资助会对企业自身 R&D 投入形成杠杆效应。

第二种观点是政府 R&D 投入会挤出企业 R&D 投入。Wallsten（2000）使用美国参与“小企业创新研究项目”的企业的数据研究发现，政府对工商业的 R&D 补助挤出了企业的研发支出。但是国内学者认为，综合政府向科研机构、高等院校的 R&D 资助对企业 R&D 经费的影响，杠杆效应仍然要大于挤出效应。杜文献和吴林海（2007）认为政府对企业 R&D 活动的直接资助对企业 R&D 投入具有挤出效应，政府对研发机构和高等院校 R&D 活动的资助对企业 R&D 投入具有诱导效应，但是诱导效应要大于其挤出效应，表现为政府 R&D 投入每增加 1 元，企业将额外增加 R&D 投入 0.633 元，诱导效应较为明显。肖丁丁等（2013）利用省级面板数据以及运用分位数回归方法的研究发现，政府对高校、科研院所的研发资助会对企业 R&D 支出产生杠杆效应，而对企业的研发资助则存在显著的挤出效应。而郭迎锋等（2016）认为政府对科研机构的 R&D 经费资助对企业 R&D 投入有挤出效应，政府对高等院校的 R&D 资助对企业 R&D 投入有杠杆效应，总体上政府资助效果仍表现为杠杆效应。

第三种观点是倒 U 形关系，认为政府加大 R&D 投入能够激励企业增加 R&D 投入，但是政府资助额度在达到某一限度后激励效果会逐渐呈现出递减趋势。朱平芳和徐伟民(2003)研究上海市1993～2000年32个行业的大中型工业企业的政府、企业R&D投入之间关系后认为，上海市科技拨款资助的最佳区间是1.4%～5%。陈钰芬和周昇等(2012)运用浙江省规模以上工业企业数据进行计量分析，发现政府科技资助对企业R&D支出具有明显的激励作用，政府科技最佳资助率为9%～10%，政府R&D资助每增加1万元，可导致企业R&D投入增加1.72万元。

1.2.3 税收优惠政策与企业技术创新

(1)技术创新税收优惠政策的激励效应

R&D税收优惠不仅能够缓解R&D市场失灵，还能够降低企业R&D成本，从而激励企业进行R&D投资。大多数研究表明税收优惠政策能够对企业技术创新发挥激励作用，并采取实证方法检验税收优惠的激励效应(Bloom et al.,2002;Hall和Reenen,2000)。肖鹏和黎一璇(2011)采用1991～2008年高新区样本数据进行实证分析，发现当税收减免强度增加1%时，高新技术企业的创新投入强度和创新型人才资本投入强度分别增加29.6%和32.6%，并认为长期采用税收减免政策更能稳定激励高新技术企业创新。王玺和张嘉怡(2015)以我国高新技术企业统计数据为样本研究税收优惠政策对企业研发投入和研发产出的实际影响，发现税收优惠金额每增加1个单位，对企业内部研发经费支出投入端的直接激励作用约为0.74个单位，对企业产出端研发需求的间接激励作用约为0.32个单位。程瑶和闫慧慧(2018)以2015年深圳证券交易所上市公司为样本，实证研究发现，税收优惠政策能够激励企业研发投入量及企业研发投入强度，且研发费用加计扣除、研发费用加计扣除与税率优惠并用、税率优惠三种优惠方式的激励效应依次递减。

但也同时有观点认为，税收优惠对企业的研发投入激励效果不显著。如Czarnitziki等(2011)研究了R&D税收抵免对加拿大制造业企业创新活动的影响效应，发现享受了税收抵免的企业并非在所有创新指标上都能取得较好业绩，比如盈利能力、国内市场占有率等就是例外。夏力(2012)基于2010年报告的179家创业板上市公司数据的实证研究表明，降低所得税税率能够刺激企业研发费用投入强度和专利数量的增加，但是只有在制度环境较好的地区和高管没有政治联系的企业，税收优惠政策才能对技术创新有显著的激励作用。袁建国等（2016）以2006～2013年我国沪深A股上市公司的数据为样本实证分析税收优惠与企业技术创新的关系，研究发现税收优惠对企业研发投入具有显著激励效应，但对创新产出的激励作用则不明显。程曦和蔡秀云（2017）同样以沪深A股上市公司的数据为研究样本进行实证研究，发现所得税优惠与流转税优惠对企业技术创新投入具有显著的激励效应，但是对企业的技术创新产出的激励效应并不显著。

（2）税收优惠政策与财政补贴政策比较研究

在两种政策工具的特征分析上，戴晨和刘怡（2008）从激励方式、激励对象、公平程度、执行成本、反应速度等方面对比分析了财政补贴和税收优惠的特点，认为前者反应速度较快且执行成本较低，而后者更具普惠公平。在实施效果上，有学者认为财政补贴和税收优惠都可以激励企业增加研发投入。如Bérubé和Mohnen（2009）研究发现同时享受R&D补助与R&D税收激励的企业能研发出更多的新产品。朱平芳和徐伟民（2009）采用随机效应模型实证研究了上海市政府的科技激励政策对大中型工业企业自筹的R&D投入及其专利产出的影响，发现政府的科技拨款资助和税收减免均能积极影响大中型工业企业增加自筹的R&D投入，且政府拨款资助和税收减免互为补充。还有学者认为财政补贴和税收优惠的激励效应存在差异。有的学者认为税收优惠的激励效应比财政补贴显著。马伟红（2011）以中小企业板高新技术企业作为研究样本，认为税收激励与政府资助对企业R&D投入都有激励作用，但较之财政资助，税收激励对企业R&D投资影响更强。有的学者认为财政补贴的激励效应更为显著。郑春美和李佩（2015）以创业板331家上市高新技术企业为研究样本，实证研究发现政府补助对企业创新有显著激励作用，而税收优惠不仅不能增加企业创新绩效，有时还会对其产生消极影响。李思慧和赵曙东（2012）利用江苏高新技术企业数据研究发现，税收减免类的政策激励效果优于补贴类的政策效果,对于国有企业来说这种影响效应更为显著。

(3)税收优惠政策的缺陷及改进建议

我国已经初步形成了以降低税率、减免税额、延期纳税、税前加计扣除、固定资产加速折旧等降低或减免企业(个人)所得税为主要手段,以增值税退(免)税、契税、印花税、进口关税、进口增值税、进口消费税减免等为补充的技术创新激励税收优惠政策体系,但是仍然存在较多缺陷,影响了政策实施效果。相关研究文献主要集中在国内。如管永昊等(2016)认为激励企业创新的税收优惠政策存在优惠政策法律层次低、优惠时限与企业生命周期不符、优惠力度与税种地位和创新要求不匹配、优惠方式缺乏灵活多样性等问题。廖家勤和毛忠滢(2017)认为应当从重新定位税收优惠政策目标,加大间接优惠比例,税收优惠政策向中小企业倾斜,加大对创新人力资本的优惠力度以及增强政策执行效果等方面完善企业技术创新税收激励机制。胡文龙(2017)认为以所得税为主税种的优惠模式与现有税制结构不匹配,对激励国有企业创新的政策效果不明显,建议要完善以创新激励为导向的企业所得税优惠政策,逐步扩大增值税等税种对创新激励的覆盖面和支持力度,要解决税收优惠政策对国有企业创新激励无效或低效的问题。胡耘通和徐东云(2018)认为企业技术创新税收政策缺乏系统性,建议建立一套从研发到成果转化的完整周期的税收优惠政策。赵笛(2017)认为企业创新税收优惠政策执行力度不足,缺乏政策效应分析,建议提高政策执行效率与后续管理,强化税收政策效应分析。

(4)研发费用加计扣除政策的研究

研发费用加计政策是国际通用的、最典型的激励企业技术创新的税收优惠政策。2008 年以来我国先后出台若干文件对企业享受研发加计扣除资格、范围、税收管理等做了全面系统的规定,形成一套较为完整的税收法律政策体系。但对于政策的实际激励效果,不同学者有不同看法。有的学者认为研发费用加计扣除政策具有显著的实施效果。如徐晓和李远勤(2011)采用调查问卷数据分析了研发费加计扣除政策对上海市高科技企业的实施效果,发现调研企业比较满意该政策的激励效果,其中过半数企业认为该政策总体上具有积极作用,绝大部分企业认为享受该政策后研发投入有不同程度的增长。陈远燕(2015)采用某市税务局综合征管系统企业所得税申报数据和企业研发费用加计扣除数据,实证分析得出研发费用加计扣除政策对企业 R&D 投入的激励效果显著。有的学者却认为研发费用加计扣除政策效果不明显或存在负面影响。如武建龙等(2016)通过 278 家企业有效调查问卷及回归模型研究发现研发费用加计扣除政策与企业创新创业呈现负相关关系。还有学者认为影响效果与企业类别相关。如张俊瑞等(2016)在对陕西省 195 家企业深入调研的基础上研究发现研发费用加计扣除政策能够提升高新技术企业创新效率,但是对非高新技术类企业创新效率没有显著影响。

由于政策实施效果不一,很多学者考察了研发费用加计扣除政策存在的问题及原因。如袁燕军(2012)发现中关村高新技术企业有一半以上享受到了研发费用加计扣除政策优惠,但与预期的受益范围还有一定的距离,认为与政策的制定、执行以及企业的实际情况等有关。王再进和方衍(2013)指出研发费用加计扣除政策存在研发领域受限、研发费归集难、研发项目认定管理不完善、企业享受面小等主要问题。汪建宏(2016)通过调查江苏省研发费用加计扣除政策的落实情况,认为中小企业较少受惠主要原因是其没有积极进行科技创新,并主动争取税收优惠。

同时,为了提供改进我国研发费用税收优惠制度安排的经验,不少学者对研发费用税收优惠国际经验做了较为深入的分析。如杨博(2012)通过解析英国、法国、加拿大研发活动及研发费用界定、R&D 税收激励计划的主要内容及管理与评估等,为我国 R&D 税收激励政策的完善提供了可借鉴的经验。杨梅英等(2014)从中小企业受益规模、政策区域性、有效期、发布口径,以及研发发生地等方面比较加拿大、英国、印度、美国、中国等国家研发费用税收优惠政策的特点,并提出改进我国研发费用税收优惠的政策建议。孙隆英(2014)全面梳理了世界主要国家对企业研发费用的税收政策,在评价各种税收方式实施的效果后,认为发达国家较多地采用税收抵免,而发展中国家更多地选择加计扣除,但均与自身经济、技术发展水平和法律制度财力水平和税收征管水平相匹配。

1.2.4 政府采购政策与企业技术创新

(1)政府采购与 R&D 投入的比较分析及其作用机理研究

政府采购与政府 R&D 投入同为科技财政支出的重要工具,但是有着各自不同的适用范围。Aschhoff 和 Sofka(2009)将公共采购嵌入包含规章制度、R&D 补贴和大学的基础研究等激励创新的公共政策的更广泛框架中,并定量比较了四个政策工具对德国 1 100 家公司创新成功的影响,认为公共采购和大学知识溢出同样推动了创新成功,其中大学知识适用于所有的公司,而公共采购在经济压力和分配或技术服务的地区对小企业更为有效。Rothwell(1984)通过比较 R&D 投入和政府采购的异同点,认为较之 R&D 投入政府采购更能长期地激励企业创新。Geroski(1988)则分析了政府创新需求质量和数量的意义,认为政府采购政策是比研发投入更为有效的激励创新的工具。

在政府采购政策激励企业技术创新的作用机理研究方面,Correia 等(2013)认为公共采购是推动政府制定公共政策的关键融资机制,并基于国际政策发展背景下的英国公共采购构建了低碳政府采购模型。胡卫(2004)区分了公共技术与一般政府采购,依据不同标准界定了公共技术采购的类别,并结合北欧地区采购热泵技术采购的案例阐释了公共技术采购的运作机理。黄河(2006)通过考察西方国家的政府采购政策,认为政府采购政策作用主要体现在采购本国产品、扶持中小企业和保护本国产业发展等方面。贾明琪等(2014)实证检验了我国政府采购规模、开放程度与技术创新能力之间的长期均衡的协整关系,认为技术创新能力与政府采购规模互为格兰杰(Granger)原因,政府采购规模与开放程度能够在长期对技术创新能力产生正向影响。刘云等(2017)将我国政府采购激励科技创新的政策作用机制分为四个维度,分别是促进对高新技术产品的政府采购,推动科技型中小企业的发展,推动政府绿色采购以激励节能环保产业的发展,激励政府采购国货并对政府采购进口产品进行管理。

(2)政府采购政策的创新激励绩效评价及制度缺陷研究

在政府采购政策的创新激励绩效评价方面,Kestenbaum 和 Straight

(1995)提出了用于衡量组织质量的基准和管理指标,其中的输出指标能够衡量采购函数的性能,并适用于评估各种其他行政职能。艾冰和陈晓红(2008)在构建自主创新水平评价指标的基础上,运用灰色关联度分析法,比较各个因素与自主创新之间的关联度,并着重分析了政府采购水平对自主创新的影响效果。田仪顺(2009)依据国家政府采购对自主创新产品认定的相关管理办法和认定细则,设定了政府采购自主创新产品 7 个一级评价指标、23 个二级评价指标,构建了层次分析法与模糊数学评价法相结合的政府采购自主创新产品的评价模型。孙磊超(2014)运用面板数据模型实证评析了 2003~2011 年我国各省区政府采购规模与高新技术产业的发展水平相关衡量指标之间的关系,认为政府采购规模更能激励高新技术产业的产出。

在政府采购政策激励企业技术创新的缺陷方面,有学者认为其不能促进技术创新。如 Siemiatycki(2006)指出尽管政府认为应当将竞争和市场力量引入公共基础设施的采购,使更负责任的决策有助于更大的技术创新,以减少持续不断升级的工程造价升级的潜力,但作者通过考察加拿大温哥华快速铁路发展项目发现并不能推动技术创新或限制成本升级。这种缺陷究其原因是多方面,一是政策执行主体认知偏差。如 Lember 等(2011)基于北欧波罗的海城市的研究表明,公共采购的创新解决方案对供应商有积极的影响,且政府可以充当市场创造者,但是政府官员缺乏对采购与创新之间联系的认识,通过公共采购激励创新时往往不愿冒风险。二是政策配套措施不完善。如 Uyarra 等(2014)利用英国公共部门供应商的专门调查分析了与公共采购中的过程、能力、程序和关系相关的障碍如何影响供应商的创新能力和获得创新的好处,认为缺乏与采购组织的交互、使用与基于成果的规范相反的特定标书、采购人素质偏低和采购过程中风险管理不善是供应商的主要障碍,但对于较小的公司和非营利组织,诸如合同大小、缺乏有用的反馈和机会主义的沟通等问题尤为突出。

(3)激励企业技术创新的政府采购政策的国内实施效果研究

林洁(2012)通过考察山西省政府采购政策的落实情况,认为在激励企业自主创新方面存在诸如政府各部门对政府采购的导向功能认识不足、自主创新产品评价标准缺乏、现有采购评价法难以支持企业自主创新等问题。公宁(2014)分析了广东省自主创新产品政府采购政策沿革及实施现状。王厚全和侯立宏(2016)梳理了北京市政府采购激励中小企业创新发展相关模式,认为存在政策举措未形成合力、创新环节落实不足、宣传不到位和监管机制缺失等问题。刘云等(2017)则采用政策文本计量、对政府相关部门实地调研等方法实证分析了北京市政府采购政策的实施效果,并与国内其他典型地区如江苏省、广东省、深圳市基于相关案例进行了比较分析。焦雨生(2017)通过分析湖北省政府采购相关政策文件,发现湖北省激励创新的公共采购中创新政策较为被动,缺少在国家政策允许的条件下进行政策创新的主动性;对中小企业创新产品的采购不重视;对绿色采购的政策落实不到位等问题。宁旭初和秦强(2017)根据中国政府采购网和广西壮族自治区政府采购网公开的 2015 年广西壮族自治区本级部门政府采购的货物类和服务类合同,从需求侧和供给侧分析了广西壮族自治区政府采购对广西壮族自治区企业技术创新的激励效应,认为由于欠发达地区企业竞争力不足、供给与需求匹配度不高等原因,高新技术企业获得的采购合同比例较低。

(4)政府采购政策激励企业技术创新的国际经验及完善措施研究

在国际经验分析方面,常超等(2008)介绍了美国、加拿大和韩国政府采购激励企业自主创新的经验,提出我国应将政府采购的目标设定为国货优先和激励产品自主创新,还应根据产品市场化程度采取阶段性和连续性的政府采购政策,同等重视技术与产品采购,以及重视中小企业和政府采购业务能力培训等。郭雯和程郁(2011)主要从保护本国产品、倾向性支持中小企业、战略性采购培养高技术产业及新兴产业、促进创新和激励雇主提高员工的创新技能四个方面分析了美国、日本、欧盟等国外政府采购具体政策实践。艾冰(2012)在财政部暂停政府采购激励自主创新相关政策的背景下,分析了日本扶持中小企业、韩国实行电子化政府采购的特色做法。在政府采购政策的完善举措方面,宋河发等(2011)结合对企业的调查数据和理论研究指出我国政府采购政策和实施细则的不一致性、冲突性和缺陷性等问题,建议制定自主创新产品的认证评价标准、政府采购法实施细则、国防采购政策细则，以及建立政府采购自主创新产品专项资金、自主创新产品目录快速更新机制，并要加大补贴和惩罚力度等。郭宝(2014)认为应当从政府、企业、第三方、用户方面进行全过程监控以强化政府采购扶持企业创新的效果。

1.2.5 江西省企业技术创新及财税激励政策

(1)江西省企业技术创新的现状、问题及对策研究

当前对江西省企业技术创新的研究主要基于两种方法：

第一种是采用统计数据。如王拓等(2009)构建了以技术创新基础指标、技术创新再投入指标、技术创新成果指标、技术创新环境指标为一级指标的大中型企业技术创新能力评价指标体系，依据2001～2007年的数据运用主成分分析法测度和评价江西省大中型企业技术创新能力，研究表明江西省大中型企业技术创新能力呈逐步提升的趋势，但与中部地区其他省份以及全国平均水平相比，技术创新能力仍然比较弱。王芳等(2009)基于2001～2008年江西省高新技术企业数据，构建了高新技术产业技术创新的评价指标体系，实证分析发现江西省高新技术产业的技术创新能力整体呈现增强态势；进一步运用灰色关联模型研究得出江西省企业技术创新能力的逐年增强有力推动了高新技术产业的发展。姚林香和黄菊萍(2014)从宏观层面分析了江西省科技创新能力，认为在科技投入、科技产出、科技成果转化率等方面江西省与中部其他五省的差距较大，建议深化科技体制改革，建立以市场为导向的新型管理体制和创新机制；加大科技投入规模，合理配置科技资源；健全人才激励机制，培养高水平科技人才；加大对专利产业化项目的专项奖励，提高科技产出水平；发挥科技财政政策与其他政策的关联效应，提高科技成果转化率。王文乐(2015)认为江西省中小企业技术创新基础薄弱，但是创新潜力较大，一方面需要政府提供资金来源和社会服务等创新环境，另一方面需要企业通过自身改革以形成技术创新的内生动力。

第二种是基于企业的实地调研。麻智辉(2013)参与江西省社会科学院调

研组在南昌、景德镇、上饶三市以收集资料、问卷调查、开座谈会等形式对江西洪都航空工业集团公司、江铃汽车股份公司、昌河航空工业有限公司、昌河汽车股份有限公司、江西华意压缩机股份有限公司和江西凤凰光学集团有限公司六家企业技术创新情况进行了实地调研,分析了企业自主创新存在的困难和问题,并提出加强企业自主创新能力建设的政策建议。九三学社江西省委(2017)课题组深入江西省 6 个设区市调研了 24 家企业,并与政府相关部门、科研单位负责人座谈,发现江西省企业普遍存在的困难和问题包括创新人才不足,研发机构设置率低;研发经费投入低,金融支持力度弱;高校、科研院所对企业支持不够;科技中介服务业发展滞后;部分激励政策落实不到位。同时,提出了相应的改进措施和建议。匡小平和蔡芳宏(2017)在参与江西省委改革办开展的企业创新发展成就与问题专项调研中发现,江西省企业创新过程主要存在产业集群缺乏导致引人留人难、政策信息不畅导致研发决策失误、政府配套基础设施不足影响企业研发、政府采购门槛过低抑制创新产品优势和知识产权难以获得有效保护,提出应当在稳定已有资金支持型政策的同时,逐步增加环境改进型政策,即构建区域经济发展协调机制,协助企业融入周边经济圈;出台善待中青年创新创业的环境政策,激励中青年在当地创新创业;构建政企信息通报与响应机制;提高政府采购门槛,扩大创新产品市场占有率;增加对市场监督机关的财政投入,维护知识产权。

(2)激励江西省企业技术创新的财税政策研究

当前从财税视角考察江西省创新支持政策的文献不多,主要是分析两类财税政策工具的实效。一是财政科技投入政策。如胡昕(2016)通过对江西省财政科技投入的绩效进行横向和纵向的 DEA 分析,认为江西省财政科技投入绩效尚未达到最优水平,需要从建立财政科技投入稳定增长机制、加快科技成果向现实生产力转化、优化财政科技投入结构、加强科技经费的管理和监督和建立全面的财政科技投入绩效评价体系五个方面入手提高江西省财政科技投入绩效。池自先和吴莎(2017)从资金来源结构、投入总量、投入结构分析了江西省财政科技投入的现状:来源单一,以政府投入为主;总量不足、增长缓慢,与中部地区差距较大;基础研究、应用研究投入严重偏低,实验发展政府投入比例过高。曾金发(2017)梳理了江西省支持中小企业自主创新的财政政策,然后从财政体制、激励方式等方面阐释了江西省中小企业财政激励政策的问题和改进措施。二是税收优惠政策,主要集中于对江西省落实研发费用加计扣除政策的研究。如万莹等(2016)认为,江西省研发费用加计扣除政策的激励效应囿于政策设计、政策落实和企业内部管理等问题尚未得以充分发挥,建议制定符合江西省实际情况的政策实施细则,简化税收征管流程,加大跨部门合作力度及政策宣传、业务培训力度等。席卫群(2017)通过分析 2008～2015 年江西省研发费用加计扣除数据,认为研发费用加计扣除税收优惠能够有效降低企业税收负担、鼓励企业技术创新、促进优势产业发展等,但需要进一步加大中小企业创新扶持、扩大加计扣除范围、优化税收征管等。在现有文献中,对江西省政府采购政策的专门研究较少。

1.2.6 可能的拓展空间

通过梳理国内外相关文献可知,现有文献对企业技术创新理论以及财税政策与企业技术创新的关系进行了较为全面的理论与实证研究,既有从国家层面对现行技术创新财税政策的大量研究,也有初步探索区域对财税政策的执行情况,但仍有三个方面需要加强。

第一,需要进一步拓展政府以财税政策激励企业技术创新的经济理论基础。传统技术创新财税政策以新古典经济学为理论基础,认为财税政策的根本目的在于以直接性的资金支持激发企业创新动力,从而弥补技术创新的市场失灵,属于数量型的财税政策。但实际上,在演化经济学框架下采取以增加企业创新机会、培养企业创新能力的质量型财税政策,以弥补技术创新的系统失效,应该成为国家或区域创新政策的重要选择。

第二,需要进一步加强以财税政策激励企业技术创新的实证研究和微观研究。国家层面的财税政策是地方层面执行的依据,且需要随着经济发展水平的变化不断进行调整,因此对技术创新财税政策的研究也需要不断更新和完善,无论是研究数据还是研究方法都应当与时俱进。既有研究大多运用国家层面或者省级面板数据，以宏观战略部署和理论框架构建为主，深入政府部门及企业内部的微观调查研究较少。

第三，需要进一步强化财税政策激励企业技术创新的区域性经验的研究和总结。我国幅员辽阔、人口众多、文化多元、地区经济差异性较大，既有研究并没有覆盖我国所有地区、所有行政单元，某一个地区适用的经验和做法未必能够全盘照搬到另一个地区，因此有必要进一步加强技术创新财税政策的区域性研究，为类似地区解决共性问题提供对策思路。

本书以江西省这一特定地域的企业技术创新财税激励政策为研究对象，充分借鉴既有研究成果，对政府以财税政策激励企业技术创新的理论基础进行拓展，考察国家层面的财税政策在江西省的执行现状和存在的主要问题，探究江西省企业技术创新能力的现状及其存在的主要问题，对财税政策的区域性创新效应进行多方法、多角度的实证分析，希望能够对目前文献的以上研究薄弱之处进行一定补充。

1.3 研究内容与研究方法

1.3.1 研究内容

本书研究基于科学方法论，将科学的定性分析和定量分析手段有机结合，深入分析财税政策激励江西省企业技术创新的基本原理和实际效果，探索现行技术创新财税政策存在的主要问题，从而系统地设计和制定出激励江西省企业技术创新的财税政策。研究的逻辑起点与技术路线如图1－1所示。

本书研究的内容包括以下几个部分：

第一章，绪论。本章介绍本书的研究背景、研究意义和研究方法等。通过研读大量国内外技术创新和财税政策的相关文献，梳理技术创新的理论渊源、财税政策工具影响企业技术创新的效应，挖掘激励江西省企业技术创新的财税

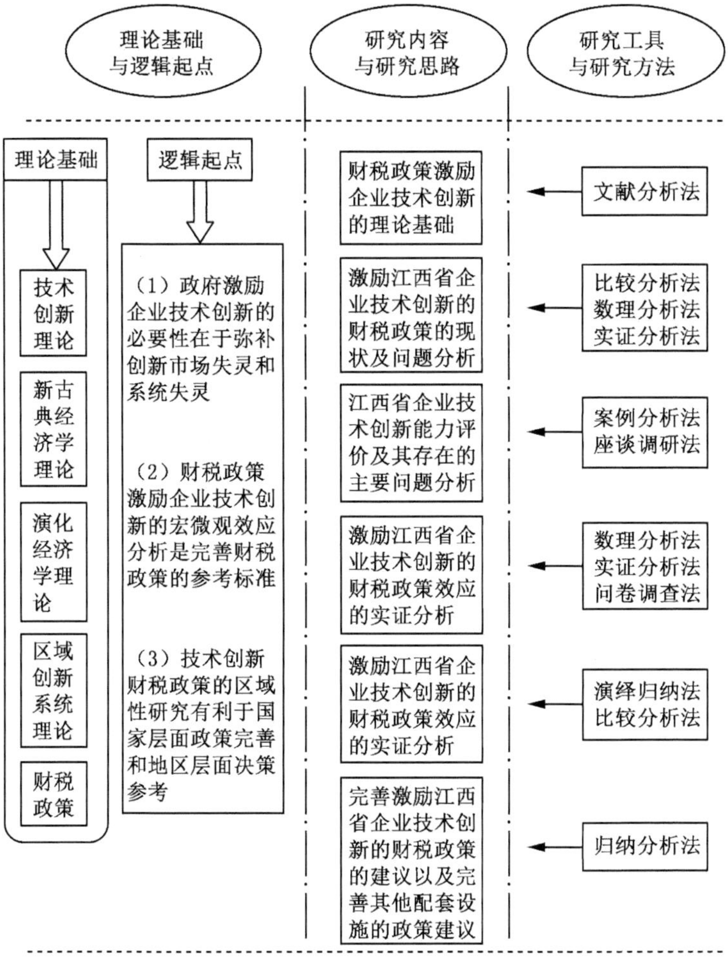

图 1—1 研究逻辑起点与技术路线

政策的研究空间，在此基础上形成本书的主体研究框架，并阐释本书创新点及研究难点。

第二章，财税政策激励企业技术创新的理论分析。阐释技术创新的相关概念和模式及公共政策激励企业技术创新的理论依据和必要性，分析企业技术创新的财税政策工具类别，解析各项财税政策工具对企业技术创新的作用机理，并探究企业技术创新各个阶段对财税政策的需求，为本书的后续研究奠定了较为扎实的理论基础。

第三章,江西省激励企业技术创新的财税政策现状及主要问题分析。首先分别梳理国家和省级层面激励企业技术创新的财政投入政策、税收优惠政策和政府采购政策。然后运用大量的统计年鉴数据、调研数据分析激励江西省技术创新的财政投入政策、税收优惠政策和政府采购政策的实施现状,并挖掘现行财政投入政策、税收优惠政策和政府采购政策存在的主要问题。

第四章,江西省企业技术创新能力评价及存在的主要问题分析。首先构建包含创新投入能力、协同创新能力、知识产权能力和创新驱动能力四个维度的江西省企业技术创新能力评价指标体系,并基于该指标体系对江西省企业技术创新能力进行动态纵向评价和横向对比分析。然后进一步通过调研访谈并结合文献资料分析江西省企业技术创新存在的主要问题,为财税政策的完善提供针对性的思路。

第五章,江西省激励企业技术创新的财税政策效应的实证分析。首先以区域创新链和区域创新体系为理论支撑,采用规范的统计年鉴数据,建立多元线性回归模型,实证分析区域创新体系下江西省财政科技投入的不同去向对企业R&D投入的影响效应。其次采用从江西省原国税部门获取的调研数据建立固定效应面板数据回归模型,分析以研发费用加计扣除为例的税收优惠政策对江西省企业创新产出的影响效应。最后,基于针对企业以调查问卷形式获取的数据,对当前江西省实行的激励企业技术创新的主要财税政策的有效性进行了对比分析。

第六章,国内外激励企业技术创新的财税政策经验借鉴。通过探讨国内外激励企业技术创新的财税政策的主要特点,挖掘出不同制度下的其他工业化发达国家和新兴工业化国家以及相同制度环境下的国内其他省份以财税政策激励企业技术创新的经验,供我国在宏观层面完善相关财税政策和江西省在完善和执行相关财税政策时加以借鉴。

第七章,完善激励江西省企业技术创新的财税政策的建议。基于前文的理论分析与实证分析,针对江西省实际情况,提出完善江西省企业技术创新财税激励政策的思路、目标及原则,并提出具体的政策改进建议和完善相关配套措施的政策建议。

第八章，总结及研究展望。总结本书研究内容，尤其将政策建议进行归纳提炼，并指出本书研究的不足之处及未来改进方向。

1.3.2　研究方法

(1)文献阅读与调查研究相结合

通过查阅图书、国内外学术期刊及学位论文等方面的文献资料，结合本书的研究目标，收集相关的文献，通过整理、总结和归纳前人的研究成果，打下扎实的研究基础。通过深度访问江西省企业技术创新各环节中的利益相关体，了解其对财税支持的基本态度，与政府相关管理部门、企业、研究人员、科研专职研究机构等进行访谈，了解财税政策在技术创新激励过程中具体效果与管理现状等一手资料，为本书研究积累基础数据。通过意愿调查直接询问企业负责人或财务主管对财税政策激励创新的评价，研究改革利益相关者对财税改革方案和政策组合的评价和反应。

(2)规范分析与实证分析相结合

对财税政策激励企业技术的基础理论分析，本书主要采用规范分析法，从技术创新理论、新古典经济学理论、演化经济学理论、区域创新系统理论等视角分析财税政策工具的作用机理，定性分析财税政策激励企业技术创新可能遇到的问题和应采取的思路。同时注重收集相关宏观和微观数据，通过多元线性回归模型、面板数据回归模型等实证分析财税政策对江西省企业技术创新的影响程度与具体效果，使得理论与实证互为补充。

(3)比较分析与演绎归纳相结合

激励企业技术创新的财税政策是具有国别和区域特色的，本书通过比较分析和演绎归纳相结合的方法，对国内外发达经济体或地区以财税政策激励企业技术创新的主要措施和经验进行归纳，总结出共性的和具有规律性的经验，并结合江西省经济发展水平、创新基础条件和财政体制改革的实际，提炼出具有参考价值的借鉴和启示，从而使政策设计具有一定的科学性和前瞻性。

1.4 创新点与研究难点

1.4.1 创新点

(1)理论视角创新:拓展政府激励技术创新的理论基础

既有研究大多基于新古典经济学理论,认为政府介入技术创新的理论依据主要是弥补市场失灵,本文从演化经济学理论出发,将弥补系统失灵作为政府介入技术创新的另一理论依据。据此认为政府不仅要采用财政投入、税收优惠和政策采购等财税政策工具以数量型的支持方式激励企业加大研发投入、加速科技成果转化、实现技术产业化,还应当实施质量型财税政策,即藉由财税手段鼓励企业完善创新制度和体制、促使区域创新资源向企业聚集、优化区域技术创新环境等。

(2)研究方法创新:注重对微观调查数据的采集和运用

在分析企业技术创新的主要问题、技术创新财税政策落实情况和财税政策的创新激励有效性时采取深入政府部门及企业内部实地考察、关键人物及部门访谈等方法,获得第一手数据资料,并在实证研究中灵活科学运用多元线性回归、面板数据回归模型等方差分析、灰色关联度分析多种计量方法,使得本书的研究结论更加真实、可靠。

(3)研究对象创新:立足于欠发达省份江西省的财税实践

运用搭建的理论分析框架,首次系统地对江西省激励企业技术创新的财税政策进行梳理与分析,通过"解剖麻雀"的方式探讨现行技术创新财税政策存在的问题,在此基础上提出的政策建议不仅对于江西省以财税制度创新引领技术创新具有较强的指导性和可操作性,同时对于类似的欠发达地区解决共性问题也具有一定的决策参考价值。

1.4.2 研究难点

本选题的提出具有十分重要的理论和实践意义,但同时也给本书研究提出了一系列挑战和需要突破的难题，主要体现在：

(1)采取调研厘清财税政策的创新激励作用机制

影响企业技术创新能力提升的因素较为复杂，既涉及各级政府，又涉及企业、科研院所、高等学校、个人等市场主体。为厘清财税政策对各个创新行为主体的影响机制，然后从中析出对企业这一技术创新主体的影响，必须开展大量有组织的、针对创新主体的调研活动，从而获知财政激励政策下各创新主体的行为逻辑、反应机制和行为改变程度，但是调研活动的组织和开展具有一定的难度。

(2)构建财税政策效应分析模型及获取相应数据

在对我国既往和现行的财税政策和措施对江西省企业技术创新所产生的效应进行实证分析时，必须要建立符合江西省实际的财税激励政策数量分析模型。由于搜集财税政策影响江西省企业技术创新的宏观和微观数据是一项较为耗时费力的工作，故在构建财税政策影响江西省企业技术创新的具体指标体系、数理模型和影响因子的分析中，存在相关数据获取方面的困难，在一定程度上会影响实证研究工作的开展。

(3)广泛阅读中外文文献以提炼可资借鉴的经验

研究江西省企业技术创新财税激励政策的既有文献不多，且财税政策工具的使用存在国内外差异，因此需要大量阅读国内外文献，提炼可资借鉴的经验，一定程度上加大了本书研究的工作量。同时，如何恰当地借鉴发达国家及国内其他省份以财税激励技术创新的经验并与江西省实际相结合，从而建立起既符合江西省当前发展现状又能有效激励企业技术创新的财政体制框架和政策体系是本书需要克服的难点。

第二章

财税政策激励企业技术创新的理论分析

全球经济一体化和新经济时代背景下，国家之间的竞争日趋激烈，而竞争主动权的获得越来越依靠科技进步的速度与自主创新的能力，“只要一国或一个企业在一个技术领域内哪怕只领先一小步，就有可能占领绝大多数的市场份额，其他竞争对手将很难生存，甚至后来者连参与竞争的机会都没有”①。财税政策是提高国家技术创新能力的重要手段，是企业技术创新激励机制的重要组成部分。本章主要分析技术创新及相关财税激励理论。

2.1 技术创新的相关概念及模式

2.1.1 技术创新的相关概念

(1)技术创新

“创新”有两种含义，第一种是作为普通词汇，指的是“创立或创造新的”，“新的”既可以是事物，也可以是思想、方法等。自 20 世纪 90 年代以来，“创新”

① 王红领，李稻葵，冯俊新. FDI 与自主研发：基于行业数据的经验研究[J]. 经济研究，2006(2)：44－56.

被用在了广泛的领域，如科学创新、科技创新、基础研究创新、制度创新、体制创新、管理创新、创新人才、创新教育、创新产品等。第二种是作为学术专用词汇。熊彼特(1912)是学术界最早提出“创新”概念的学者，其认为“创新”包括下列五种情况：①创造一种新产品；②采用一种新方法或新工艺；③开辟一个新市场；④取得新的原材料或半成品来源；⑤实现一种新的产业组织方式或企业重组。可见，从学术层面理解，“创新”指的是企业家对生产要素新的结合，属于经济范畴的概念，实际上指的就是技术创新。对创新引发新生产函数的行为，熊彼特赋予了如下特征：第一，创新是生产过程中内生的。相异于资本、劳动力等外部因素的变化导致的经济变化，创新是发生于经济体系内部的经济变化。第二，创新是一种“革命性”的变化，具有突发性和间断性。第三，创新同时意味着毁灭。第四，创新必须能够创造出新的价值。先有发明，后有创新；发明是新工具或新方法的发现，而创新是新工具或新方法的应用，并且能够创造出新的经济价值。第五，创新是经济发展的本质规定。发展改变和代替了既往的均衡状态，是经济循环流转过程的中断，也就是实现了创新。第六，创新的主体是企业家。“企业”是“新组合”的实现，企业家的职能在于能否执行新组合，以最大限度地获取超额利润。

傅家骥(1998)是我国技术创新领域研究的先驱者，其对技术创新概念界定为：技术创新是企业家抓住市场的潜在盈利机会，以获取商业利益为目标，重新组织生产条件和要素，建立起效能更强、效率更高和费用更低的生产经营系统，从而推出新的产品、新的生产(工艺)方法、开辟新的市场、获得新的原材料或半成品供给来源或建立企业的新的组织，它是包括科技、组织、商业和金融等一系列活动的综合过程。可见，获取商业利润是技术创新的目的，也是技术创新成功与否的唯一判断标准。技术创新是技术的演化过程，同时包括组织与制度创新、管理创新和市场创新等。技术创新是一种企业行为，其他任何组织与个人都无法开展完整的技术创新活动。

(2)科技创新

“科技”是科学技术的简称，所谓科技创新就是“创立或创造新的科学技术"。其中,"新的科学"指的是新的科学领域或新的科学方法。科技创新是纯科学技术领域的概念,其与技术创新在目的、实施主体、成果形式、成功的标志、推动者方面有着很大的区别。科技创新的目的是发现未知世界的规律并利用科学规律创立新的技术,实施主体是以分析为主要方法来研究已有世界的科学家,成果是论文、专著、专利、图纸、软件等,以基础研究技术成果的先进性和排他性等作为成功标志,推动者是科学家。而技术创新的目的是获取商业利润,实施的主体是以实践为主要方法来创造未来世界的工程师,成果是产品和服务等,以实现商业利润为成功标志,推动者是企业家。同时,从创新的过程来看,二者又是相互关联的。人类认识世界、改造世界的实践活动包括三个层次:开展基础研究,持续增加和积累新的科学和技术资源;开展研究与开发活动,将技术资源高效且创造性地转化为技术成果;开展技术成果的经济开发活动,将科学技术转化为现实生产力。科技创新的过程主要是前两个层次,而技术创新过程则主要是后两个层次。

(3)自主创新

从外延上界定的自主创新的定义当前是被广泛采用的,即自主创新包括原始性创新、集成创新和引进消化吸收再创新。这种外延的界定主要依据技术创新的技术来源。三种创新形式是相辅相成、密切联系的。企业应当根据自身实际技术能力和发展阶段,采取适合自身的创新模式。三种创新形式以不同的内容和形式存在于不同的企业之中。它们的共同点是:研发能力是企业核心能力;以获得自主知识产权并实现技术成果的商业化作为企业自主创新成功的标志;都要接受市场的检验。不同点在于:原始创新是相对独立的创新,在一定程度上主导着技术范式和技术轨迹;而集成创新和引进消化吸收再创新是二次创新,是一个积累进化的过程,其主体相对开放,且集成创新需要理解和掌握多种技术源。

自主创新兼具"自主"和"创新"的含义。自主创新是一个系统和整体的概念,它包括以技术创新为核心的各种创新。自主创新应该突出以企业为核心的技术创新主体地位,充分发挥产学研相结合的创新体系。自主创新不完全等同于技术创新，其具有鲜明的自主性、市场性以及科技与经济的融合性等特征。

(4)制度创新

制度经济学将制度演变引入经济增长。通常来讲，制度指的是一套用于支配特定的行为模式与相互关系的行为规则。制度的创新与发展被称为制度变迁，它有三层含义：一种特定组织的行为的变化；这一组织与其环境之间相互关系的变化；在一种组织的环境中支配行为与相互关系的规则的变化。诺思认为，常规的影响经济增长的因素如技术进步、规模经济、资本积累本身就是增长的外在表现，并不是经济增长的原因，影响经济增长的终极原因是经济组织和制度。

从科技力量布局的演化机制来看，科技力量布局的演化是自组织与他组织共同作用的结果。自组织是科技布局体系能动适应环境、保持体系稳定的自我调节能力。自组织包括三项特征：一是产业布局子系统之间的协同作用导致了序参量的产生，序参量支配产业布局的调整与组织；二是少数关键序参量主宰科技布局的形成与升级；三是在布局调整的临界点上，涨落起着触发的作用。他组织包括政府制度、市场力量与非正式组织力量。其中，最重要的是科技管理体制与科技计划项目。科技计划决定了科技力量分布的总体格局，因此，科技制度是影响科技创新的重要因素。

技术创新和制度创新是相互依存、相互影响的关系。合理的制度安排能够支持和激励技术创新，提高技术创新的效率和效果。国家创新能力的提升，虽然企业是中坚力量，但更需要从国家层面进行有效的制度安排，发挥政府在技术创新中的支持与政策激励作用。政府财政支持企业技术创新就是一种制度安排，支配着政府和企业在企业技术创新这一行为上各自的行为模式和相互关系。制度安排是财税政策发挥作用的基础和依托，只有在导向正确、框架合理、规范完善的财政制度和相关制度下，才可能保证财税政策充分发挥对技术创新的激励作用，使政府职能到位而不越位，有所为、有所不为，以及具备必要的弹性和持续性。

企业技术创新的制度环境包括两个层次：一是市场管理，二是创新体系环境。理论上,完全竞争的市场可能会导致企业没有利润用于投入创新,垄断市场会缺乏创新的刺激和动力。因此,介于完全竞争和垄断之间,创新会首先增加(由于市场份额的增加),然后减少(由于缺乏竞争的威胁)。因此,反垄断政策需要关注创新的活力和市场开放性。企业的创新体系环境包括宏观经济(稳定、汇率等)、监管环境(企业准入规范、技术强制要求如节能减排等)、产权保护(财产和知识)、教育系统、公共—私人研究互动、标准管理等,即国家创新体系或区域创新体系。

2.1.2　政府与市场关系下的技术创新模式

任何国家在发展进程中都涉及对技术创新问题的国家激励,继而影响经济,如美国“曼哈顿计划”“阿波罗登月计划”“星球大战”。演化经济学认为,政府是内生于市场之中的,政府与市场都是由规则和知识构成,所以政府的作用是嵌入自主的,具有历史性和情境性;政府和市场由于演化的不完全和知识分工的不同而存在关联互动的合作和竞争关系,是一种网络关系。政府对协调失灵问题的作用在于提供市场机能扩张性政策,即关注动态的资源配置效率,如对研究开发投资提供补助金以激励研发行为,而不是对市场失灵的修补等静态问题。市场协调失灵问题表现为信息问题,实质是知识问题。市场与政府是知识上的分工与互补关系。

从政府与市场的关系来看,技术创新有两种模式,一种是以政府为主导的技术创新模式,另一种是以市场为主导、企业为主体的技术创新模式。第一种模式下,政府是科研主体的资助主体,其资助在短期内很难产生效益的基础性研究,以及资助资金投入量大、风险高的攻关项目,以期解决制约经济、社会进一步发展的技术瓶颈。该模式的特点在于:破解企业在投资大、风险高、周期长的资助项目上的无能为力;集中力量办大事,调动一切可以调动的资源确保项目顺利完成;创新成果是有益于科技自身发展和经济社会发展的原始创新;资金来源更加多元化,政府可以直接出资,也可以组织风险投融资,以发挥社会资金的撬动力,甚至可以就区域或全球性问题与其他国家联合攻关。第二种模式下，企业是技术创新的主体，通过持续的创新培育和提升企业的核心竞争力，从而在市场竞争中获得生存和发展的一席之地。该模式的特点在于：企业既是研发经费的投入主体，也是技术创新的主体；市场需求是指直接关系到民生的人类生产活动的基本需求。以政府为主导的技术创新模式和以市场为主导、企业为主体的技术创新模式各有特点，在现实中各国并非采用单一的模式，更多的是结合经济、社会发展情况将两种模式有机结合。尽管对于某些国家来说，两种模式的强度各有偏重，但政府的作用是无可替代的。

政府在技术创新中的作用应当是随着企业创新能力的提升和创新环境的优化而动态调整。当本国企业尚未具备自主创新能力时，组织创新活动是政府不得不承担起的职责，如以直接的科技投入支持基础技术和共性技术的研发，夯实企业技术创新的知识基础，并引导企业加大基础研发投入；提供基础设施、技术标准和法律系统；以税收减免和补贴扶持技术引进性企业；以知识产权战略保护保护专利专有性；促进产学研合作与发展。当本国企业已经具备较强的自主创新能力，市场机制也较为健全时，政府就应当减少引导和干预，而致力于维持创新系统的良性运行。

从我国目前情况来看，企业还没有成为技术创新的主体，政府还承担着市场培育的重任，技术创新活动的开展需要政府予以资金投入和政策支持。从强调技术创新的需求导向出发，必须强化企业的技术创新主体地位，加快建立以企业为主体、市场为导向，产学研相结合的技术创新体系，发挥国有企业在技术创新中的重要作用，大力实施知识产权战略，同时与产业结构优化紧密结合，加快转变经济发展方式，推动产业结构优化升级，发展高科技产业和现代产业体系，形成以科技进步和创新为基础的竞争优势。

2.2　政府激励企业技术创新的理论依据及必要性

运用公共政策推动技术创新是国际通用的做法，公共政策具备明确的目标指向性、权威约束性、功能多级性和动态发展性，可以改变技术创新的速度、方向和规模,缩短技术创新周期时滞,激励科技成果向现实生产力的高效转化,为国民经济稳定而持续的发展奠定坚实的技术基础,为赢取国际竞争的胜利储备强势的技术动能。新古典经济学理论、演化经济学理论、创新系统理论成为20世纪中期以来影响创新政策制定的主要理论。政府基于这些理论对企业技术创新采取干预措施,一方面是为了弥补技术创新的市场失灵,另一方面是为了弥补技术创新的系统失灵。

2.2.1 新古典经济学:弥补技术创新的市场失灵

新古典经济学是一种以价格制度为分析核心的静态经济学,其基于完全信息、完全理性、完全竞争市场的基本假设,对稀缺资源的配置问题展开侧重于静态短期的均衡分析,研究既定制度下的均衡状态和均衡的运行机制。新古典主义经济学是影响创新政策制定的主流经济学理论,其以市场失灵来诠释政府对技术创新施行干预的合理性,认为在完全竞争条件下,市场能够自发运行并通过自我力量调节,达成有效的资源配置。然而,完全竞争条件仅仅是一种超乎现实的理想条件假设,现实中的市场机制仅对资源配置起到基础性作用,并非在任何领域和状态下都能大展身手。况且,即便市场机制能够充分发挥,全社会也不能达到资源配置最优状态。这就是市场经济无法克服的自身缺陷,即“市场失灵”。

技术创新活动同样存在着“市场失灵”,“市场失灵”成为政府干预和支持企业技术创新的理论依据;同时,不同的技术创新市场失灵又为政府实施创新干预的对象、范围、方式等起到了决定作用,并成为制定创新政策的重要依据。阿罗(Arrow,1962)与纳尔逊(Nelson,1959)最早应用“市场失灵”理论来解释政府干预技术创新的合理性,他们认为,由于技术创新具有收益的非独占性、过程的不可分割性和不确定性等特点,使得资源不能在单纯依靠市场力量的情况下达到最优配置。技术创新的市场失灵主要表现在以下几个方面:

(1)技术创新的公共性

公共品的存在是市场失灵的主要原因。萨缪尔森将纯公共品定义为:对于任意消费者，其实际消费和可支配的公共产品的数量即该公共产品的总量(Samuelson，1954)。由此，消费的非竞争性和收益的非排他性成为公共品判定的基本原则。企业技术创新活动产生的是以论文、专著、专利、工艺、程序、配方、试产品、概念模型等知识内容为表现形式的产品，这种产品具有非竞争性、非排他性和效用的不可分割性，因此决定了企业技术创新的公共性。其一，企业技术创新具有非竞争性。这是因为，企业技术创新是其出于自身利益最大化而开展的活动，产生的实物性质的收益归企业所有，但由此衍生的知识产品却可以全社会共有。企业对知识产品的消费不能影响其他人的消费，其他人增加的对知识产品的边际消费成本近乎为零，企业很难对此进行阻止。而且，与一般公共品消费不同的是，对知识产品的消费并不会使其增加损耗，相反还会增加知识产出，从而在全社会产生可观的经济效益和积极的社会效益。其二，企业技术创新具有不完全排他性。这主要是源于知识产品在占有上具有非排他性。尽管专利制度的确立保证知识产品具备了私人产权，一定程度上降低了排他成本并解决了知识产品的“搭便车行为”问题。诺思曾说：“只有在专利制度下，才能形成一整套鼓励技术变革和将创新的私人收益率提高到接近于社会收益率的机制”(North，1981)。但并非所有的知识产品都能确定产权，如过期专利、模仿创新，这类知识产品尽管有了私有产权，但在为发明人创造高额收益的同时还会激励相关产业技术水平的提升或工艺水平的更新，故存在着巨大的创新收益外溢。其三，企业技术创新具有效用不可分割性。当技术创新成果被全社会共享时，就具有共同收益或联合消费的特点，从而表现出效用上的不可分割性。

(2)技术创新的外部性

因为知识产品具有公共品特性，所以在不存在市场交易的前提下，某个企业就可以无偿得到其他企业的技术创新成果，提升自身的研发资本存量以及利润。这就是技术创新的外溢效应。技术创新外溢性的主要原因在于：一是专利保护并非永久的。专利保护是有时间限制的，过了保护期的专利必须向全社会共享，其他竞争企业非常容易获取该项专利，从而削弱该项专利发明企业的市场份额。二是企业对外联系导致的技术外溢。当某个企业具备技术优势时,其供货商和客户可以通过与企业的联系获取其工艺和技术知识。三是技术创新人才的流动性。承载着技术知识的人才的流动必然带来技术在企业之间的流动。四是创新产品市场的非封闭性。创新产品市场的拓展需要成本,但是创新产品的市场需求、市场结构特点和发展趋势等信息很容易为其他企业所了解,市场的非封闭性降低了其他企业打入该产品市场的成本。正是由于外溢性的存在,技术创新的成果不能为创新者独享而被他人无偿使用,甚至创新者还可能被排挤出市场,创新的私人收益率和社会收益率的差距挫伤了创新者的积极性,不仅导致企业缺乏持续创新的动力,还会使得全社会的福利水平难以企及最优。

(3)技术创新的不确定性和风险性

企业技术创新活动涵盖了探索、发现、试验、开发、模仿以及采用新产品、新工艺和新的组织结构以及新技术的商业化的全过程,每个环节都存在着不确定性和风险性。不确定性是并不知道未来事件概率的状态,风险是概率已知的不确定状态(Lundsted 和 Colglazier,1982)。综合来看,主要包括技术的不确定、市场的不确定性。技术的不确定性与研发活动密切有关,发明者和企业家都是有限理性的个体,在研发活动开始前,他们并不能十分确切地知晓创新努力下的技术结果。在研发活动开始后,他们对于技术发展方向、技术的难易、技术所需的花费等也无法了解。国外针对不同类型技术创新项目的成功概率的研究表明,创新的程度越高,不确定性就越高(Beije,1998)。国内学者研究区分了不同创新类型的不确定程度(李正风和曾国屏,1999),如表 2－1 所示。市场的不确定性主要是创新成果向消费市场推广时的未知。市场是否会迅速接受创新成果,市场对创新成果的生产规模化和营销定位的需求能否得以满足,是否有足够的市场容量和利润空间确保研发投入的成本回收和盈利,这些都是企业不得不正视的问题。

表 2—1　　创新类型及其不确定性程度

创新类型	不确定性程度
基础研究 基础发明	极高的不确定性
基本产品创新 基本工序创新	很高的不确定性
重要产品创新 内部企业基本工序创新	较高的不确定性
既定产品的更新换代	中等的不确定性
准许的创新 产品创新的仿造 产品或工艺的修正 既定工艺的早期采用	较小的不确定性

(4)技术创新的信息偏在性

技术创新的信息偏在性，即信息不对称性，主要体现在项目融资时技术拥有者保守商业秘密和投资者必须了解技术项目以判断投资可行性的矛盾，这种信息持有偏向的矛盾一方面可能导致诸多项目胎死腹中，同时，还会制约企业获取许可交易收益的能力。创新企业既希望藉由许可证贸易允许其他企业使用其专利以获取交易收益，又担心其他企业会通过技术模仿在短时间内以低廉的成本优势形成对其产生威胁的市场力量，因此可能不愿意提供有用的专利信息。再则，在专利被交易出去后，创新企业还得花费巨额成本监控专利购买方的产量以调整特许权使用费。技术创新的信息不对称无疑会增加企业创新的成本和减少收益，从而遏制企业开展技术创新的动力。

综上所述，在企业技术创新过程中，那些难以排除的技术创新外部性、不确定性、高风险性、信息偏在性无疑会提高企业的财务成本，从而影响企业获利能力和水平，最终削弱其技术创新的动力，使得私人部门提供的研发投资不足。具备公共产品性质的技术创新，如果仅由市场进行调配必定是低效率的，甚至是完全失灵的。因此，政府对企业技术创新活动的介入就成为一项非常有必要的公共事务。政府采用公共科技政策来矫正技术创新的市场失灵，提高企业技术创新的收益预期，减少社会收益水平和私人收益水平的差距，降低企业技术创新风险,激励社会增加对创新产品的需求,激发企业技术创新的动力,并使得这种动力保持时间和空间上的持续性,从而提高全社会的福利水平。

2.2.2 演化经济学:弥补技术创新的系统失灵

新古典经济学以经典物理学的力学方法为基本分析方法,面对纷繁复杂的经济问题,其始终秉持简单的均衡决定论。对企业各种经济行为进行剖析时,新古典经济学将企业看作一个黑箱,给定各种偏好、技术、制度等参数,对经济过程进行静态分析,然而,正是这些原本变化多样却被人为限定的参数,对企业和经济发展有着不可估量的影响。演化经济理论借鉴达尔文的变异、遗传和自然选择生物进化论思想,即变异、遗传和自然选择,从演化、动态的视角来理解和分析经济系统变化发展的过程。在演化思想下的技术创新领域内,变异、遗传和自然选择分别对应着技术创新的出现和技术创新的扩散。

演化经济学认为技术创新及其过程有四个方面的特点:第一,非均匀性、随机性。“新奇”(如新知识、新技术和新制度等)的产生是经济发展变化的根本原因,但人们不能事先知晓某种“新奇”的大多数特征,技术创新活动必须不断试错,但是受诸多偶然因素(如技术变化、信息获取以及市场波动等)的影响,创新付出与创新结果之间存在不确定性。所以,在时间脉络上,技术创新活动的分布是不均匀的、随机的。第二,累积性。新技术产生、应用和延续是一个自我突破“边际”和持续累积的过程,一方面需要专业技能、经验累积以及对基础设施的投资,另一方面要不断改进与可能革新的旧技术展开竞争。第三,路径依赖(path dependence)或技术锁定(lock-in)。对于特定产业的技术体系来说,由于具有“不可逆的自我强化趋向”,在规模经济、学习效应、网络效应与适应性预期等自我强化机制的作用下,其在形成之后便会反对和排斥其他技术变革,阻碍企业和行业选择更优的技术机会,整个经济体系也因此被迫锁定在某种技术轨道上。第四,制度(或文化)问题。由于技术发源地的行为方式不能随着技术而转移,被锁定在某种技术范式上的环境可能对新技术的进入和应用产生排斥。

演化经济学认为技术创新和技术变迁是推动经济发展的根本性力量,技术创新是基于多种要素共同作用的具有复杂性的经济系统的演化过程，该系统任何要素、环节、交互关系等出现故障都可能导致整个系统失灵和技术创新失败。因此，基于演化经济学的技术创新公共政策的根本目的在于构建高效技术创新系统。创新系统理论认为：创新并非孤立发生的，诸如企业、大学和中介机构等参与者之间的互动（包括合作和交互式学习）在创新过程中处于核心地位；制度对于经济行为与经济绩效尤为关键，法律法规等正式制度以及社会文化、价值观等非正式制度是减少经济系统中不确定性的“游戏规则”（或称“行为守则”），且这些规则与参与者之间的互动彼此互相塑造；演化过程起着重要的作用。演化过程产生变化，在变化中进行选择，并产生从选择过程到变化创建的反馈。技术创新系统从层级上来看，包括国家技术创新系统、区域技术创新系统、产业技术创新系统、企业技术创新系统等。其中，企业技术创新系统是其他技术创新系统的微观单元，企业是整个技术创新系统的核心主体，创新系统的失灵会导致企业创新绩效难以跃升至更高层级，因此需求政府介入，从弥补创新系统的基础设施失灵、制度失灵、交互失灵和能力失灵（Woolthuis et al.，2005）等方面发挥政府的矫正职能。

（1）创新基础设施失灵

基础设施是指创新主体发挥功能所需的科学技术基础设施和物理基础设施（Smith，1999）。在区域创新系统中，基础设施失灵是指技术创新基础设施平台不健全、不完善，如技术监测与信息共享平台、共性技术研发、公共实验平台、技术交易中介等，因为这些基础设施具有较强的正外部性、建设周期较长、投资规模较大，基于利润最大化考量的企业对其没有投资动力，更缺乏足够的投资资金。技术创新基础实施的完善有助于企业提升创新效率，而且企业在创新活动的各个环节也需要技术、市场和管理等知识与信息支持，需要开展与技术创新相关的信息采集与分析处理活动。

政府弥补创新基础设施失灵应当从构筑基础平台入手，实现产业共性技术与基础技术的公共 R&D 供给、公共试验与检测平台的建设与共享；同时，加强科技信息服务，完善科技情报分析与共享、技术市场等。

(2)创新制度失灵

制定失灵包括软制度失灵和硬制度失灵。软制度是指社会文化、习俗和价值观和社会习俗等构成的非正式制度,硬制度是由法治系统和监管框架等构成的正式制度(王艳荣和刘业政,2009)。硬制度失灵表现在,某些正式制度对于技术创新来说不健全或存在阻碍技术创新的因素,如反垄断、研发管理、知识产权、技术标准等制度尚未得以建立,不能够有效推进技术创新;再则现有某些制度与技术创新在目标上缺乏统一性,以及制度内部存在冲突,如税收优惠政策与现行税制的冲突、政府采购政策与实施细则错位等。软制度失灵主要是指社会文化、习俗和价值观等方面缺少对创新的认识和重视,全社会未能营造出浓郁的创新氛围。

政府弥补创新制度失灵一方面要加强创新政策法规建设,不仅要完善有利于企业创新的税收、金融、产权保护、科技和市场等方面的基本法律制度,还要根据创新的阶段性特征制定具有针对性的政策法规。另一方面要革新技术创新管理体制,适时变革创新行为与系统运行过程的管理制度与规定,使企业的创新行为更趋高效化与规范化。例如在技术创新的发起阶段完善创新资助对象的评估、遴选及资助机制,在技术创新过程中完善创新项目实施、多主体合作、成果评价的管理机制,在技术创新后期推广与应用中完善技术标准制定与管理机制等。再则,要大力营造创新文化氛围,通过教育与宣传,培育全社会的创新意识和创新精神,倡导尊重创新、容忍失败的社会文化环境。

(3)创新交互失灵

交互失灵分为强网络失灵和弱网络失灵。强网络失灵是指有着相同或相似价值观和知识结构的创新主体之间形成紧密、封闭的关系网络,对来自外部的新知识和新创意难以获取甚至排斥(Carlsson 和 Jacobsson,1997)。企业创新的强交互失灵是指由于国家或区域的技术封锁和溢出阻断,企业难以获取外部技术源,难以形成开放式的创新互动和技术互助。弱网络失灵是指由于创新主体之间缺乏互动,无法充分共享彼此的知识、技能和能力(Carlsson 和 Jacobsson,1997)。创新系统内部存在着诸多创新目标与创新行为匹配失衡,如基础研究与应用研究不衔接、R&D与市场的供需错配、创新资源分布不均衡、创新主体间缺乏协调等。

政府弥补创新交互失灵的措施包括：第一，打通创新链环节。政府积极推进科研机构的基础研究与企业的应用研究之间的衔接；鼓励科研机构R&D活动注重现实需求、尊重市场规律，改变其偏重技术参数和指标先进性的考核指标；引导创新要素集聚以尽可能创造新技术，推动技术创新成果更广更快地扩散。第二，推进创新主体之间的协同。政府应积极推进技术创新体制与机制的创新，促成创新体系内的各创新主体形成全面的合作网络。其中包括纵向合作主体（如技术生产者、供应商、客户等）、横向合作主体（企业、大学、科研院所等）及其他主体（政府、技术中介、金融机构等）；促成以企业为技术创新主体的新型官产学研合作关系；完善创新系统内部不同类型、不同层级主体利益与冲突解决机制，形成推动技术创新的最大化合力。第三，开放利用创新资源。政府应出台相关支持政策，引导企业灵活多样地整合全球创新资源，不仅包括技术贸易、人才招纳、吸引外资等引进型吸收机制，还包括R&D合作、设立海外研发机构、技术导向型并购等外向型嵌入机制。

（4）创新能力失灵

能力失灵是指企业因为缺乏学习能力、管理能力和资源配置能力等在市场竞争中必须具备的能力，难以实现技术轨道的飞跃或技术范式的转移（Smith，1999）。在创新系统中企业的能力失灵多数表现为缺乏升级或转换能力，尤其是中小企业因为缺乏快速有效的学习能力在技术的设计、研发、检测等创新关键环节无法自主实现可持续发展，而被迫锁定在原有的技术平台或轨道，或是落入"引进—创新—再引进"的恶性循环怪圈。

政府弥补创新能力失灵的措施主要包括：第一，从激发内在动力的角度出发，以政策引导企业加大力度消化吸收引进技术，促使外部技术知识转化为企业自身的技术能力。第二，从创造外在条件的角度出发，以资金投入助力企业建立R&D平台等方式激励企业实现技术能力内化，形成可持续知识资源创造能力。第三，政府应该大力营造协同创新的环境，发挥政府的信息掌握优势与宏微观调控职能,从技术链协同发展的角度设计技术创新政策,保障与推进技术链核心环节的优先发展与重点突破,如组织产学研战略技术联盟孵化出本土的核心技术等。

由以上分析可以看出,政府弥补技术创新的市场失灵和系统失灵的公共政策,实际上对应着两种不同范式的技术创新政策框架,分别是均衡范式的技术创新政策框架和演化范式的技术创新政策框架。两种范式的区别和联系进一步分析如下:

均衡范式的技术创新政策框架以市场失灵为理论依据,以资源的最优配置为政策目标,提倡普适性的技术政策工具及使用,是一种数量型的政策。均衡框架下技术创新政策的基本特点是技术被预设为一种连续的变量,技术自身被描述为一种在投入与产出之间进行转换的生产函数。

演化范式的技术创新政策框架以过程失败为理论依据,以构建有效的技术创新系统为政策目标,强调多元化的技术创新政策工具及其动态使用,是一种质量型的政策。演化框架下的政策设计主要依据对技术发展过程的认识。由于技术创新被视为一种在多个因素的复杂相互作用中的行为,基于创新系统的思想,相应的政策设计便定位于促进创新系统的有效运行。

演化范式所注重的过程失败与均衡范式所注重的市场失灵并不冲突,而是继承和发展关系,前者的研究视域较之后者更为宽广深邃,因此对应的技术创新政策也就具有较强的一致性和互补性,双方以促进技术创新为共同最终目的(如表2—2所示)。

表2—2　　均衡与演化框架下技术创新政策比较①

	均衡框架	演化框架
分析视角	技术是“黑箱”状态	关注技术创新过程
思维导向	消除市场失灵,实现技术创新所需资源的最优配置	纠正系统失灵,促进创新的发生与顺利进行,提升创新能力

① 邢怀滨,苏竣.均衡与演化框架下的技术政策比较[J].科学学研究,2004,22(5):488—492.

续表

	均衡框架	演化框架
政策设计	具体的政策措施，如财政支持、税收优惠、专利保护、提供基础技术和共性技术等	结构性的制度安排，如扶持中介结构、促进中小企业发展、促进企业与公共研究部门合作等。需要选择运用基本的政策工具，如财政、税收、专利、政府采购等
政府角色	政府是资源配置的规划者，从外部为技术发展提供条件	政府是参与者，与其他参与者之间存在相互作用

综上所述，由于技术创新过程与结果充满高风险性、不确定性和非均衡性，企业开展自主技术创新，不仅面临新古典经济学主张的“市场失灵”问题，也难以规避演化经济学所主张的诸如基础设施失灵、制度失灵、交互失灵、能力失灵等“系统失灵”现象。这些问题都需要政府采取干预性政策来解决。特别是对于尚处于发展中国家行列的中国而言，企业技术创新能力基础薄弱、技术创新经验不足，政府的政策扶持与宏微观调控显得尤为重要。因此，政府制定技术创新政策的职能主要有两个方面：一是弥补技术创新的市场失灵，二是弥补技术创新的系统失灵。这两大职能是政府激励技术创新的总目标，创新政策必须要围绕这两大基本职能展开。

2.3　技术创新财税政策工具类别及其作用机理

政策工具是被决策者以及实践者所采用，或者在潜在意义上可以被用来实现一个或者更多政策目标的手段(顾建光，2006)。技术创新政策工具是政府为了实现经济发展目标而对企业技术创新进行一定的干预时采取的公共手段。大多数发达国家和新兴工业化国家都重视技术创新政策工具的使用，在政策条文中将多种技术创新政策工具搭配组合使用，以获取创新效益最大化。近年来，学界对技术创新政策工具的研究越来越多。其中，以 Rothwell 和 Zegveld (1981)对技术创新政策工具的研究最具代表性，认为技术创新政策工具是一套复合的政策体系，是政策干预技术创新活动的有效手段，在技术创新的全过程中发挥着积极作用。他们依据技术创新政策工具对技术产生影响的层面的不同,将其分为三类:第一类是为满足供给方要求的供给面技术创新政策工具;第二类是改善企业技术创新环境的环境面技术创新政策工具;第三类是为满足需求方要求的需求面技术创新政策工具(如表2—3所示)。这种分类方法没有掺杂国别特色,成为国内外诸多学者研究技术创新政策工具的主要分类方法。

表2—3　　Rothwell与Zegveld的创新政策工具分类

供给面的政策工具	需求面的政策工具	环境面的政策工具
财政资源的政策工具 1. 辅助 2. 融资 3. 创投基金	创造需求的政策工具合约采购	建立产业基础结构的政策工具公共服务
人力资源的政策工具 1. 教育 2. 培训	干预市场的政策工具 1. 技术标准 2. 贸易代理	激励创新意愿的政策工具 1. 租税优惠 2. 专利 3. 奖励
技术资源的政策工具 1. 公营事业 2. 研究发展组织 3. 咨询服务		引导创新的经济规范 1. 经济规范政策 2. 技术管制政策 3. 贸易管理政策 4. 外资管理政策

其中,供给面政策工具主要是指政府扩大对技术创新主体在人力、信息、技术、资金、服务等要素的供给,从而改善技术创新相关资源的供给现状,促成技术创新要素形成高效的协调与配合机制。供给面的政策工具主要包括人力资源培育、信息资源支持、技术资源配置、资金供给和公共服务。环境面技术创新政策工具是指政府采取一系列可以影响技术创新的环境因素的政策(如金融支持、税收优惠、技术标准、政策法规、中介服务体系等)为技术创新合作主体的创新活动提供政策环境。需求面技术创新政策工具是指政府通过采购、贸易管制等政策减少技术市场的不确定性,积极开拓并稳定新技术应用的市场。需求面的政策工具主要包括政府创新采购、技术与服务外包、贸易管制、设置海外机构等。通过制定满足需求方的创新政策来提高创新竞争力已成为世界各国的主流做法,一方面对传统的供给方技术创新政策起到补充作用;另一方面,需求和供给的交互对创新活动的发展起着重要的推动作用,环境面的技术创新政策力

量也非同一般。因此，这种技术创新政策工具分类体系具有科学性和普适性。不同的技术创新政策工具肩负着不同的创新使命，政府技术创新政策的基本目的是通过恰当的制度安排，消除企业创新过程中的各种不确定性，构造一个高效的技术创新外部激励机制，加快科技成果从潜在生产力到现实生产力的转化速度。

财政是国家治理的基础和重要支柱，财税政策是指一个国家的政府通过财政收支总量和结构的变化调控宏观经济，使得经济目标得以更好地实现的经济政策，包括支出政策、税收政策、预算平衡政策、国债政策等。技术创新政策工具是多样化的，财税政策是公共政策的重要组成部分，无论是在均衡式技术创新政策框架中，还是在演化式技术创新政策框架中，都是政府实施科技宏观调控和微观管理的重要技术创新政策工具。激励企业自主创新的财税政策主要是指政府运用财政收支影响和激励技术创新活动而制定的方针和准则以及具体实施手段。财政支出政策主要包括财政直接投入、政策采购，财政收入政策主要是税收激励政策。结合表2－3技术创新政策分类体系可知，财政直接投入、税收优惠、政府采购是三种最基本的技术创新财税政策工具。其中，财政直接投入是从供给侧激励技术创新，税收激励是从经济环境侧激励技术创新，政府采购则是从需求侧拉动技术创新。

2.3.1　供给面技术创新财税政策工具:财政投入

财政投入是一个国家或地区的政府实施经济宏观调控最重要的方式，其不仅能够以其直接性、便捷性迅速地熨平经济波动，更能够以其示范效应引导社会资源向促进国民经济发展的重要部门聚集。技术创新是提升区域生产力的主宰力量，财政投入作为政府公共政策的核心要素，对于促进技术进步和科技发展责无旁贷。

(1)财政投入的主要方式和基本方向

激励企业技术创新的财政投入政策主要是指政府对具有创新潜能或创新行为的企业实行财政性资金支持。从财政投入的方式来看主要包含两种形式:

一种是财政直接投入,主要是通过财政预算安排经费支出,以科研经费拨款的方式支持高等学校、科研机构的基础性研究以及企业重点科研项目的研发。另一种是间接财政补贴,表现为财政贴息、贷款担保、创新基金以及创业(风险)投资等形式。财政贴息是政府根据宏观经济形势和国家科技政策目标,针对科技型企业的银行贷款利息提供补贴,或者直接拨付给受益企业弥补其资金差额,或者拨付给贷款银行,而后银行给予贷款企业以政策性优惠利率。财政担保是指政府对具有自主知识产权但缺少实物资本的企业提供融资担保,助力其获得外部资金支持;或政府成立技术担保资金,以公开招标的方式确定合作担保公司,对其再担保费和担保业务实行补贴或补助,引导和鼓励担保公司向科技型企业提供担保。财政投资基金以自行运作或与其他社会投资机构合作实行市场化运作的方式,经由股权投资等形式,对初创期或成长期的企业予以支持,在企业发展壮大后采取一定方式退出。

财政投入是政府激励企业技术创新最直接的财政工具,能够体现政府激励技术创新的基本职能、战略意图和政策导向。从新古典经济学关于公共品分类来看,政府主要是通过弥补专有技术、共性技术和基础研究的创新外溢来实现其弥补技术创新市场失灵的职能。因此,财政投入的基本方向是具有较强外溢性的基础科学研究、共性技术和关键技术研究、技术基础设施建设(如通信、技术标准、信息平台)等。从演化经济学的角度来看,政府应当通过促进企业与高等院校、科研机构之间的知识互动而保证创新系统灵活运转以实现其弥补创新系统失灵的职能,因此,财政应当对技术研发协作实施资助,从而促进技术创新成果的扩散。其中,较为典型的财政投入方向就是官产学研合作、企业战略技术联盟、产业技术联盟等。

(2)财政投入激励企业技术创新的作用机理

由于技术创新成果具有公共品性质,技术创新活动存在一定的溢出效应,从而导致企业投资收益得不到有效补偿,而财政投入可以迅速提高企业收益率水平,使其外部性内在化。总的来讲,财政投入对企业 R&D 活动会产生两种效应:激励效应和挤出效应。其中,激励效应主要体现在,财政投入通过对基础研究、共性技术、关键技术等的直接支持，能够保证企业所需知识的供给和技术支持，降低企业创新的风险和不确定性；通过对企业的直接补贴，将提升企业的研发资金水平，不仅弥补企业的创新收益差距，还能够对上游供应企业产生引导作用，增加相关行业投资。挤出效应表现在，政府财政投入导致企业自身的研发投入减少。尽管财政投入可能会挤出私人 R&D 的投入，但是仍然可以使全社会的总体 R&D 水平得到提升。

以财政补贴政策为例，因为技术创新具有高度的不确定性和风险性，传统的以商业银行为代表的金融机构对投资安全性的需求与技术创新的不确定之间的矛盾决定了技术创新企业融资的难度，财政补贴以财政贴息、贷款担保等基于政府信用的方式能够强化金融机构的投资信心，缓解创新型企业的融资难题。再以创业风险投资为例，创业风险投资是一种针对高风险特征的行业的专门融资机制，投资人将资本投向刚刚成立或快速成长的未上市新兴公司，在承担高风险的基础上为融资人提供长期投资和增值服务，并由专家进行管理，培育企业快速成长，以获取高额回报（OECD，1996）。风险投资机制降低了私人投资技术创新企业的风险，提高了资本收益率。在绝大多数国家，风险投资是以市场化的方式来运作的。因为获取利润是风险投资者的根本目的，其在选取投资项目上没有风险偏好，而是风险厌恶，通过极力规避风险来保障自己的投资收益，因此，风险投资活动和市场也存在市场失灵。一种市场失灵是风险投资偏好对发展期和晚期的企业的投资。另一种市场失灵是风险资本以企业规模和财务状况为投资依据倾向。还有一种是风险投资机构不愿意参与那些社会收益率高而私人收益率低的项目。风险投资的市场失灵决定了政府参与风险投资的必要性。政府风险投资可以提供“种子资金”来弥补种子期和早期的风险投资空白，弥补私人收益率低于社会收益率的项目的投资空白，帮扶中小创新型企业走出融资困境。

2.3.2　环境面技术创新财税政策工具：税收优惠

企业是在一定的社会经济环境下实施技术创新，政府成本一直是影响企业自主创新的重要因素。税收制度是企业承担政府成本的主要依据,对企业技术创新的投入与生存发展具有重要影响。税收优惠政策直接有效地降低企业的研发投入成本,因此,税收制度是影响企业创新成本的重要环境制度。

(1)税收优惠的含义及主要方式

税收优惠是指税法中规定的给予某些活动、某些资产、某些组织形式以及某些融资方式以优惠待遇的条款。其直接作用于纳税人的收入,间接影响纳税人的行为,从而引起社会经济活动的变化,以实现政府预定的调控目标。激励企业自主创新的税收优惠是指政府通过税收制度安排对科技型企业进行税收减免,从而激发其创新动力。本质上看,税收优惠是一种利益的让渡,即政府放弃部分税收收入并让渡给企业,减少企业自主创新活动的成本或支出,增加企业自主创新收益。税收工具通过内在的作用机制影响企业的创新收益和成本,并最终影响创新活动的预期利润,从而激励企业的自主创新动力。

税收优惠方式主要包括四种:第一种是税基优惠。税基优惠是通过减少税基的办法来免除或降低税负,主要有起征点、免征额、税项扣除、亏损结转等。第二种是税率优惠。税率优惠是通过降低企业的适用税率的办法免除与减轻税负。第三种是应纳税额优惠。应纳税额优惠是在按照适用税率计算出应纳税额后,以税收抵免、先征后还、进项税扣除、出口退税等方式免除或减轻税负。第四种是纳税时间优惠。纳税时间优惠是指以加速折旧等间接优惠方式,延迟纳税的时间,起到减轻税负的作用。

(2)税收优惠政策激励企业技术创新的作用机理

税收优惠政策主要通过税式支出的方式降低企业的投资成本,从而增加企业对技术创新投资的需求。由于技术创新的公共品特性、外部性和不确定性,企业自主研发的数量必定低于社会所需的最优水平。在利润最大化的利益驱使下,企业最易感知成本和收益变动。如果资本税前收益率既定,那么税收是调节投资者税后收益水平的决定性因素,其优惠程度与投资水平成正比。政府通过税收优惠充当隐性的合伙人,与价格机制相互作用,承担部分创新投入的成本和风险,增加企业的税后收益,显著提高企业研发与技术引进的投入水平,从而对企业技术创新活动形成一种良性的激励机制。政府对具有较强的正外部性的共性技术给予税收优惠支持，引导资源从低效率的部门向高效率的部门流转，可以矫正市场缺陷，克服社会边际收益与私人部门边际收益不相等所导致的非优化的资源配置，最终提高整体经济的配置效率。如图 2—1 所示，横轴代表企业技术创新的投入，纵轴代表边际收益或边际成本。由于技术创新具有部分公共品的特性，因此企业从事技术创新的边际收益小于社会边际收益，即企业边际收益曲线（MPR）低于社会边际收益曲线（MSR）。企业边际收益曲线（MPR）与边际成本曲线（MC_0）的交点 E_1 确定了较低的投资水平（I_0），其小于 MSR 与 MC_0 确定的社会最优投资水平（I_1），导致了市场失灵。税收优惠政策使得企业的边际成本曲线由 MC_0 下移至 MC_1，并与 MPR 相交于 E_1 点，使企业技术创新投入达到社会最优水平（I_1），从而纠正了市场失灵。

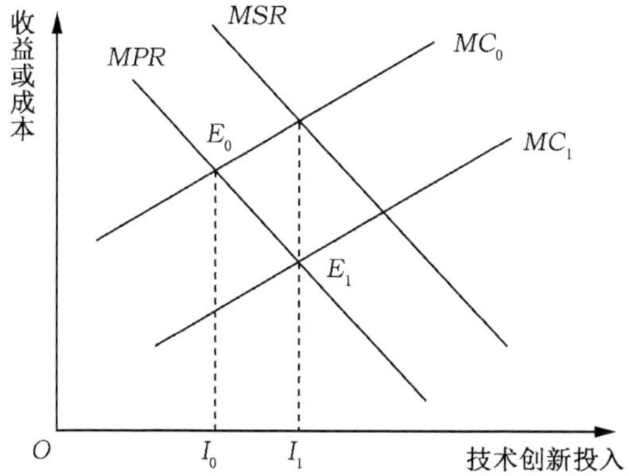

图 2—1　税收优惠对技术创新市场失灵的矫正分析

也可以通过“创新”生产函数来诠释税收优惠激励企业技术创新的作用机理。“创新”生产函数是研究创新的投入（如 R&D 支出或者人力资本支出）与有形产出（如专利或新产品）的生命之间的关系（Griliches，1984）。依据“创新”生产函数，投入和产出是衡量一个国家创新活动水平的典型指标。验证税收政策的有效性，就可以观察投入和产出的前后变化。如图 2—2 所示，假若选用 R&D 投入作为衡量企业技术创新活动的指标，其中横轴为某代表性企业技术创新的 R&D 投入，纵轴为其他资本要素投入，如外购高新技术产品等。该代表性企业在享受政府 R&D 税收优惠之前,等成本线为 LM,等产量线为 Q_1,点 C 为该企业利润最大化的生产要素组合。在享受税收优惠之后,由于税收优惠使得自主研发的投入价格下降,企业的等成本线变化为 LN,均衡点也从 C 点变为 D 点。在新的均衡点下,企业的 R&D 投入从 A 点上升到 B 点,企业 R&D 支出因此增加。单个企业尚且如此,那么在行业总体上也会表现出企业 R&D 投入的增加。

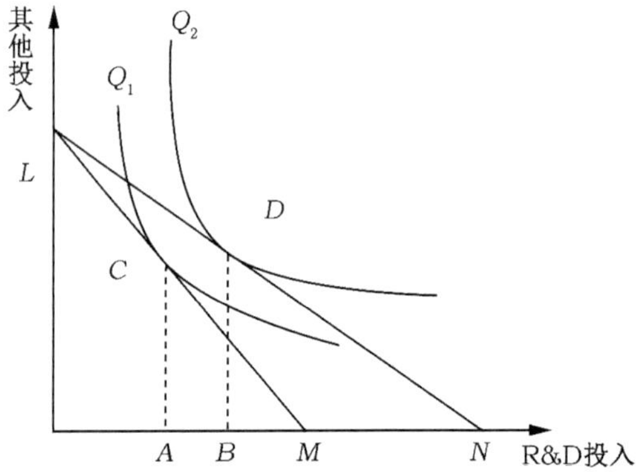

图 2—2 税收优惠激励企业技术创新投入的比较静态分析

(3)财政投入政策与税收优惠政策的区别

政府可以同时采取财政投入与税收优惠这两种激励企业技术创新的措施,但二者之间存在诸多差异。财政投入是一种事前的激励方式,而税收优惠重在事后激励。与财政投入政策相比,税收优惠有着多方面的优点:第一,激励对象更具有普惠性,但凡企业有研发活动,都可以对其实施公平的激励措施。第二,提高企业 R&D 活动的自主性,这是因为企业可以自行选择是否进行研发投资以获得税收优惠。第三,税收优惠更注重市场作用,通过市场对科技资源进行配置,可以避免财政投入政策导致的政府失灵,避免无效率的社会福利损耗。同时,税收优惠也存在着不少弊端:第一,国际上大多数税收优惠政策仅面向盈利企业,税收优惠政策在对有着更强烈研发资金需求的中小企业和新成立企业的激励方面存在着一定程度的歧视。第二,税收优惠政策的激励效应有着一定的时滞性,不像财政补贴那样精准直接,对企业的刺激更为明显。第三,税收优惠存在较高的执行成本，如税务机关的行政成本、纳税人的申报成本和税收优惠导致的效率损失等。表 2—4 概括了财政投入和税收优惠的优缺点。

表 2—4　　财政投入和税收优惠两种政策工具的比较

	财政投入	税收优惠
激励时间	事前激励	事后激励
激励对象	企业自主决策的研发项目	政府指定的研发项目
作用机制	通过选择实现社会目标，减少私人收益率和社会收益率之间的差距	对市场机制的扭曲作用较小，更为公平
激励时滞	精准、直接、迅速	更具有长远效应
执行成本	较低，利于政府操作	较高，利于企业操作

2.3.3　需求面技术创新财税政策工具：政府采购

政府采购是指各级政府及其所属机构为了开展日常政务活动或为公众提供公共服务的需要，在财政的监督下，以法定的方式、方法和程序购买货物、工程或服务。政府采购制度是我国公共财政管理的重要内容，也是政府调控经济的一种有效手段。

(1)支持企业技术创新的政府采购模式及区别

支持企业技术创新的政府采购主要有两种模式，一种是直接采购企业的创新产品，即产品采购；另一种是采购企业的技术和服务，即公共技术采购。关于技术采购的定义，瑞典国家能源局在“创新技术合作采购计划”的《最后管理报告》中认为：“(技术采购)是对产品、服务和系统的采购过程，在此过程中新技术和解决方案的研发对于满足购买者的要求是至关重要的。作为整个过程的一部分，技术研发工作不但包括先进技术的应用，还包括技术的微小进步和产品改进”(Hans，2000)。美国能源部认为：“技术采购是通过竞争性的采购将新的、高效的、购买者可负担的产品引入市场的方法。这种方法当然要得到大量购买者的财力支持。"[①]根据以上定义可知,技术采购发生时并不存在技术产品,而由政府机构与企业签订一个在未来合理的期限里可以被开发出来的产品订单,企业必须通过研发来制造出符合购买者标准的产品。技术采购和产品采购的主要区别如表2—5所示。

表2—5　　技术采购和产品采购的主要区别

采购类型	技术采购	产品采购
采购产品	采购的产品、系统,或者标准不存在	采购的产品是既有的成熟产品
采购者	政府部门、企业或私人用户	政府部门
采购目的	促进全社会的技术发展,贯彻国家中长期科技政策	更新或升级政府部门设备,满足短期需求
采购周期	较长,一般要3~5年	较短
采购对象	具有研发能力的中小企业和组织	有生产资质的企业

(2)政府采购激励企业技术创新的作用机理

政府采购是通过直接或者间接地拉动市场对创新的需求来分担企业创新的风险成本,降低创新预期的不确定性,从而达到激励企业开展技术创新的目的。其直接作用表现在,政府是技术产品的最终使用者,利用自身强大而稳定的需求量让企业迅速建立起一定规模的市场,让企业从获得创新利润回报中有动力开展新一轮研发活动,从而保持技术创新的可持续性。间接作用表现在,政府在众多需求者中起着沟通和协调的作用,仅是技术创新的合作者和催化剂,其通过一套较为完善的采购体系在一定程序上实现经济、社会的发展目标,助力具有研发能力的企业发展壮大。

相比较而言,公共技术采购比创新产品采购具有更加明显的创新激励特性。这主要是因为公共技术采购考虑到需求方管理问题,克服了技术市场供需双方的信息不对称而导致的风险性,尤其对于扶植和培育中小型高科技企业和技术多元化意义重大。首先,在公共技术采购过程中,政府机构要依据竞争机

① Energy U., Energy Efficiency and Renewable Energy: [J]. *Contesting the Future of Nuclear Power*, 2013.

制从众多技术供给商中择选出最优标，技术供给方的竞标风险也因此被客观放大，而不得不在技术产品的创新程度和价格之间寻求平衡。假若供需双方以市场为依托，处于需求方的政府提出技术项目和标准，处于供给方的企业完成技术研发和产业化生产等市场活动，那么企业就能够在降低产品成本和提高技术水准之间取得其所需要的平衡。其次，政府机构介入公共技术采购，能够在一定程度上弥补技术创新的"市场失灵"，从而发挥其引导全社会技术发展的积极作用。政府依据经济发展程度和发展战略选择重点技术项目进行采购，尤其是那些被他国或地区垄断的核心技术、转让费用畸高的技术以及涉及区域安全的技术，以此将社会资源导向至区域急需的技术项目，充分贯彻区域的产业政策和科技政策，最终不仅有助于企业提高其核心竞争力，还能实现区域技术跨越式发展。

2.4　企业技术创新对财税政策的需求分析

财税政策对技术创新具有激励和支持作用，但是技术创新活动是变化、连续的过程，涵盖从新思想的产生、研制开发、试验和试产、批量生产到营销和市场化的诸多发展阶段，并在不同的创新阶段呈现出不同的特点，唯有对每个阶段采取针对性的财税激励措施，才能确保完整的创新活动取得成功。因此，每个阶段财税政策发挥的重点也应不同。一般来说，企业技术创新主要分为三个阶段，分别是技术研发阶段、技术成果转化阶段和技术产业化阶段(邓子基和杨志宏，2011)。各阶段对财税政策的需求分析如下。

第一，企业在技术研发阶段对财税政策的需求。技术研发阶段是企业技术创新的起始阶段。在此阶段，企业要筹集研发资金、落实研发行为、购置生产设备、建立销售渠道等，对于处于创业初期的企业而言，资金匮乏成为制约其将研发意愿转化为研发行为的最大因素。同时，由于技术研发的各种不确定性，企业难以获得规范的银行贷款，而且技术具有准公共品性质，企业开展技术创新内生动力难免受到主观限制。因此，在技术研发阶段，一方面，企业需要政府加大财政投入政策支持力度,如实施财政科技拨款、财政补贴、财政贴息和贷款担保等,改变研发资金短缺的窘境。另一方面,企业也需要政府从税收优惠政策上予以支持,因为大多数创新型企业在创业初期的利润都很微薄甚至没有利润,无法享受企业所得税减免,而后期在获取利润后又错过了优惠时限,这种经济效益与税收优惠期限错配现象也影响企业的技术创新动力。

第二,企业在技术成果转化阶段对财税政策的需求。技术成果转化阶段也可称为技术开发阶段,企业的主要任务是对新产品的可行性研究、商业规划和市场研究以及产品试制和试销。在该阶段,由于企业无法确定研发成果的价值是否可以实现,对风险的未知和收益的不可预期会使得企业对新研发的技术在继续进行或者终止之间权衡,倘若得当的财税政策适时介入,将降低企业的风险改变其观望和犹豫态度,强化其继续开展技术创新的信心。以财政资助、税收优惠、财务政策和创业服务平台建设成为企业在技术开发阶段对政府的政策需求。

第三,企业在技术产业化阶段对财税政策的需求。技术产业化阶段是企业创新的技术实现阶段,其主要任务是确定与高新技术产品相匹配的厂商、筹集大量的资金组织生产以及建立适度的销售渠道推广产品。在技术产业化初期,刚刚进入市场的产品潜力初显,技术的风险已大为降低,企业需要更多的资金组织生产,但技术在一定程度上的不确定仍然与其投资风险性相关。在技术产业化的成熟期,产品技术愈趋稳定,生产规模和销售规模得以扩大,企业拥有更多的利润,来自金融机构的贷款和融资都比较容易获得,但市场预期不确定、需求不稳定的风险依然存在。由于财政投入政策和税收优惠不仅可以引导企业加大对技术创新产品的投入,还可以引导社会资本投向新技术产品产业化;政府采购可以直接形成具备稳定性的技术创新产品的市场需求,尤其是对自主创新产品试制品和首次投放市场的产品,因此,间接性的财政投入政策、税收优惠政策和政府采购政策成为企业在技术产业化阶段需要的财税支持政策。同时,企业还需要政府营造适宜的制度环境,赋予创新者专利权,从而克服技术市场的不完善,技术产业化在知识产权的保驾护航下顺利实现。企业各个创新阶段的创新任务、财税政策需求及财税政策激励措施如表 2—6 所示。

表 2—6　　企业各个创新阶段的财税政策需求及财税激励举措

<table>
<tr><th colspan="2">企业创新的阶段划分</th><th>企业创新的主要任务</th><th>企业对财税政策的需求</th><th>财税政策的支持措施</th></tr>
<tr><td colspan="2">技术研发阶段</td><td>技术研发</td><td>财政投入、税收优惠</td><td>予以直接研发补助和税收减免；以财政拨款支持专利的申请和保护，建设公共服务平台（如共性技术研发平台、技术信息平台、知识产权交易平台等）</td></tr>
<tr><td colspan="2">技术成果转化阶段</td><td>试制、试销售、市场分析</td><td>财政投入、税收优惠</td><td>以财政拨款建设孵化器和风险投资平台，评价和检测技术标准，支持服务机构的监测、评估和市场分析等；以财政补贴直接资助中试试验和样品试制；以税收优惠促进科技成果转化</td></tr>
<tr><td rowspan="3">技术产业化阶段</td><td>初期</td><td>开拓市场</td><td rowspan="3">税收优惠、政府采购</td><td>以税收优惠引导社会资本向新产品生产投资；以政府采购将技术创新产品推向市场</td></tr>
<tr><td>中期</td><td>扩大市场</td><td>以贷款担保、风险补偿基金等拉动社会资本；扩大政府采购的规模；加大知识产权保护力度</td></tr>
<tr><td>成熟期</td><td>扩大利润</td><td>取消财政直接补贴，以股权基金、担保金等形式支持企业融资；对创新成果的收益予以税收优惠</td></tr>
</table>

综上所述，随着企业技术创新活动阶段推进，技术的稳定性逐步提高，投入的风险性逐步降低，资金的需求量逐步增加，对政府财税政策的需求也不尽相同。每一个阶段技术的不确定性和资金规模的需求大小决定了资本进入的风险程度。因此，政府应当在充分考虑产品技术的稳定性、风险性以及企业自主创新每个阶段的资金需求规模基础上予以财税政策支持，在技术研发阶段与技术成果转化阶段，以财政投入支持与税收激励为主；在技术产业化阶段，则主要采取政府采购政策与税收激励政策，辅以间接性的财政投入支持。

第三章

江西省激励企业技术创新的财税政策的现状及主要问题分析

企业技术创新是实现创新驱动发展、建设创新型省份的根本途径。近年来,国家层面出台了一系列鼓励全社会科技创新的财税政策,江西省一方面积极落实国家科技创新财税政策,另一方面依据地方经济社会发展的实际在一定权限内对政策进行调整以最大化政策的实际效力,相关政策和执行举措在推动省域企业技术创新和创新型省份建设方面发挥了重要的作用。现行激励企业技术创新的财税政策主要分为财政投入政策、税收优惠政策和政府采购政策。从作用方式来看,财政投入政策是直接激励,税收优惠政策和政府采购政策是间接激励。这三类政策合力作用于提高江西省企业技术创新能力。本章主要梳理和分析江西省现行技术创新财税政策的实施现状,并指出其存在的主要问题。

3.1 激励企业技术创新的财政投入政策

3.1.1 财政投入政策的现状

国家高度重视科技进步对促进国民经济发展的战略性作用,通过不断增加财政科技投入,引导各个创新主体开展创新活动,技术进步对于科技创新的促进力得到了大幅提升。自 20 世纪 80 年代以来,陆续出台了一系列激励科技创新的财政投入政策,对企业技术创新的支持政策内含于其中。从财政支出方式来看,可分为财政直接支出和财政间接支出,其中财政间接支出主要以创业(风险)投资、贷款担保、财政贴息和创新基金等财政补贴形式存在。从江西省实际情况来看,以财政科技投入和财政科技计划为主的直接投入政策运用较多。

(1)健全财政科技投入的稳定增长机制

1993 年颁布、2007 年修订的《中华人民共和国科学技术进步法》是国家实行财政科技投入的基本依据,它不仅规定了科技投入的增长幅度“应当高于国家财政经常性收入的增长幅度”,更从立法角度明确了科技经费管理体制,不允许“挪用、克扣、截留”经费。1996 年出台、2015 年修订的《中华人民共和国促进科技成果转化法》要求国家“合理安排财政资金投入”,并确立了科技成果转化经费用途,即用于“科技成果转化的引导资金、贷款贴息、补助资金和风险投资”等。《中华人民共和国科学技术进步法》和《中华人民共和国促进科技成果转化法》从立法上明确了政府应当在企业技术创新研发阶段和技术创新成果转化阶段进行扶持的基本义务。此后,财政部、国家税务总局联合发布了《关于促进企业技术进步有关财务税收政策问题的规定》,要求“增加科技三项费、技改拨款和贴息”以支持企业技术进步,并“将技改贴息直接贴给企业”,使得对企业的财政支持办法更具有可操作性。

国家层面更为科学、完善的激励技术创新的财税政策应当是 2006 年出台的《实施〈国家中长期科学和技术发展规划纲要〉(2006～2020 年)的若干配套政策》,要求“大幅度增加科技投入”“确保财政科技投入的稳定增长”“切实保障重大专项的顺利实施”“优化财政科技投入结构”“发挥财政资金对激励企业自主创新的引导作用”“创新财政科技投入管理体制”从财政科技投入总量、结构和效率上做出了具体规定,尤为关键的是,重视财政对企业予以引导性支持。从直接性的财政支持到间接性的财政引导是重大的政策转变。此后,财政科技投入政策日趋完善,专项化的指导意见和目标定位初步出台。如 2012 年中共中央、国务院下达的《关于深化科技体制改革加快国家创新体系建设的意见》中要求,落实和完善促进全社会研发经费逐步增长的相关政策措施,加快形成多元化、多层次、多渠道的科技投入体系,实现2020年全社会研发经费占国内生产总值2.5%以上的目标。2016年中共中央、国务院印发《国家创新驱动发展战略纲要》提出要“加大对基础性、战略性和公益性研究稳定支持力度,完善稳定支持和竞争性支持相协调的机制。改革中央财政科技计划和资金管理,提高资金使用效益。”

国家战略层面的政策支持为财政科技投入的稳步增长提供了制度保障。1997～2016年,我国财政科技投入水平呈逐年上升态势(如图3－1所示)。财政科技拨款总量从1996年的408.86亿元增加至2016年的7 760.78亿元,增加近20倍,其中绝大部分年份财政科技拨款的增长率均保持在10%以上,且大多数年份的财政科技拨款增长率高于财政总支出的增长率,尤其是2006年全面实行科技创新发展战略后至2010年,财政科技拨款增长率和财政总支出的增长率之间差距逐渐拉大,一度提高至11个百分点。

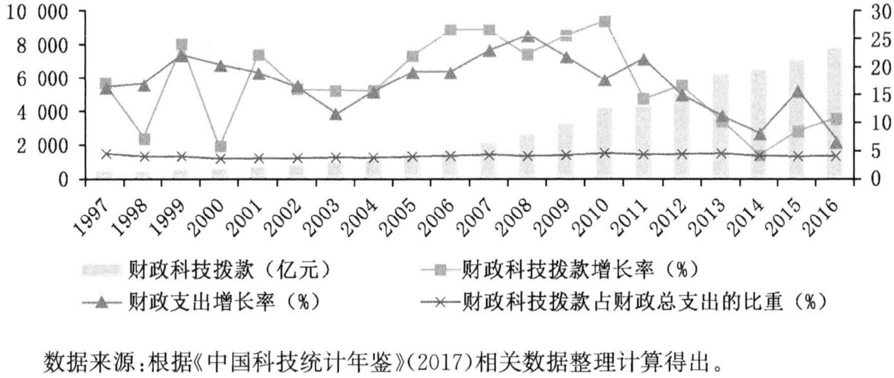

数据来源:根据《中国科技统计年鉴》(2017)相关数据整理计算得出。

图3－1　1997～2016年国家财政科技拨款规模的变化情况

2000年以前,江西省对省域创新的支持基本上是依据地方财力水平执行国家科技投入政策。2000年以后,在国家政策指导下陆续制定了一系列符合自身特色和能力定位的区域性科技财政投入政策。简要梳理如下:

2000年出台的《江西省促进科技成果转化条例》对各级政府以财政支持成

果转化以及科技经费增长机制做出了明确规定，要求“县级以上人民政府”的科学技术支出增长幅度应“高于同期财政经常性收入的增长幅度”。2006年出台的《〈江西省中长期科学和技术发展规划纲要（2006～2020年）〉的若干配套政策》，其中提出了一系列营造激励自主创新环境、提高全省自主创新能力、建设创新型江西的财税政策，重视财政资金对企业技术创新的激励引导作用。2009年江西省实施科技“六个一”工程，在出台的《江西省人民政府关于科技创新“六个一”工程的实施意见》中，提出了完善政府财政科技投入机制的要求，要求“加强对中小企业科技创新的支持”和“加大财政专利专项资金的投入”，中小企业的创新地位得到了充分尊重。2010年出台的《江西省推进产业技术创新战略联盟构建与发展的实施方案》提出财政科技经费支持产业技术创新联盟的要求，以“联盟自主创新项目、成果转化与产业化项目、创新体系和能力建设、创新人才培养、知识产权申请及保护”为扶持重点，对于优化企业技术创新环境意义重大。2013年江西省人大在全国范围内率先制定出台地方创新法规《江西省科技创新促进条例》，明确了全省科技创新的保障，要求将科技支出纳入预算，并确立了各级政府财政科技拨款的增长目标，即“省级财政科技拨款占省级财政支出的比例不低于2.5%，设区的市、县（市、区）人民政府财政科技拨款占地方财政支出的比例不低于2%”。同时，大力整合资金专项，研究设立“自然科学基金、科技型中小企业创新基金、战略性新兴产业研发引导专项资金、战略性新兴产业投资引导专项资金、资助科技创新活动的其他专项资金”。

2016年江西省密集出台了一系列支持创新发展的政策。《关于深入实施创新驱动发展战略推进创新型省份建设的意见》对财政科技投入总量、结构和支持方式提出了新要求，在总量上要求“完善财政科技投入稳定增长机制”，在结构上要求“集中支持产品应用研究和科研成果转化”，在支持方式上要求以“风险补偿、创投引导、后补助、梯级贴息”等间接支持为主。《关于创新驱动“5511”工程的实施意见》从“强化创新平台和载体建设”“加大创新人才和团队培养扶持力度”“大力实施重大科技专项”“加快培育高新技术企业”“深化科技体制机制改革”等方面为财政支持省域科技创新指明了方向。《重点创新产业化升级工程实施办法》从整合专项资金、资金扶持方式等方面对财政支持重点创新产业化升级工程做出了较为详细的资金安排。《鼓励科技人员创新创业的若干规定》中明确了财政以基金方式支持科研院所、高等院校科技人员科技成果转移转化和创新创业,包括“省级创业担保贷款基金、小微企业创业园创业风险补偿引导基金、科技成果转化引导基金、工业创业投资引导基金”。为了解决全省研发投入不足的难题,2016 年底出台了《关于印发江西省加大全社会研发投入攻坚行动方案的通知》,设定了到 2020 年“全省全社会研发经费投入达到 520 亿元左右,占国内生产总值比重达到 2.0%”和“规模以上工业企业研发经费支出占主营业务收入比重达到 1%以上”的发展目标。2017 年 10 月,出台了《江西省创新驱动发展纲要》,对科技经费增长机制,创新环境优化、创新平台构建、创新支持方式等做出了规定,要求“集中支持科技创新平台建设、产品应用研究和科技成果转移转化”,对技术创新活动采取“间接支持方式”,对于创新平台和科技中介等实行“后补助支持方式”“绩效奖励方式”。这些政策规定为江西省“十三五”期间的科技创新奠定了扎实的制度基础。

在各项科技财政投入政策的指导下,2007～2016 年,江西省财政科技支出水平呈逐年上升态势,2007 年财政科技支出额为 8.74 亿元,2016 年财政科技支出额增至 83.12 亿元,增加了近十余倍,并且占一般公共财政预算支出的比重从 2007 年的 0.97%上升至 2016 年的 1.80%。从所呈现的变化趋势来看,财政科技支出的年均增长率近 30%,且大多数年份的财政科技支出增长率高于财政总支出的增长率,尤其是 2011 年以后财政科技支出增长率和财政总支出的增长率之间差距逐渐拉大,在 2013 年甚至高达 54 个百分点。此外,江西省财政科技支出占 GDP 的比重逐年上升,近几年基本维持在 0.4%左右的水平(如表 3－1 所示)。这些数据表明,财政科技支出在江西省财政支出中占据重要地位,财政资源配置向科技发展的倾斜度加大,是支持江西省科技创新的重要政策工具。

表 3—1　　2007～2016 年江西省省级财政科技支出的规模情况　　单位:亿元、%

年份	财政科技支出	财政科技支出增长率	财政总支出	财政支出增长率	财政科技支出占财政总支出的比重	财政科技支出占GDP的比重
2007	8.74	—	905.06	—	0.97	0.15
2008	11.14	27.46	1 210.07	33.70	0.92	0.16
2009	13.40	20.29	1 562.37	29.11	0.86	0.18
2010	18.26	36.27	1 923.26	23.10	0.95	0.19
2011	21.32	16.76	2 534.60	31.79	0.84	0.18
2012	27.50	28.99	3 019.22	19.12	0.91	0.21
2013	46.32	68.44	3 470.30	14.94	1.33	0.32
2014	58.37	26.01	3 882.70	11.88	1.50	0.37
2015	74.79	28.13	4 412.55	13.65	1.69	0.45
2016	83.12	11.14	4 617.40	4.64	1.80	0.45

数据来源:根据《江西统计年鉴》(2008～2017)相关数据整理计算得出。

(2)强化对科技计划(专项、基金等)的财政支持

科技计划(专项、基金等)是市场经济条件下政府促进科技进步和科技创新的重要手段,也是引导全社会资金进入科技领域的重要财政工具。国家科技计划是指根据国家科技发展和战略安排,以中央财政支持或以宏观政策调控、引导,由政府行政部门组织和实施的科学研究与试验发展活动及相关的其他科学技术活动。面临经济发展中的重大科技问题,我国政府自改革开放以来,先后设立了一批科技计划(专项、基金等),逐步形成了“3+2”模式的国家级科技计划,即“中国高技术研究发展计划(863 计划)”、“国家重点基础研究发展计划”(包括国家自然科学基金、973 计划、基础研究重大专项)、“国家科技攻关计划”、“研究开发条件建设计划”(包括国家重大科学工程、国家重点实验室建设项目计划、科技基础性工作专项、社会公益研究专项、科研条件/信息建设、科普、国际科技合作计划、国家工程技术研究中心计划、软科学)、“科技产业化环境建设计划”(科技型中小企业技术创新基金、科研院所研究开发专项基金、星火计划、火炬计划、科技成果重点推广计划、国家重点新产品计划、科技兴贸行动计划、

科技中介/生产力促进中心、国家级高新技术开发区、大学科技园、农业科技园等)。中央财政不断强化对科技计划(专项、基金等)的资金支持力度,2008～2016年各项科技计划(专项、基金等)的财政拨款保持稳定增长,其中科技型中小企业技术创新基金增长较快,2013年达到考察期内的最高水平51.21亿元,是最低年份2016年8.64亿元的6倍多(如表3—2所示)。

表3—2　　2010～2016年国家主要科技计划财政拨款额　　单位:亿元

项　目	2008	2009	2010	2011	2012	2013	2014	2015	2016
863计划	55.92	51.15	51.15	51.15	55.15	52.03	51.53	19.69	19.69
国家自然科学基金	53.59	64.27	103.81	140.43	170.0	161.62	194.03	258.43	268.03
国家重点基础研究发展计划(973计划)	15.04	19.00	27.18	30.92	26.78	28.28	29.91	26.85	29.71
国家重大科学研究计划	3.96	7.00	12.82	14.08	13.22	12.27	13.55	16.63	12.47
科技支撑计划	50.66	50.00	50.00	55.00	64.26	61.26	65.11	69.50	27.67
国家重点实验室建设计划	21.68	29.17	27.59	29.61	33.78	28.91	30.45	114.81	35.79
国家工程技术研究中心	0.00	1.03	1.05	1.95	1.05	0.99	0.99	0.99	0.99
科技基础性工作专项	1.50	1.50	1.55	1.84	2.25	2.39	1.80	2.30	7.97
科技型中小企业技术创新基金	16.21	34.84	42.97	46.40	51.14	51.21	—	11.36	8.64

数据来源:根据《中国科技统计年鉴》(2017)相关数据整理得出。

在此基础上,江西省企业获取政府资助的渠道较为广泛,既可以申报国家级、省部级及市、厅局级等各类科技计划项目,还能从其他多种渠道得到资助(如表3—3所示)。

表 3—3　　　　　　江西省企业获得政府财政科技投入的渠道

国家级资助	省级资助	地方市级资助 （以南昌市为例）
国家科技攻关计划项目 “863”计划项目 国家级星火计划项目 （星火计划项目及基地、农业科技成果转化资金） 国家科技成果重点推广计划项目 科技兴贸行动计划项目 重大基础研究前期研究专项 国家重点基础研究发展计划（973 计划）项目 火炬计划 （国家火炬计划项目、科技型中小企业技术创新基金、国家重点新产品计划项目、国家火炬计划特色产业基地） 国家各类科技计划建议贷款项目…… 各类研发中心、园区类、孵化器等创新载体建设项目等	江西省科技攻关计划 江西省星火计划 江西省火炬计划（含高新技术试点示范工程专项） 江西省科技成果重点推广项目 江西省重点产品计划 江西省科技型中小企业创新基金计划 …… 各类研发中心、园区类、孵化器等创新载体建设项目，如江西省重点实验室与试验基地；江西省重点科技企业孵化器建设资金项目；江西省级高新技术企业研究开发中心等	南昌市科技计划项目 南昌市星火计划项目 南昌市科技支撑计划项目 南昌市科技成果转化推广计划项目 南昌市科技成果及专利购买补贴项目 南昌市科技保险保费补助项目 南昌市知识产权质押融资补助项目 南昌市科技型中小企业技术创新基金项目 南昌市科技小巨人培育企业扶持资金项目 各类研发中心、园区类、孵化器、中介等创新载体建设项目，如南昌市“洪城计划”创业项目；南昌市科技企业孵化器项目；南昌市科技型中小企业技术服务项目；南昌市知识产权质押融资中介服务补贴项目；南昌市工程技术研究中心组建项目；南昌市重点实验室组建项目；南昌市鄱阳湖现代农业科技示范基地项目等

资料来源：根据国家科技部、江西省科技厅、南昌市科技局等网站公开信息整理得出。

2014 年 12 月，国务院印发的《关于深化中央财政科技计划（专项、基金等）管理改革方案的通知》提出按照“国家自然科学基金”“国家科技重大专项”“国家重点研发计划”“技术创新引导专项（基金）”“基地和人才专项”五类科技计划重构国家科技计划布局。遵循国家科技计划改革精神，依据全省经济社会发展战略需求和科技发展需要，2016 年江西省人民政府出台的《关于深化省级财政科技计划（专项、基金等）管理改革的实施意见》提出将省级财政科技计划（专项、基金等）整合为“基础研究计划（自然科学基金）”“科技重大专项”“重点研发计划”“技术创新引导类计划”“基地和人才计划”五类。

在对企业的直接性财政支持方面，江西省一方面通过培育和发展高新技术企业、高新技术研发中心、重点实验室、科技型中小企业、科技企业孵化器、区域科技创新服务中心、民营科研机构等各类创新载体加大对企业的直接资金投入。如赣府发[2010]10 号文件《江西省人民政府关于进一步促进中小企业发展的实施意见》要求在扩大省财政预算支持中小企业发展的专项资金规模，重点支持其技术创新。另一方面积极探索市场化配置科技投入的新模式和新途径,不断加大科技和金融结合的力度,充分发挥财政科技政策性投入的杠杆作用。江西省财政研究设立了总额为 8 000 万元的科技成果转化引导基金、每年安排 2 000 万元科技型中小企业技术创新基金。截至 2016 年 7 月,162 个省重大高新技术成果产业化项目带动社会投资近 400 亿元。① 此外,在《关于大力推进科技协同创新的决定》(赣发[2012]12 号)的政策指导下积极创新政产学研用协同创新模式,截至 2017 年末以溢价返还或贷款贴息引导 6 倍社会资金投入的方式已组建 64 家公司化的科技协同创新体,下达扶持资金 6.2 亿元,撬动企业、社会及金融资金投入企业研发 47 亿元②,在全国产生较好的示范效应。

(3)加强科技经费使用和管理的制度建设

江西省各级政府及有关部门在加大财政科技投入的同时,以多项制度加强对财政科技资金的监管。主要措施包括:

第一,建章立制。先后制定出台《改进加强省级财政科研项目和资金管理的实施意见》《深化省级财政科技计划(专项、基金等)管理改革的实施意见》等规章制度,各设区市、县(市、区)也相应制定有关科技项目管理、专项资金使用、引导基金运行方面的制度。

第二,加强信息化建设。建立江西省科技业务综合信息管理系统,成立科技备选项目库和专家库,修改完善科技计划项目立项、资金管理等程序,实现各类科技计划项目从申报、评审、立项、签订合同、中期监管、验收到信用评价的全过程网络管理,实现网上一站式服务。

第三,加强审计监督。江西省审计厅对省科技厅的预算执行和重大科技专项及科技支撑计划专项资金开展审计和审计调查,对审计中发现的问题提出审计整改意见,问题涉及部门逐项进行整改。部分设区市审计部门对当地科技经费使用和项目管理情况进行专项审计,提出审计意见和建议。

第四,启动绩效评价。在总结高新产业重大项目考评经验的基础上,江西

① 宋茜. 奋力迈向创新型省份行列[N]. 江西日报,2016-07-25(A01).

② 数据来源于江西省科技厅厅长洪三国在 2018 年 1 月 19 日全省科技工作会议上的报告,报告题为《以习近平新时代中国特色社会主义思想为指导全力推进创新型省份建设》。

省科技厅、省财政厅等部门按照《省政府关于全面推进预算绩效管理的实施意见》的要求，进一步探索和完善符合科技计划项目特点和规律的评估机制，健全科技经费绩效评价制度，逐步扩大考评范围，努力提高科技专项资金的使用效益。

3.1.2　财政投入政策的主要问题

(1)优化创新环境的宏观投入层面：财政科技支出规模较小

财政科技支出从宏观上反映了政府对地方科技创新的支持力度，极大地影响着区域科技创新发展水平的提高和创新环境的优化。随着区域经济实力的增长，江西省持续提高了财政科技支持力度，财政科技支出的绝对量、占财政支出的比重及占 GDP 的比重都在逐年提高，但较之我国发达省份和发达国家，财政科技支出规模仍然较小，主要表现在：

①财政科技支出增长率波动幅度较大，尚未形成稳定的增长机制

2008～2016 年财政科技支出增长率的最高年份即 2013 年为 68.44%，最低年份即 2016 年为 11.14%，起伏不定，呈现出较强的支出“随意性”。这种特征与国家层面相同考察期内不稳定的财政科技拨款增长机制较为类似。如图 3—2 所示，从国家层面来看，2008～2010 年财政科技拨款增长率持续上升，在 2010 年上升至历史最高水平 28.07%，2010～2014 年财政科技拨款增长率总体上持续走低，2014 年下降至历史最低水平 4.36%，其间仅在 2012 年有小幅提升。2015～2016 年处于回升状态，但依然远远低于 2013 年之前的增长率。无论是省级层面还是国家层面，财政科技投入如果不能形成较为稳定的增长机制，就不能对全社会科技创新活动产生稳定而持续的激励，尤其是企业在市场中的创新缺乏来自政府稳定资金支持的预期，必定影响企业技术创新能力的提升。

②各级政府财政科技支出占财政总支出的比重较小

尽管 2007～2016 年江西省财政科技支出占财政总支出的比重处于增长状态，但是长期处于 1%以下的低水平，直到 2013 年才超过 1%，2016 年也仅为 1.80%。同期，国内发达省(市)财政科技支出占财政总支出的比重远远高于江

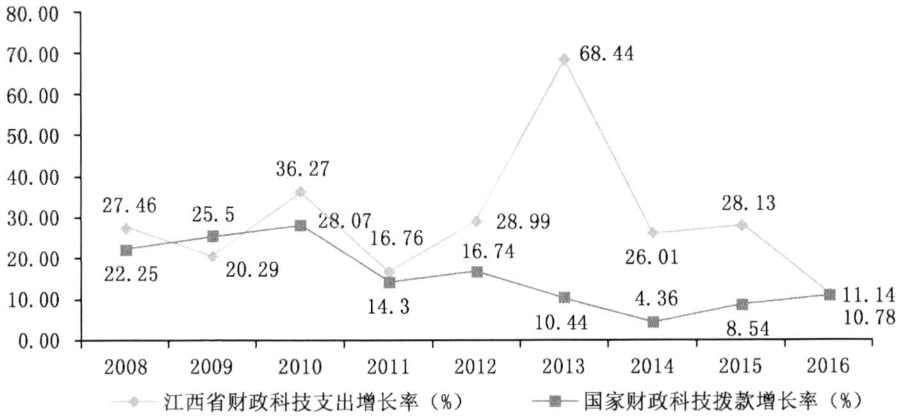

数据来源:根据《江西统计年鉴》(2008～2017)、《中国科技统计年鉴》(2017)相关数据整理计算得出。

图 3—2　2008～2016 年江西省财政科技支出增长率、国家财政科技拨款增长率情况

西省,如北京市最低为 4.46%,最高达到 6.58%,上海市波动于 4.39%～7.20%,广东省保持在 3%以上的水平。即便与中部地区其他省份相比,江西省在 2013 年之前也长期处于最低水平,2013 年财政科技支出占财政总支出仅为 1.33%的比重尚不及大多数其他中部省份 2007 年的水平(如表 3—4 所示)。

表 3—4　2007～2016 年江西省财政科技支出占财政支出比重与其他省市的比较　单位:%

年份	北京市	上海市	广东省	山西省	安徽省	河南省	湖北省	湖南省	江西省
2007	5.50	4.85	3.77	1.50	1.28	1.35	1.47	1.51	0.97
2008	5.73	4.64	3.51	1.34	1.44	1.33	1.40	1.51	0.92
2009	5.45	7.20	3.89	1.13	1.70	1.22	1.21	1.34	0.86
2010	6.58	6.12	3.96	1.04	2.24	1.31	1.20	1.30	0.95
2011	5.64	5.58	3.04	1.15	2.33	1.33	1.37	1.19	0.84
2012	5.43	5.87	3.34	1.21	2.42	1.39	1.45	1.17	0.91
2013	5.62	5.69	4.10	2.05	2.52	1.43	1.77	1.18	1.33
2014	6.25	5.33	3.00	1.76	2.78	1.35	2.73	1.18	1.50
2015	5.02	4.39	4.44	1.09	2.82	1.22	2.57	1.16	1.69
2016	4.46	4.94	5.53	1.01	4.70	1.29	2.96	1.13	1.80

数据来源:根据《中国统计年鉴》(2008～2017)相关数据整理计算得出。

《江西省科技促进条例》明确规定省级财政科技拨款占省级财政支出的比例不低于2.5%，设区市和县(市、区)级地方财政科技拨款中地方财政支出比例达到2%。从省级层面来看，很明显这个目标还未能实现。从设区市层面来看，仅有部分年份的部分地区达到了预期目标，即南昌市在2007年、2009年，萍乡市在2014～2016年，九江市在2016年，吉安市在2013～2015年，宜春市在2015～2016年，抚州市两个地级市在2014～2016年达到了2%的目标(如表3—5所示)。尤其是作为省会城市和全省的科技创新中心、核心增长极的南昌市，较低的财政科技支出比例对于创新平台建设、科技项目研发、科技成果产业化、科技推广应用显得捉襟见肘。

表3—5　　2000～2016年江西省各设区市科技支出占财政支出的比重　　单位：%

年份	南昌	景德镇	萍乡	九江	新余	鹰潭	赣州	吉安	宜春	抚州	上饶
2000	0.47	0.44	0.53	0.61	0.50	0.38	0.05	0.04	0.22	0.06	0.27
2001	0.38	0.52	0.73	0.66	0.45	0.50	1.10	0.04	0.12	0.03	0.33
2002	0.43	0.51	0.57	0.49	0.37	1.80	0.96	0.04	0.14	0.02	0.30
2003	0.46	0.48	0.55	0.51	0.39	0.44	0.85	0.08	0.11	0.02	0.19
2004	0.39	0.58	0.43	0.48	0.39	0.35	0.69	0.07	0.09	0.03	0.19
2005	0.29	0.31	0.49	0.33	0.36	0.33	0.69	0.06	0.09	0.02	0.18
2006	0.32	0.32	0.45	0.47	0.39	0.30	0.62	0.06	0.06	0.02	0.19
2007	2.10	1.35	0.85	0.88	1.00	1.13	0.95	0.37	0.11	0.16	0.47
2008	1.86	1.31	0.77	0.60	0.91	1.13	1.06	0.47	0.61	1.74	0.39
2009	2.26	1.16	0.58	0.65	0.87	1.34	0.85	0.43	0.47	1.70	0.35
2010	1.72	0.77	1.19	0.52	1.17	0.52	0.90	0.40	0.36	1.27	0.36
2011	1.44	1.18	1.51	0.70	1.06	0.54	0.90	0.48	0.57	1.14	0.35
2012	1.43	1.07	1.52	0.48	0.90	0.87	0.76	0.52	0.71	1.26	0.36
2013	1.43	1.16	1.74	1.19	1.52	1.35	0.73	2.03	1.12	1.87	1.20
2014	1.94	0.85	2.04	1.24	1.25	1.80	0.78	2.01	1.01	2.25	1.25
2015	1.64	1.22	2.16	1.11	1.64	1.81	1.03	2.00	2.04	2.09	0.77
2016	1.62	0.63	2.33	2.04	1.67	1.12	1.60	1.40	2.61	2.65	0.89

数据来源：根据江西省统计年鉴各地级市相关数据整理计算得出。

从县(市、区)层面来看,如表3—6所示,2015年、2016年分别仅有26个、30个县(市、区)财政科技支出达到了2%的目标,分别占考察县(市、区)的42.65%和44.12%,尚未过半。综观设区市和县(市、区)的财政科技支出情况可知,整体上呈现出较不均衡、不稳定的局面。

表3—6　　2015～2016年江西省财政科技支出达标的部分县(市、区)　　单位:万元、%

县(市、区)	财政科技支出		一般公共预算支出		财政科技支出占比	
	2015	2016	2015	2016	2015	2016
南昌县	12 077	26 025	789 214	866 646	1.53	3.00
新建区	7 200	13 050	496 783	531 865	1.45	2.45
乐平市	10 599	11 126	503 612	526 086	2.10	2.11
上栗县	5 779	331	279 301	302 701	2.07	0.11
芦溪县	4 466	6 083	220 972	252 964	2.02	2.40
共青城市	4 424	4 614	198 034	202 816	2.23	2.27
赣县区	7 200	10 653	358 907	409 506	2.01	2.60
大余县	1 538	5 396	216 118	238 999	0.71	2.26
上犹县	4 257	4 820	207 600	235 216	2.05	2.05
安远县	438	985	238 773	254 038	0.18	0.39
全南县	463	4 027	171 800	195 800	0.27	2.06
兴国县	7 356	8 816	367 397	404 705	2.00	2.18
瑞金市	7 380	10 735	370 492	432 986	1.99	2.48
吉水县	5 680	6 430	270 651	317 364	2.10	2.03
峡江县	3 187	3 212	158 280	165 325	2.01	1.94
新干县	5 114	5 121	255 582	255 490	2.00	2.00
泰和县	6 386	7 208	319 235	330 444	2.00	2.18
遂川县	6 032	6 664	297 370	332 986	2.03	2.00
万安县	4 886	5 125	235 289	248 061	2.08	2.07
安福县	5 804	5 922	286 794	289 350	2.02	2.05
永新县	6 000	6 120	244 787	286 870	2.45	2.13
井冈山市	3 351	3 736	163 031	186 757	2.06	2.00

续表

县（市、区）	财政科技支出		一般公共预算支出		财政科技支出占比	
	2015	2016	2015	2016	2015	2016
万载县	3 649	3 821	304 937	324 296	1.20	1.18
上高县	5 629	5 842	281 833	288 963	2.00	2.02
靖安县	3 780	4 057	151 153	194 720	2.50	2.08
樟树市	11 743	4 423	522 226	537 168	2.25	0.82
高安市	9 604	9 628	476 117	493 822	2.02	1.95
南丰县	3 967	4 413	195 410	218 260	2.03	2.02
崇仁县	4 474	4 941	220 006	246 382	2.03	2.01
金溪县	2 464	4 279	197 636	213 195	1.25	2.01
东乡区	7 300	7 900	334 518	354 847	2.18	2.23
广昌县	3 600	4 200	171 246	193 229	2.10	2.17
上饶县	10 070	10 073	393 150	397 471	2.56	2.53
铅山县	5 537	5 889	250 773	292 086	2.21	2.02
横峰县	2 200	4 500	184 356	219 090	1.19	2.05

数据来源：通过检索各县（市、区）政府信息网站中发布的财政预决算报告整理得出。其中，财政科技支出占比＝财政科技支出/一般公共预算支出×100％。需要特别说明的是，由于部分县（市、区）2015 年、2016 年财政预决算报告中没有细分出科技支出项（截至 2018 年 7 月），故未能体现在表中。部分县（市、区）数据根据前后年份的科技支出数据和增长率推算得出。

依据前文分析，江西省各级政府财政科技支出占财政支出的比重较小，一方面直接反映出各级政府在谋求经济社会快速发展的同时对科技创新的重视程度仍然有待提高；另一方面也反映出各级政府财政科技投入的事权与支出责任不明确，尚未形成科技投入各有侧重、互为补充、良性互动的格局，尤其是省级以下财政在科技投入中的主体地位也并未充分发挥。究其原因，在“唯 GDP 至上”的官员晋升准则下，政府之间经济性支出竞争激烈，而对诸如科技在内的短期经济效应不明显的消费性支出不太重视。

（2）构建创新体系的中观投入层面：R&D 经费资源配置不合理

研究与开发（R&D）经费投入是江西省开展 R&D 活动的实际支出，其对各个创新主体的研发资助有利于构建区域创新体系,而分析 R&D 经费投入的总量、强度、模式、结构有利于揭示区域内 R&D 资源的配置情况。

①R&D 经费总量不足

2009～2016 年,江西省 R&D 经费投入总量逐年增加,2009 年为 75.89 亿元,2016 年增至 207.31 亿元,年均增速为 16.07%,呈稳步上升态势(如表 3—7 所示)。考察同期江西省财力水平和公共财政预算收入,政府用于 R&D 资金的增速平均为 5.1%,而同期可用财力增长 18.66%,公共财政预算收入增长 20.88%。由此可见,政府对 R&D 的财政支持力度远远低于同期可用财力增长和公共财政预算收入的增长。

表 3—7　　2009～2016 年江西省 R&D 经费投入与财力水平比较　　单位:亿元

年份	财力	公共预算收入	R&D 经费	政府资金
2009	928.88	581.30	75.89	16.93
2010	1 226.24	778.09	87.15	17.31
2011	1 645.00	1 053.43	96.75	18.66
2012	2 046.15	1 371.99	113.66	19.56
2013	2 358.43	1 621.24	135.50	24.23
2014	2 680.96	1 881.83	153.11	26.01
2015	3 021.83	2 165.74	173.18	25.99
2016	3 123.02	2 151.47	207.31	23.31
年均增速(%)	18.66	20.88	16.07	5.1

数据来源:根据《江西统计年鉴》(2010～2017)相关数据整理得出。

②R&D 投入强度较低

R&D 投入强度,即 R&D 经费支出与 GDP 的比值。2009～2013 年,江西省 R&D 投入强度无论与全国平均水平相比,还是与北京、上海、广州以及其他中部省份相比,均处于"垫底"状态,仅在 2009～2010 年略高于河南省(如表 3—8 所示)。国际上普遍认为,R&D 投入强度小于 1.5%的地区缺乏科技创新能力,1.5%～2%的具有一定创新能力,大于 2%的地区科技创新能力才比较强

(邓向荣和文青,2004)。发达国家 R&D 投入强度多数高于 3%。根据这个认定标准可知,当前江西省科技创新能力较弱。从人均 GNP、GDP 的三次结构及霍夫曼比值等指标来看,江西省目前已处于工业化中期阶段(江西财经大学经济学系课题组,2015),但直到 2015 年,江西省 R&D 投入强度才跨越 1%,基本上还处于工业化初级阶段的后期,等同于滞后经济发展水平一个阶段。

表 3—8　　2009～2016 年江西省 R&D 投入强度与其他省市的比较　　单位:%

地区	2009	2010	2011	2012	2013	2014	2015	2016
全国	1.66	1.71	1.78	1.91	1.99	2.02	2.06	2.11
北京	5.50	5.82	5.76	5.95	5.98	5.95	6.01	5.96
上海	2.81	2.81	3.11	3.37	3.56	3.66	3.73	3.82
广东	1.65	1.76	1.96	2.17	2.31	2.37	2.47	2.56
山西	1.10	0.98	1.01	1.09	1.22	1.19	1.04	1.03
安徽	1.35	1.32	1.40	1.64	1.83	1.89	1.96	1.97
河南	0.90	0.91	0.98	1.05	1.10	1.14	1.18	1.23
湖北	1.65	1.65	1.65	1.73	1.80	1.87	1.90	1.86
湖南	1.18	1.16	1.19	1.30	1.33	1.36	1.43	1.50
江西	0.99	0.92	0.83	0.88	0.94	0.97	1.04	1.13

数据来源:根据《中国科技统计年鉴》(2017)相关数据整理得出。

③R&D 投入模式不合理

R&D 投入模式是政府和企业在 R&D 投入中所占的比例。国际经验显示,大多数发达国家的 R&D 投入模式发展次序是:政府主导型、政府企业双主导型、企业主导型。如表 3—9 所示,2009～2016 年江西省企业 R&D 投入进入快速增长阶段,来自企业的资金占 R&D 投入的比例由 2009 年的 73.88%增至 2016 年的 86.34%,R&D 投入模式已经进入带有工业化后期特征的企业主导型,企业成为江西省 R&D 资金的投入主体。但实际上由于江西省尚处于工业化的中期阶段,政府企业双主导型才是其应有的 R&D 经费投入模式。在江西省 R&D 经费投入来源构成中,政府资金年均增速仅 5.1%,远低于企业资金 18.1%的年均增速。企业技术创新资金主要来源于自筹和融资,获政府资助的甚少,企业用于研发的投入不足。其他资金[①]的占比逐年降低,总量的年均增速为-5.4%,这说明江西省获得的国外资金和金融机构、社会部门R&D资金支持力度较弱,也反映了财政R&D投入引导社会投入效果欠佳。一项针对江西省大中型工业企业技术创新能力的实际调查显示(麻智辉,2013),近几年昌河飞机、昌河汽车、江铃汽车3家企业研发投入经费完全靠自筹,没有获得来自政府的任何资助,尽管华意压缩、凤凰光学曾获政府资助,也仅为30万~40万元,科研经费不足严重制约了企业迈入自主创新轨道的速度。

表3-9　2009~2016年江西省R&D经费来源构成及变化情况　单位:亿元、%

年份	R&D经费	政府资金	企业资金	其他资金	政府资金占比	企业资金占比	其他资金占比
2009	75.90	16.93	56.07	2.89	22.31	73.88	3.24
2010	87.15	17.31	67.33	2.51	19.86	77.26	2.60
2011	96.75	18.66	75.42	2.67	19.29	77.95	2.60
2012	113.66	19.56	90.34	3.76	17.21	79.49	3.05
2013	135.50	24.23	104.10	7.16	17.89	76.83	5.08
2014	153.11	26.01	122.64	4.46	16.99	80.10	2.78
2015	173.18	25.99	143.22	3.97	15.01	82.70	2.14
2016	207.31	23.31	178.98	5.02	11.24	86.34	2.36
年均增速	16.07	5.1	18.1	-5.4			

数据来源:根据《江西统计年鉴》(2010~2017)相关数据整理计算得出。

④R&D投入结构不科学

第一,R&D资金配置领域倾斜,基础研究成为财政科技投入的薄弱环节。R&D资金投入领域可分为基础研究、应用研究和试验发展。R&D投入结构是指基础研究、应用研究和试验发展各自所占比重。其中,基础研究是一个国家或地区科技创新能力可持续发展的重要基础,在国家及区域创新体系中位置十分重要,是具有显著正外部性的公共产品,因此成为政府科技投入的重点。国

① 此处的"其他资金"为统计年鉴中"国外资金和其他资金"的总和。

际上工业化国家经验显示，基础研究经费的支出比重发展趋势是先高后低，在科技水平较低的工业化初期水平基础研究经费的支出比重较高，随着科技水平的提升逐渐有所下降，但大多稳定在10%～20%（李振兴等，2008）。基础研究投入偏低是我国的普遍现象。从国家层面来看，如表3－10所示，2000年以来我国基础研究经费在研发经费中的比例平均为5.09%，2004年达到考察期内的最高水平，也仅为5.96%。

表3－10　　2000～2016年我国R&D资金投入结构情况　　单位：亿元、%

年份	R&D经费	基础研究经费	应用研究经费	试验发展经费	基础研究经费比重	应用研究经费比重	试验发展经费比重
2000	895.66	46.73	151.90	697.03	5.22	16.96	77.82
2001	1 042.49	55.60	184.85	802.03	5.33	17.73	76.93
2002	1 287.64	73.77	246.68	967.20	5.73	19.16	75.11
2003	1 539.63	87.65	311.45	1 140.52	5.69	20.23	74.08
2004	1 966.33	117.18	400.49	1 448.67	5.96	20.37	73.67
2005	2 449.97	131.21	433.53	1 885.24	5.36	17.70	76.95
2006	3 003.10	155.76	488.97	2 358.37	5.19	16.28	78.53
2007	3 710.24	174.52	492.94	3 042.78	4.70	13.29	82.01
2008	4 616.02	220.82	575.16	3 820.04	4.78	12.46	82.76
2009	5 802.11	270.29	730.79	4 801.03	4.66	12.60	82.75
2010	7 062.58	324.49	893.79	5 844.30	4.59	12.66	82.75
2011	8 687.01	411.81	1 028.39	7 246.81	4.74	11.84	83.42
2012	10 298.41	498.81	1 161.97	8 637.63	4.84	11.28	83.87
2013	11 846.60	554.95	1 269.12	10 022.53	4.68	10.71	84.60
2014	13 015.63	613.54	1 398.53	11 003.56	4.71	10.75	84.54
2015	14 169.88	716.12	1 528.64	11 925.13	5.05	10.79	84.16
2016	15 676.75	822.89	1 610.49	13 243.36	5.25	10.27	84.48

数据来源：根据《中国科技统计年鉴》(2017)相关数据整理计算得出。

从江西省层面来看，2010～2016年试验发展占据了90%以上的R&D经费，基础研究经费不到3%，应用研究经费不到10%（如表3－11所示）。可见江西省的 R&D 经费投入主要集中于试验发展,基础研究和应用研究的比例严重不足,R&D 投入结构不尽合理。

表 3—11　　**2010～2016 年江西省 R&D 资金投入结构情况**　　单位:万元、%

年份	R&D 经费	基础研究经费	应用研究经费	试验发展经费	基础研究经费占比	应用研究经费占比	试验发展经费占比
2010	871 527	24 397	78 890	768 246	2.80	9.05	88.15
2011	967 529	26 696	69 080	871 750	2.76	7.14	90.10
2012	1 136 552	29 372	79 709	1 027 471	2.58	7.01	90.40
2013	1 354 972	38 312	103 953	1 212 707	2.83	7.67	89.50
2014	1 531 114	42 839	96 845	1 391 431	2.80	6.33	90.88
2015	1 731 820	49 876	117 976	1 563 968	2.88	6.81	90.31
2016	2 073 091	46 840	110 471	1 915 780	2.26	5.33	92.41

数据来源:根据《中国科技统计年鉴》(2010～2017)相关数据整理计算得出。

对于经济刚刚迈入工业化中期的江西省来说,R&D 投入的结构性缺陷将制约地区长期科技发展和区域竞争力提升。基础研究是新知识产生的源泉和新发明创造的先导,反映了知识的原始创新能力,引导着新发明创造,能够在江西省长期科技发展和提升国际竞争力中发挥重要作用。基础研究的投入过低,意味着有限的财政科技投入更多地用于具有市场效益的应用研究和产业化阶段,将不利于江西省提高原始性创新水平和增强自主知识产权,导致江西省企业创新活动以模仿创新为主。这显然与建设创新型省份的发展战略相悖。

第二,R&D 资金配置存在着资助对象间的不均衡。从 R&D 政府资金执行部门来看,如表 3—12 所示,2007～2016 年政府对研究机构的 R&D 投入总额和近 50%的占比均远远高于对高校和企业的投入。尤其是 2012 年以来,政府对企业的投入总额逐渐下降,2016 年政府对企业的 R&D 投入占政府资金的比例跌至 14.30%的最低点。

表 3—12　　2007～2016 年江西省 R&D 经费的政府资金投入去向　　单位:万元、%

年份	对规模以上工业企业的投入	政府对研究机构的投入	政府对高校的投入	对规模以上工业企业的投入占比	对研究机构的投入占比	对高校的投入占比
2007	55 036	98 686	41 360	28.21	50.59	21.20
2008	66 845	100 794	51 741	30.47	45.94	23.59
2009	44 590	71 161	31 898	30.20	48.20	21.60
2010	47 981	83 158	34 856	28.91	50.10	21.00
2011	51 371	71 740	44 922	30.57	42.69	26.73
2012	47 399	80 382	49 551	26.73	45.33	27.94
2013	45 668	113 177	64 216	20.47	50.74	28.79
2014	69 038	104 712	68 298	28.52	43.26	28.22
2015	59 554	110 979	71 121	24.64	45.92	29.43
2016	30 178	117 040	63 868	14.30	55.45	30.26
年均	517 660	951 829	521 831	26.30	47.82	25.88

数据来源:根据《江西统计年鉴》(2008～2017)相关数据整理计算得出。

从国家层面来看也存在着同样的问题,科研院所和高等学校是最大受益者,企业能享受到的政府的投入甚少。以 2016 年为例,政府仅将其研发资金的 15.38%投向了企业,企业研发资金的 96.3%来自企业内部。对于研发机构和高等学校而言,它们享受了绝大部分来自政府的研发经费,其中研发机构占 59.83%,高等学校占 21.15%(如表 3—13 所示)。当前江西省企业缺少技术层面的垄断优势,主要靠引进国内外技术,与国家和省级层面政府 R&D 投入的结构导向不无关系。

表 3—13　　2016 年全国 R&D 经费支出执行情况　　单位:亿元

执行部门	全国	企业	研发机构	高等学校	其他
政府资金	3 140.81	449.70	1 851.60	687.75	151.75
企业资金	11 923.54	11 497.56	90.44	310.49	25.06
国外资金	103.24	92.79	3.90	6.11	0.44

续表

执行部门	全国	企业	研发机构	高等学校	其他
其他资金	509.15	103.91	314.24	67.88	23.12
合　计	15 676.74	12 143.96	2 260.18	1 072.23	200.37

数据来源:根据《中国科技统计年鉴》(2017)相关数据整理得出。

(3)激励企业创新的微观投入层面:对企业的 R&D 资助存在缺陷

①政府对企业的 R&D 资助缺乏稳定性

从政府对企业 R&D 资助的总量来看,2008～2016 年江西省规模以上工业企业获得的政府直接资助总额仅为 46.27 亿元,如表 3－14 所示,年均增长率为－5.24%,整体上来看政府资助缺乏稳定性,呈现出较大幅度的波动。其中,仅 2010 年、2011 年、2014 年为正增长且 2014 年的增长率超过 50%,其他年份均为负增长,政府资助的不稳定必定会影响企业研发活动的可持续性。从政府资助占企业自身 R&D 投入的比重来看,平均水平仅为 6.16%,这说明江西省企业的 R&D 投入主要靠企业自身筹集和融资,政府对企业的直接支持力度较弱,无法有效引导企业自主创新发展。

表 3－14　　2008～2016 年度江西省企业获得政府科技资助概况　　单位:亿元、%

年　份	2008	2009	2010	2011	2012	2013	2014	2015	2016
规模以上工业企业研发经费	49.52	58.26	65.92	76.98	92.60	110.64	128.46	147.50	179.76
政府对规模以上工业企业的投入	6.68	4.46	4.80	5.14	4.74	4.57	6.90	5.96	3.02
政府资助增长率	—	－33.29	7.60	7.07	－7.73	－3.65	51.17	－13.74	－49.33
政府资助占企业自身投入的比重	13.50	7.65	7.28	6.67	5.12	4.13	5.37	4.04	1.68

数据来源:根据《江西统计年鉴》(2009～2017)相关数据整理计算得出。

②对中小企业的 R&D 支持力度微弱

2011～2016 年,江西省政府对企业的 R&D 支持以规模以上工业企业为主,尽管对规模以上工业企业的资助额占政府对所有企业 R&D 资助额的比重从 2011 年的 98.17%下降至 2016 年的 93.76%,给中小企业腾出了一定的资金拨付空间，但对规模以上工业企业的投入依然维持在高水平，中小企业享受到的政府R&D资助仍然非常有限(如表3—15所示)。

表3—15　　2011～2016年江西省财政对企业R&D资助额　　单位：万元、%

年份	政府对所有企业的R&D资助额	政府对规模以上工业企业的R&D资助额	政府对规模以上工业企业的资助额占比
2011	52 330	51 371	98.17
2012	48 358	47 399	98.02
2013	47 222	45 668	96.71
2014	70 533	69 038	97.88
2015	61 102	59 554	97.47
2016	32 186	30 178	93.76

数据来源：根据《江西统计年鉴》(2012～2017)相关数据整理计算得出。

(4)执行创新政策的体制层面：财政科技投入管理体制不科学

①科技计划碎片化和科研项目不够聚焦

尽管江西省企业获得财政资金资助的渠道呈现出来源多元化的局面，但存在科技计划碎片化和科研项目不够聚焦的问题。长期以来，无论是从国家层面，还是从省市层面来看，各种针对不同问题而提出的科研计划由不同部门管理。江西省科技资金分散在科技、财政、发改、工信、农业、林业、水利等多个部门，各部门科技计划之间缺乏有效的协调机制，存在条块分割、自成体系、重复交叉的现象，导致财政科技资源配置碎片化，尤其是作为科技主管部门的江西省科技厅直接安排管理的科技经费占整个财政科技经费投入的比重偏小。科技资源的分散管理，导致企业为了争取更多的经费支持必须多头申请，由此花费大量的时间，无形中抬升了企业创新成本而抑制其创新积极性。再则，由于各部门在经费使用上缺乏必要的信息沟通和资源共享，导致人力资源、设备资源的重复投入，财力、人力和无力浪费现象较为严重。

据有关数据显示，我国有着已超过英国等西方国家的大型仪器设备总量，但许多仪器设备的使用率不到25%，远低于发达国家170%～200%的水平。就江西省大型科研仪器设备而言，实现了外部共享的设备数量占总数的

10.5%,仅限于内部共享的设备占74.9%,完全不共享的设备占14.6%,大部分科研仪器设备仅限于内部使用,使用效益偏低。根据2015年10月江西省科技厅对109台大型科学仪器的绩效考评,江西省仪器设备平均使用率为82.8%,平均闲置率接近20%(季凯文等,2017)。此外,财政资金对企业的直接支持规模较小,且财政资金偏重于支持具体项目,对建立企业技术创新体系的支持不够,对服务体系建设和研发平台建设的支持也不足,难以形成对建立以企业为主体、市场为导向、产学研深度融合的技术创新体系的强大支撑力。

②科技专项资金拨付管理疏于效益考量

江西省科技专项资金拨付管理基本程序为征集支持课题→收集项目→组织专家评审→主管部门审批→财政部门审批→课题立项→签订立项合同→依据合同下拨财政资金→项目实施完毕后组织验收。在现实操作中,政府支持企业创新的政策往往异化为跑项目、跑资金。为了争取专项资金,不少企业专人公关跑项目,用形式完美的项目报告换取项目资金,并不关心创新能否取得预期效果,而相关审核部门也只关注前期项目方案,对项目的验收流于形式。

③财政支持企业技术创新的方式单一化

江西省财政对科研项目的支持以无偿拨款方式为主,没有根据不同科研领域的公共品属性和外溢性程度的高低采取灵活多样的方式,比较僵化的支持方式难以最大限度地激发企业创新潜力。国内部分发达省份已开始综合运用直接资助、风险投资、贷款贴息、后补助、股权投资等多种方式以契合不同性质的科研项目需求和企业科技活动规律。以后补助政策为例,由于其能够发挥财政科技经费的导向作用,提高财政资金的使用效率,福建、安徽、广东等省份均出台并实施相关政策,南昌市于2014年出台了《南昌市科技计划后补助管理规定》并开展试点,但由于政策制定存在一定程度的跟风性质,实际效果不尽如人意。虽然省级层面也在积极探索其他形式的支持方式,但在实际工作中,仍然是直接补助的方式占主流,财政科技投入的乘数效益、杠杆效益并不显著。单一化的支持方式不仅缺乏必要的约束,也会影响财政科技资金的投入绩效。

④财政科技资金的监督及管理力度较弱

近年来，江西省为创新管理方式，积极加强科技资金的监管，出台了较多监管政策，但仍然存在科技计划下达时间滞后、监管不严的现象，导致部分项目经费管理使用不够严格和规范，项目经费挤占挪用、违规套取财政资金等现象时有发生。在监管工作上，江西省财政将科技计划项目在内的专项项目纳入了绩效评价范围，以绩效评价加强科技资金监管，但是从具体绩效评价工作开展情况来看，主要在政府内部进行，而且评价体系也由政府内部制定，没有承载公众选择和体现公众诉求。从科技项目的绩效评估结果来看，违规套取财政补贴的问题并不鲜见，财政科技资金的使用效益较低。这些问题反映出当前江西省财政科技资金监管力度有待进一步提高。

3.2　激励企业技术创新的税收优惠政策

3.2.1　税收优惠政策的现状

(1)现行激励企业技术创新的主要税收优惠政策

目前，江西省在激励企业技术创新中运用的税收优惠政策主要是基于国家层面制定的税法，地区层面并没有独立、完善的相关税法。自 20 世纪 80 年代的科技体制改革以来，国家层面逐步出台了一系列具有创新系统特征的科技税收优惠政策以鼓励技术创新和高新技术产业发展。随着社会主义市场经济体制的建立，税收优惠政策的运用也渐入正轨，形成了较为完善的技术创新税收激励体系。依据政策支持对象和支持目的，现行的技术创新税收优惠政策主要可以分为以下几类：

①扶持高新技术企业发展的税收优惠政策

以《中华人民共和国企业所得税法》(主席令第 63 号)、《财政部、国家税务总局、商务部、科技部、国家发展和改革委关于完善技术先进型服务企业有关企业所得税政策问题的通知》(财税[2014]59 号)、《财政部、国家税务总局关于软件产品增值税政策的通知》(财税[2011]100 号)为依据的针对高新技术企业、技术先进型服务企业的税收优惠政策,规定对经认定的高新技术企业和技术先进型服务企业,按照15%的所得税率征收企业所得税,对其职工教育经费予以8%的比例扣除,并且允许超额结转。

以《财政部、国家税务总局关于退还集成电路企业采购设备增值税期末留抵税额的通知》(财税[2011]107号)、《财政部、国家税务总局关于进一步鼓励软件产业和集成电路产业发展企业所得税政策的通知》(财税[2012]27号)、《财政部、国家税务总局、发改委、工业和信息化部关于进一步鼓励集成电路产业发展企业所得税政策的通知》(财税[2015]6号)为依据的针对软件和集成电路企业的税收优惠政策,对符合规定的软件企业实行“增值税即征即退”“两免三减半”“加速折旧或摊销”“职工培训据实扣除”等税收优惠政策,对符合规定的集成电路企业实行“减按15%的所得税率”“两免三减半”“五免五减半”和“增值税期末留抵税额退还”等税收优惠政策。

②激励企业加大研发投入的税收优惠政策

以《中华人民共和国企业所得税法实施条例》(国务院令第512号)、《财政部、国家税务总局、科学技术部关于完善研究开发费用税前加计扣除政策的通知》(财税[2015]119号)、《财政部、国家税务总局、科技部关于提高科技型中小企业研究开发费用税前加计扣除比例的通知》(财税[2017]34号)、《财政部、税务总局、科技部关于提高研究开发费用税前加计扣除比例的通知》(财税[2018]99号)为依据的研究开发费用加计扣除政策。其中,财税[2015]119号文规定,企业在研发活动中产生的研发费用,如果未形成无形资产计入当期损益,按实际发生额的50%从年度应纳所得税额中进行扣除,如果形成无形资产则按照无形资产成本的150%进行税前摊销。为激励中小企业加大研发投入,财税[2017]34号文提高了扣除标准,将科技型中小企业研发费用的加计扣除额和税前摊销比例分别提高至75%和175%。财税[2018]99号文进一步将该提高标准适用于所有企业。

以《国家税务总局关于企业固定资产加速折旧所得税处理有关问题的通知》(国税发[2009]81号)、《财政部、税务总局关于设备、器具扣除有关企业所得税政策的通知》(财税[2018]54 号)为依据的固定资产加速折旧政策。国税发[2009]81 号文规定对企业拥有并用于生产经营的主要或关键的固定资产,如果因为技术进步导致产品更新换代较快,可以采取缩短折旧年限或者加速折旧的办法予以优惠。财税[2018]54 号将固定资产范围扩大到“除房屋、建筑物以外”。

③推动科学技术成果转化的税收优惠政策

以《财政部、国家税务总局关于全面推开营业税改征增值税试点的通知》(财税[2016]36 号)为依据的“四技服务”免征增值税政策,即纳税人提供技术转让、技术开发和与之相关的技术咨询、技术服务免征增值税。

以财税[2015]116 号文为依据的技术转让所得减免政策,规定对企业年度技术转让所得不超过 500 万元的部分免征企业所得税,超过此额度的部分实行减半征收。

④鼓励科技人员创新创业的税收优惠政策

以财税[2015]116 号文为依据的企业技术人员股权个税激励政策,规定中小高新技术企业以未分配利润、盈余公积、资本公积向个人股东转增股本以及高新技术企业转化科技成果给予技术人员股权奖励,个人可以分期 5 年缴纳个税。

以《财政部、国家税务总局关于促进科技成果转化有关税收政策的通知》(财税字[1999]45 号)、财税[2015]116 号文为依据的股权激励政策,规定科研机构、高等学校转化职务科技成果给予个人的股权奖励递延到转让环节缴纳个税,将缴纳个税的环节从“取得股份、出资比例时”转移到“取得按股份、出资比例分红或转让股权、出资比例所得时”。

以《财政部、国家税务总局关于个人非货币性资产投资有关个人所得税政策的通知》(财税[2015]41 号)为依据的个人投资激励政策,规定“科技人员等个人以科研成果等非货币性资产投资依据财产转让所得缴纳个税,并可以实行 5 年分期”。

以《关于印发〈关于海外高层次引进人才享受特定生活待遇的若干规定〉的

通知》(组通字[2008]58号)为依据的人才引进激励政策,对引进人才回国(来华)时取得的一次性补助(视同国家奖金)免征个税,对其5年内境内工资收入中的住房补贴、伙食补贴、搬迁费、探亲费、子女教育费等按规定予以税前扣除;对进境的少量科研、教学物品免征进口税收。

以《中华人民共和国个人所得税法》(主席令[2007]85号)为依据的个税减免政策,规定对省级人民政府、国务院部委和中国人民解放军军以上单位以及外国组织、国际组织颁发的科学、技术奖金免征个税。

⑤支持创新创业平台建设的税收优惠政策

以《国家税务总局关于实施创业投资企业所得税优惠问题的通知》(国税发[2009]87号)为依据的创业投资企业所得税减免政策,规定创业投资企业采取股权投资方式投资于未上市的中小高新技术企业2年以上按照其对中小高新技术企业投资额的70%,在股权持有满2年的当年抵扣其应纳税所得额。

以《财政部、国家税务总局关于科技企业孵化器税收政策的通知》(财税[2016]89号)为依据的科技企业孵化器税收减免政策,规定对符合条件的孵化器自用以及无偿或通过出租等方式提供给孵化企业使用的房产、土地,免征房产税和城镇土地使用税。

除此之外,近些年国家层面还先后出台了一系列完善激励企业技术创新的普惠性税收优惠政策。如2015年10月出台的财税[2015]116号文将国家自主创新示范区有关税收试点的政策推广到全国范围实施,从宏观范围内调动、激发全国人民的创新创业热情,培育新常态下经济发展的内驱力。2015年11月由财政部、国家税务总局和科学技术部联合出台的新研发费用加计扣除政策,其扩大了政策的受益范围和能够享受加计扣除的费用范围,允许过去3年应扣未扣研发费用加计扣除并简化了审核程序。2016年重新修订了《高新技术企业认定管理办法》,对科技型中小企业的政策支持力度进一步加大,部分新兴技术领域被纳入其中,政策激励的普惠性大为增强。

(2)现行激励企业技术创新的税收优惠政策的特征分析

受益于技术创新税收优惠政策的激励,科学技术成为拉动国民经济增长的源动力。通过分析现行技术创新税收优惠政策,发现其存在以下几个方面的主要特征,这些内在化的特征对政策的执行效果有较大的影响。

①由多元化的政策法规体系组成

现行税制结构是所得税与流转税并行的双主体模式,税收政策体系所得税法、增值税暂行条例、营业税暂行条例等为核心以及补充性的政府文件共同构成,其中仅有企业所得税、个人所得税、车船税和环境保护税以法律形式存在,其他都是以行政法规的形式存在。大多数支持企业技术创新的税收优惠政策由财政部、国家税务总局、发改委、科技部等国家部委联合或单独颁布,并以暂行条例、公告、通知、补充说明等形式呈现,政策发布单位不唯一,发布的文件数量较多。从整体上来看,政策体系较为复杂,形成了发布单位多元化、政策形式多样化的特点。

②以企业所得税为主要优惠税种

合理的税种设计能够有效提高创新资源的配置效率。增值税相对中性,具备较强的收入功能,但对资源的配置能力较弱。消费税主要侧重于对特殊消费品生产、消费以及相关收入分配的调节,存在一定局限性。个人所得税和社会保障税以解决社会效率和公平为主,对资源配置和收入分配的调节功能较弱。所得税特别是企业所得税针对企业经营利润征税,通过规定成本费用列支的范围、标准、方式等来影响税基以达到影响企业投资方向和生产行为的目标,具备较强的资源配置功能,因此成为国内外实施技术创新激励的主要税种。我国现已形成较为完备的激励企业技术创新的税收优惠政策体系,以企业所得税为主,涵盖增值税、企业所得税、个人所得税、房产税和城镇土地使用税等多个税种。其中,所得税有着较多的优惠条款和宽泛的覆盖范围,不仅体现了国家对重点科技项目以及软件、集成电路等高科技产业的支持,也体现了国家对创新投资性企业、科技服务性企业和传统产业的创新研发的大力支持。

③以直接优惠为主要优惠方式

激励企业技术创新的税收优惠有两种类型:直接税收优惠和间接税收优惠。直接税收优惠(也称税率式优惠)注重对税额的减免,包括优惠退税、投资抵免、税收减免以及优惠税率等政策工具。如我国所得税中对高新技术企业15%的税率、新办软件企业的“两免三减半”以及在增值税中和营业税中规定的即征即退等政策均属于对企业应纳税额的直接优惠。这种方式的特点是效果直接，强调的是对企业创新成果的激励，激励的是企业创新链的后端。间接税收优惠（也称税基式优惠）主要是对影响税基的不同要素规定不同的政策，如研发费用加计扣除、加速折旧、特定专项准备金制度等，这种优惠方式注重事前优惠，激励的是企业创新链的初始阶段。有学者研究表明，在我国激励企业技术创新的税收优惠政策工具中，直接优惠政策约占60%，间接优惠政策约占40%①，从总体上来看表现出以直接优惠为主、间接优惠为辅的特征，其中既有减免税、即征即退等直接税收减免，又有加速折旧、加计扣除、税前扣除、投资额抵扣等间接税收优惠。

④以产业链下游为主要优惠环节

企业技术创新阶段主要分为技术研发阶段、技术成果转化阶段和技术产业化阶段。但是由于技术创新的高风险性和内外环境因素的不确定性，技术创新的各个环节都有失败的可能，而且越是处于上游的环节失败的概率越高，风险越大。税收优惠政策能够降低技术创新活动的投资成本和研发风险，提高创新主体的预期收益，激发创新主体的创新动力。因此，税收优惠政策应当覆盖创新活动各个环节，如刺激创新主体加大研发投入，促进研发成果转化和技术转移，鼓励技术成果走向产业化等。我国现行激励企业技术创新的税收优惠政策侧重于对风险相对较小和发展较为成熟的高新技术企业和产业的激励，激励的侧重点在产业链的下游，而对风险较高的上游阶段即研发阶段和研发成果转化阶段的支持力度相对较小。

(3)江西省落实技术创新税收优惠政策的情况分析

在充分利用统计数据的基础上，笔者分赴企业和政府部门了解技术创新税收优惠政策的落实情况。一方面赴南昌市经济技术开发区、高新技术开发区、小蓝工业园区走访了部分江西省内知名企业调研税收优惠政策落实情况；另一

① 范柏乃．面向自主创新的财税激励政策研究[M]．科学出版社，2010，p136.

方面，到江西省税务局、科技厅等政府部门开展调研，了解技术创新税收优惠政策的执行情况、政策绩效和政策执行过程中存在的主要问题等。

①激励技术创新的税收优惠政策落实概况

从税收优惠政策落实数量来看，2016 年江西省共落实 12 项科技创新税收优惠政策，占已颁布科技创新税收优惠政策的 54.55％。从减免税款总额看，高新技术企业减免税优惠额最高，1 028 户高新技术企业共计减免企业所得税 45.39 亿元，占全部科技创新税收优惠政策免征税款的 66.24％，户均受惠金额 441.54 万元；其次是研发费用加计扣除税收优惠政策，825 户企业享受研发费用加计扣除额共计 37.79 亿元，户均受惠金额 458.06 万元；再次是软件产品增值税即征即退优惠政策，289 户企业享受增值税即征即退共计 3.67 亿元，户均受惠金额 126.99 万元；最后是固定资产加速折旧政策，4 957 户企业履行了固定资产加速折旧优惠政策备案手续，备案金额 9.03 亿元，户均税前扣除 18.22 万元。如表 3－16 所示。

表 3－16　　2016 年江西省落实企业技术创新税收优惠政策的概况

主要税收优惠政策	受惠企业（户）	受惠金额（亿元）	户均受惠金额（万元）
高新技术企业减免税	1 028	45.39	441.54
研发费用加计扣除	825	37.79	458.06
软件产品增值税即征即退	289	3.67	126.99
固定资产加速折旧	4 957	9.03	18.22

数据来源：根据调研获取的数据整理计算得出。

通过以上数据可知，当前高新技术企业税收优惠政策和研发费用加计扣除政策在江西省得到了大力落实，发挥了激励企业技术创新的积极作用。

②高新技术企业税收优惠政策落实情况

针对原江西省地税系统的调研获悉，在 2016 年度汇算清缴中累计为 149 户高新技术企业减按 15％的税率减征企业所得税 5.85 亿元，户均减免金额 393 万元；在 2017 年企业所得税预缴环节，累计为 132 户高新技术企业减按

15％的税率减征企业所得税 3.19 亿元，户均减免金额 242 万元。针对江西省原国税系统的调研获悉，2009～2015 年高新技术企业受惠户数从 25 户增加至 347 户，减免税总额和户均受惠金额在 2011 年达到最高水平，分别为 16.98 亿元和 1 787.37 万元。但受惠企业户数占企业总户数的比重较低，尽管在 2014 年、2015 年已经跃居历史新高，但也仅为 0.24％，这表明江西省享受减免所得税优惠的高新技术企业数量还较少(如表 3－17 所示)。

表 3－17　　2009～2015 年江西省原国税系统高新技术企业所得税减免情况

年份	总户数	受惠企业(户)	受惠企业户数占总户数的比重(％)	减免税总额(亿元)	户均受惠金额(万元)
2009	41 884	25	0.06	1.78	712
2010	52 089	49	0.09	5.03	1 026.53
2011	63 412	95	0.15	16.98	1 787.37
2012	70 482	119	0.17	10.78	905.88
2013	83 022	170	0.20	8.29	487.65
2014	110 203	266	0.24	10.49	394.36
2015	147 556	347	0.24	10.76	310.09

数据来源:根据调研获取的数据整理计算得出。

③研发费用加计扣除政策落实情况

第一，受惠企业户数和金额均增长较快(如图 3－3 所示)，2008～2016 年越来越多的企业享受到了研发费用加计扣除政策，其中 2008 年受惠企业仅为 83 户，加计扣除总额为 3.66 亿元；2016 年受惠企业增长至 825 户，加计扣除总额为 37.79 亿元，加计扣除总额和受惠户数增长均超过 10 倍。9 年间，累计有 2 221 户企业享受了 135.42 亿元的加计扣除优惠，户均受惠金额达 609.73 万元。

第二，政策的减税效应持续扩大。2008～2016 年，江西省企业享受研发费用加计扣除合计减税 33.85 亿元，其占企业所得税应纳税额的比例也呈逐年上升态势。依据 25％税率进行测算，2008 年占全部企业所得税减税的比重为

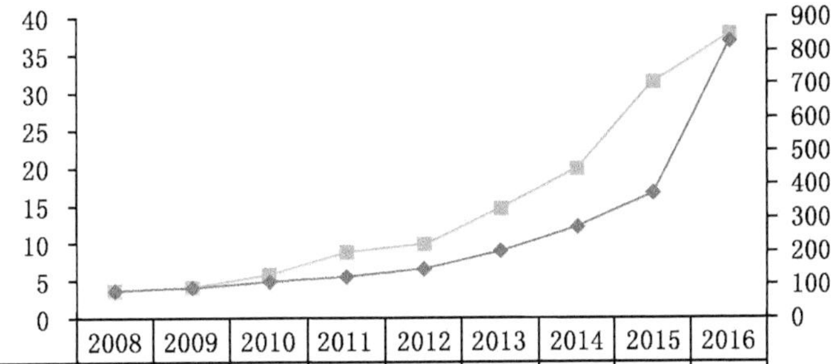

	2008	2009	2010	2011	2012	2013	2014	2015	2016
加计扣除总额（亿元）	3.66	4.01	5.73	8.74	9.82	14.55	19.79	31.33	37.79
享受优惠企业户数（户）	83	93	107	123	147	200	272	371	825

数据来源:根据调研获取的数据整理计算得出。

图 3－3　2008～2016 年江西企业研发费用加计扣除概况

2.77%，占企业所得税应纳税额的比例高达 1.78%；到 2016 年占全部企业所得税减税的比重已上升为 14.55%，占企业所得税应纳税额的比例则高达 4.84%，减税效应逐年扩大(如表 3－18 所示)。其原因在于研发费用加计扣除可以与其他税收优惠叠加，且不受企业盈利、亏损限制，使得越来越多的企业能够申请享受研发费用加计扣除政策。

表 3－18　　2008～2016 年江西省企业所得税减免及加计扣除情况　　单位:亿元、%

项　目	2008	2009	2010	2011	2012	2013	2014	2015	2016
加计扣除减免税额	0.91	1.00	1.43	2.19	2.45	3.64	4.95	7.83	9.45
企业所得税减免税额	32.84	16.67	26.18	34.70	34.48	35.06	47.14	58.09	64.95
企业所得税应纳税额	51.42	64.95	94.72	129.56	139.56	170.24	178.01	187.15	195.24
研发费用加计扣除占比	1.78	1.54	1.51	1.69	1.76	2.14	2.78	4.19	4.84

数据来源:根据调研获取的数据整理计算得出。

第三，企业的持续投资研发能力稳步提升。如果以 3 年为持续期，表 3－19 显示出 7 个时间段里连续 3 年投资研发并享受优惠的企业数量呈现不断上升趋势，第 7 时段已增加到第 1 时段的 8.3 倍。与此同时，企业所享受的加计扣除额也逐年大幅增加，表明研发费用加计扣除政策有效地提升了江西省企业的持续投资研发能力。

表 3—19　　2008～2016 年江西省持续投资研发的企业数量与加计扣除额　　单位:亿元

持续投资期	受惠户数(户)	研发费用加计扣除额								
		2008	2009	2010	2011	2012	2013	2014	2015	2016
2008～2010	33	1.76	1.82	2.11	—	—	—	—	—	—
2009～2011	48	—	2.20	3.03	3.48	—	—	—	—	—
2010～2012	72	—	—	3.59	4.68	4.55	—	—	—	—
2011～2013	90	—	—	—	7.50	7.93	11.53	—	—	—
2012～2014	115	—	—	—	—	8.14	11.82	14.36	—	—
2013～2015	148	—	—	—	—	—	13.37	17.03	20.41	—
2014～2016	274	—	—	—	—	—	—	19.78	22.69	118.59

数据来源:根据调研获取的数据整理计算得出。

3.2.2　税收优惠政策的主要问题

随着我国财税体制改革稳步推进,技术创新税收优惠政策处于逐步完善中,政策缺陷在现实检验中不断得以修正,但现行税收优惠政策仍然未能在企业技术创新中充分发挥其激励效应,通过考察江西省的落实情况,发现其主要存在政策设计层面、政策执行层面和企业内部制度层面的问题。

(1)激励企业技术创新的税收优惠政策设计层面的问题

①税收优惠制度设计不利于企业持续开展创新

第一,税收优惠结构与现行税制结构不相称。现阶段的税制结构中流转税比重偏高,所得税比重偏小,但是针对所得税方面的优惠政策较多,流转税方面的优惠政策则较少。如针对高新技术产业的税收优惠主要体现在企业所得税方面的加计扣除、加速折旧、税额减免等。根据调研数据统计,2013～2016 年江西省原国税系统中增值税收入占增值税和企业所得税总额的 72.81%,企业所得税占增值税和企业所得税总额的 27.19%,呈现出明显的增值税主体地位。但与此同时,落实激励企业创新的增值税优惠和企业所得税优惠分别占二者优惠总额的 44.14%和 55.86%(如表 3—20 所示)。由此可见,以所得税为主的税收优惠结构与以流转税为主的税制结构之间存在不对称,增值税的主体税种地位并没有凸现出来，不仅不利于江西省企业技术创新，更不利于江西省产业结构调整。

表3－20　　2013～2016年江西省落实激励企业技术创新的税收优惠概况

	增值税优惠	企业所得税优惠	增值税收入	企业所得税收入
总额(亿元)	42.65	53.97	6523.67	2 436.78
占比(%)	44.14	55.86	72.81	27.19

数据来源：根据调研获取的数据整理计算得出。

第二，税收优惠环节侧重点忽视了企业创新价值链衔接。当前税收优惠政策以具备科技实力的高新技术企业和拥有科研成果的技术性所得为对象，更有利于已经盈利的企业，而对研究与开发、设备更新、风险投资等重点环节税收支持力度不足。处于研发初期的企业，不仅需要大量的资金用于研发以及固定资产投资，而且在成果转化之前因为没有销售收入而没有或极少有盈利，则无法享受税收优惠。忽视企业创新价值链整体衔接的以产业链下游为激励重点的现行税收优惠政策，虽然积极促进了科技成果转化和产业化、规模化发展，却无益于提升创新主体投资研发的动力。

以研发费用加计扣除政策为例，其仅对被认定为研发投入的部分给予加计扣除，并没有对企业提取研发准备金和新产品试制准备金等的税前扣除规定。高新技术产品的研发周期长、投入巨大，如果不能扣除自主研发准备金，将大大削弱企业创新的热情，企业会更多地移植和使用国外技术和装备，导致我国日益严重的"技术空心化"现象。再以集成电路设计和软件税收优惠政策为例，其规定从企业获利年度起实行"两免三减半"，但是此行业前期投入大、风险高、收益周期长，尤其是新兴企业在经营初期亏损较多，无法从该项滞后性激励政策中真正获益。

②税收优惠条件较严格，普惠性激励力度弱

当前，激励企业技术创新的税收政策对优惠对象、优惠领域、优惠时间、优惠空间等都有着不同的限定，导致普惠性激励力度弱，难以充分调动企业技术创新的主动性和积极性。主要表现在：

第一,研发费用加计扣除政策对研发项目的认定范围有限、立项门槛较高。该政策规定享受税收优惠的研发项目必须符合两类认定条件:一是企业从事的研发活动应当属于国家公布的《当前优先发展的高技术产业化重点领域指南》《国家重点支持的高新技术领域》所列规定项目;二是企业研发活动取得的创新成果,应对本省相关行业有推动作用。这两类认定条件无疑限制了研发项目的认定范围,抬高了立项门槛。在调研中,晶能光电企业反映光电行业技术创新快,经营项目多样化,经常遇到研发项目因不能完全对应优惠指南目录而不被税务机关认同的问题,其建议应当从政策层面改变研发项目正列举,而采用反列举的方式。尽管最新政策扩展了研发费用加计扣除的行业,包括文化产业等在内的诸多现代服务业、制造业,都可以申请享受该优惠政策,但同时对烟草制造业、房地产业、娱乐业、住宿和餐饮业、批发和零售业、租赁和商务服务业以及财政部和国家税务总局规定的其他行业做出了不可以申请享受该优惠政策的禁止性规定,这显然不符合企业只要有研发投入就能享受该政策的制定初衷。

研发费用加计扣除政策的限制性优惠条件,导致其受惠面整体上偏窄,主要表现在受惠行业和受惠规模方面。首先,从近些年江西省受惠企业所处行业来看,90%的企业属于制造业。如 2015 年共有 330 户制造业享受研发费用加计扣除优惠,受惠金额为 30.17 亿元,占该政策受惠企业总户数和受惠总金额的比重分别为 88.95%和 96.29%,其中又以制造业中的汽车制造、飞机制造、光伏、电子设备制造、医药等江西省重点行业为主。制造业是江西省的比较优势产业,因而享受研发费用加计扣除政策优惠相对较多,但也从侧面反映出政策受惠行业领域相对较窄。其次,从受惠企业规模来看,中小企业受惠力度较弱。以江西省原国税系统 2015 年企业所得税汇算清缴数据为例,企业营业收入超过 10 亿元的共 179 户,申请享受研发费用加计扣除优惠的企业为 36 户,占比为 20.11%,优惠金额为 22.29 亿元,占当年研发费用加计扣除优惠总额的 71.23%;企业营业收入低于 1 000 万元的有 124 084 户,申请享受研发费用加计扣除优惠的企业仅 23 户,占比为 0.02%,优惠金额为 0.08 亿元,占当年研发费用加计扣除优惠总额的 0.27%[①]。由此可见，企业规模与受惠程度高度相关，中小企业在普惠力度不高的税收优惠政策体系中不占优势。

第二，技术先进型服务企业税收优惠政策对受惠对象地域要求和资质要求较高。该政策要求企业必须位于 21 个服务外包示范城市，同时要求企业符合一系列认定条件，如“企业从事离岸服务外包业务取得的收入不低于企业当年总收入的 35%”。对于江西省来说，仅有南昌市在该政策规定的示范城市之列，而南昌市诸多企业有的因为离岸服务外包业务收入占企业当年总收入的比例离 35%的要求甚远，有的因为没有或缺少承接境外工程的资质而开展的是转包服务，也就不能被认定为技术先进型服务企业而失去享受优惠的资格。有关数据显示，2008～2015 年，南昌市的服务外包企业从 21 家增长到了 1 045 家，接包执行金额从 3 046.21 万美元上涨到 9.99 亿美元，平均接包执行金额高达 95.6 万美元[②]。调研得知，2013～2015 年，至少 63 户企业外包金额超过百万美元，然而实际享受该项税收优惠的企业却不到 20 户。

第三，固定资产加速折旧政策限制行业缩小了享受范围。尽管最新出台的财税[2018]54 号文已将固定资产加速折旧政策的扣除范围扩大到“指除房屋、建筑物以外的固定资产”[③]，但根据 2018 年之前的文件规定，该政策享受的行业范围为“6+4”，其中，“6”是指“六大行业”，即生物药品制造业，专用设备制造业，铁路、船舶、航空航天和其他运输设备制造业，计算机、通信和其他电子设备制造业，仪器仪表制造业，信息传输、软件和信息技术服务业等行业企业；“4”是指“四大领域重点行业”，即轻工、纺织、机械、汽车四个领域重点行业的企业[④]。政策惠及面偏窄，部分限定行业外的企业未充分享受到固定资产加速折旧的税收优惠政策，是导致申报享受该政策企业偏少的重要原因。

---

① 席卫群. 研发费用加计扣除税收政策效应分析——以江西省为例[J]. 社会科学家，2017(12).

② 张建平，周兵林. 南昌服务外包新路径：“企业带产业园区带县区”[J]. 服务外包，2015(10)：54－55.

③ 财税[2018]54 号《财政部税务总局关于设备、器具扣除有关企业所得税政策的通知》。

④ 分别为：《国家税务总局关于固定资产加速折旧税收政策有关问题的公告》(国家税务总局公告 2014 年第 64 号)；《国家税务总局关于进一步完善固定资产加速折旧企业所得税政策有关问题的公告》(国家税务总局公告 2015 年第 68 号)。

据江西省地税局开展的一项针对南昌市高新区企业申报享受固定资产加速折旧政策情况的调研显示①,在选择固定资产加速折旧企业数量方面,2014年企业所得税汇算清缴户数1 006户,固定资产加速折旧户数3户,固定资产加速折旧金额1 104.65万元;2015年企业所得税汇算清缴户数1 159户,固定资产加速折旧户数5户,固定资产加速折旧金额35.22万元;在研发设备加速折旧方面,2013年12户企业申请研发费用加计扣除金额4 472.48万元;2014年14户企业申请研发费用加计扣除金额3 851.32万元;2015年14户企业申请研发费用加计扣除金额5 229.86万元,但是没有企业对购进并专门用于研发活动的仪器、设备,单位价值不超过100万元的,一次性在计算应纳税所得额时扣除;单位价值超过100万元的,按不低于企业所得税法规定折旧年限的60%缩短折旧年限,或选择采取双倍余额递减法或年数总和法进行加速折旧。在5 000元以下固定资产加速折旧情况方面,2014年单位价值不超过5 000元固定资产一次性在计算应纳税所得额时扣除企业3户,扣除金额1 104.65万元;2015年单位价值不超过5 000元固定资产一次性在计算应纳税所得额时扣除企业5户,扣除金额35.22万元。从企业户数和金额来看,所占汇算清缴户数比例较少,享受优惠面小。

第四,创投企业税收优惠政策对被投资企业主体的限定严格。该政策将被投资企业主体限定为“未上市的中小高新技术企业”,而实际上,高新技术企业资格不仅需要经过多部门认定,而且有一系列较为严格的认定条件。对于大多数中小科技型企业来说,其在创业初期尚不具备完善的财务核算体系和管理制度,很难被认定为高新技术企业。调研得知,当前江西省有不少创业投资企业投资了中小科技型企业却不能享受税收优惠,主要原因在于被投资企业没有通过高新技术企业认定。

③个人所得税对技术创新人员的激励有限

创新人才是创新型企业的核心人力资本,也是区域科技创新系统中最具活

① 江西省地方税务局收入规划与财务处.固定资产加速折旧政策效应分析——以南昌市高新区为例[J].税收分析报告,2016(59).

力的要素。在对江西省地税系统的调研中了解到，在现行 20 多项科技创新政策中，个人所得税优惠几乎无纳税人享受。不少企业反映，现行个人所得税相关免税规定对技术创新人才的要求较高，挫伤了部分技术人才的创新积极性。基于调研情况，为了考察个人所得税优惠政策在激励江西省企业技术创新中落实效果不佳的主要原因，简要梳理了相关政策并分析了政策缺陷。

第一，根据国家税务总局公告 2016 年第 5 号取消“促进科技成果转化暂不征收个人所得税审核”的后续管理的规定，高等院校和科研机构的科研人员技术成果入股所取得的股权或出资比例暂免征收个人所得税，但个人取得按股份、出资比例分红或转让股权、出资比例时仍然要缴纳个人所得税，因此该政策属于递延纳税政策，仅对收益征税，没有考虑科研工作的其他各项成本，抑制了技术科研人员的创新积极性。

第二，国家级、省部级以及国际组织对科技人员颁发的科技奖金，免征个人所得税。但在实际落实中，该优惠政策对层级限制较为严格，市（区、县）科研人员在获得市（区、县）奖励后不能享受这项优惠，因此难以激发市（区、县）企业科研人员开展技术创新的意愿。

第三，财税[2015]116 号文规定，技术人员由于高新技术企业转化科技成果，所得的股权奖励，可分期 5 年缴纳个税。《中共中央国务院关于深化体制机制改革加快实施创新驱动发展战略的若干意见》（中发[2015]8 号）规定，要提高科研人员成果转化收益比例、加大科研人员股权激励力度等。实际上，这些规定仅仅延长了技术人员缴纳个人所得税的期限，应纳税额并没有减少。

第四，财税[2015]116 号文就企业转增股本的个税可分期 5 年缴纳，该政策在一定程度上减轻了江西省创新企业中个人一次缴纳个人所得税的压力，但是个人在缴纳该项个人所得税时并没有取得实际的现金收入。如果今后企业亏损，转增股本不能获得实际增值收益，但个人却为获得转增的股本缴纳了个人所得税，较重的个人所得税负担影响了既有其他收入，对科技人员的激励效应大为降低。

④对创新型企业职工教育的税收支持力度不足

目前,江西省允许据实扣除职工培训费用的仅限于软件生产企业和集成电路设计企业,对于其他高新技术企业来说,发生的职工教育经费支出只能按不超过工资薪金总额的2.5%进行税前扣除,超过部分准予结转以后的纳税年度扣除。调研中大多数企业认为,该扣除比例较低,不能满足企业科技人才培养和员工培训的需要。

(2) 激励企业技术创新的税收优惠政策执行层面的问题

①政策偏好导致区域受惠不均

创新型企业的数量是一个地区企业创新能力的整体体现。通过查询中部地区各省份的高新技术企业认定网,发现截至2017年底,中部地区高新企业户数分别为:湖南省3 861,安徽省4 310,湖北省5 369,河南省2 270,山西省1 117,江西省2 137。江西省高新企业数量在中部地区排名第五,仅高于山西省,在全国排名第十七,不及广东省、北京市的十分之一。近年来,江西省将高新技术企业培育数量纳入政府考核体系,各地政府积极投入到本地高新技术企业培育中,促使高新技术企业由2012年底的362户增加到2017年底的2 137户,增长近5倍。

以研发费用加计扣除为例来考察享受税收优惠政策的企业地域分布情况,如表3—21所示,2008～2016年,受惠企业主要集中在赣北地区,赣西地区只有宜春市占有一定的份额,而赣中、赣南、赣东北地区占有比例较小。从各设区市来看,受惠企业主要集中在南昌市、九江市,受惠企业总数占全省的比重分别为37.76%、13.78%,这两个城市享受研发费用加计扣除税收优惠的企业户数占全省户数超过二分之一。昌九地区一方面拥有较好的技术创新基础,另一方面也受益于国家政策扶持,如2016年国务院批准设立赣江新区,促使昌九经济带的科技创新驶入了良性循环轨道。这从侧面表明国家区域经济发展政策偏好会通过影响企业技术创新水平,并影响企业享受税收优惠的程度。

表3—21　　2008～2016年江西省各设区市享受加计扣除的企业户数

	2008	2009	2010	2011	2012	2013	2014	2015	2016
南昌	36	35	43	39	60	73	104	124	325

续表

	2008	2009	2010	2011	2012	2013	2014	2015	2016
景德镇	7	6	6	8	9	10	11	15	31
萍乡	2	0	0	1	0	4	4	8	18
九江	13	15	20	26	27	29	39	49	88
新余	3	6	4	6	3	4	6	12	24
鹰潭	3	4	4	6	6	10	12	17	23
赣州	8	6	6	4	6	9	17	37	89
吉安	4	4	5	5	7	14	20	30	60
宜春	3	8	10	14	17	32	39	47	94
抚州	2	3	4	7	5	7	7	13	28
上饶	2	6	5	7	7	8	13	19	45
合计	83	93	107	123	147	200	272	371	825

数据来源:根据调研获取的数据整理计算得出。

②跨部门联动机制较弱

某项税收优惠政策的制定和落实,往往涉及发改委、科技厅、商务厅、知识产权局、财政厅、税务局等多个政府部门,跨部门联动是促进政策快速实施的关键环节。当前,江西省跨部门合作已经形成了一定的基础,但还没有形成规范的跨部门联动与协调机制,部门之间的协作停留在浅层次,实际参与税收优惠政策执行管理的大多数情况下仅有科技部门和财税部门。就研发费用加计扣除政策来看,由于研发项目认定所涉及的技术领域范围广、项目多、认定难度大,仅靠江西省科技厅和税务局来认定和管理,难免存在偏差,而且税务部门对企业研发项目的税收减免有很多方面存在执行困难,可能导致企业多次提交不同税收减免申请材料,或者一些研发项目因认定不统一而享受不到税收优惠。此外,跨部门企业研发信息数据库还没有建立,无法及时对企业进行信息跟踪并对政策实施效果进行评价,不利于企业税收减免项目管理和相关政策改进。

③政出多门,税收优惠执行环节随意性大

当前税收优惠政策与各个单行性法规相联系,除各税税法或条例和细则中做出原则性规定外,具体的一些税收优惠政策多散见于财政部、国家税务总局的各种通知、实施办法中,政策的法律级次较低,刚性约束不足,缺乏系统性、规范性和透明度,客观上加大了税收执法的主观随意性。在调研中获悉,部分经济弱县的地方政府为实现招商引资、发展地方经济的目标,在税法规定的减免税政策之外施以更多的税收优惠,越权出台一些税收优惠政策,以至于在同一地区、同一行业甚至同一所有制企业适用完全不同的税收优惠政策,造成不同程度的税收歧视。

同时,由于政策缺乏长期稳定性、数量较多,容易扭曲企业经营决策,增加企业享受优惠政策的成本,使得政策执行效力降低,最终偏离减免税的税收法定要求。特别是,某些税收优惠政策由于缺乏全国性操作细则,各地执行标准各异,部分地区可能迫于财政收入的压力,在政策宣传和落实方面相对不够积极主动。江西省也不例外。以落实研发费用加计扣除政策为例,不少税务部门反映,因为企业研发费用加计扣除必然减少当地财政的现期税收,减少税务部门的考核"业绩",与执行部门利益背道而驰,将难免削弱政策的执行力度。因此,如果不能正确认识税收减免对当地经济的长远激励作用,不能将长远经济发展纳入当期考核指标体系,那么必然会影响当地财政、税收等政策执行部门的积极性。

④对税收优惠政策的监督不够

当前激励企业技术创新的税收优惠政策体系缺乏事前、事中和事后的全过程监督,影响了政策的系统性和可执行性。在事前方面,出台税收优惠政策时缺乏完备的事前论证。不仅缺乏对税收优惠项目的总体布局,缺乏制度层面的可行性论证机制,缺乏技术层面上科学的量化分析方法,缺乏体制上必要的制约与监督,导致税收优惠政策缺乏系统性,呈现出繁多冗杂的局面。在事中方面,执行税收优惠政策时缺乏系统、有效的跟踪监控。税务部门仅仅对税收优惠的主体资格进行审核、批准,技术上尚不能对具体优惠项目开展实时监控,因此较容易出现税收优惠政策被违规套用的管理真空地带。在事后方面,缺乏对政策绩效的考核和评价。税务部门在落实各项税收优惠政策时,并不注重对税收优惠政策实际运用效果的检验与反馈，导致某些优惠政策在实践中成本远大于收益，难以实现预期的政策目标。

(3)企业内部层面问题影响其受惠于激励技术创新的税收优惠政策

①企业基于成本收益考量放弃部分优惠

在考量涉税优惠时，以利益最大化为目标的企业更重视能够带来直接收益的税收优惠，对于仅给予成本补偿的税收优惠则重视不够，往往怕麻烦和风险而选择放弃。举例分析如下：

第一，固定资产加速折旧优惠政策。该政策是让企业提前回收利润以弥补固定资产投入，相当于对企业提供了无息贷款，对于设备更新频繁和技术进步快的企业来说意义十分重大。然而，部分企业认为该项政策并不是实质意义上的减税举措，认为仅仅是“先行扣除”的时间差异，其税前扣除的折旧总额并没有因此减少，再加上考虑到税会差异核算工作量大、加速折旧计算复杂、涉税风险大等原因，便没有申报该项税收优惠的较高积极性。还有部分企业由于处于“两免三减半”“三免三减半”等优惠期或者长期亏损，出于对当期及未来的盈利能力的考虑，也会认为加速折旧并不是最好选择。这是因为很多可以享受加速折旧的税收优惠的前提是企业已经盈利，如果企业处于初创期或成长期未能盈利甚至出现亏损却选择了加速折旧，加速折旧虽然可以延迟缴纳后部分税款但并不会延长税款缴纳时限。当企业进入成熟期后不能顺利盈利或者盈利空间不大，五年后仍未扭亏为盈的话，依据企业所得税法弥补亏损期限的规定，企业这部分折旧便不能用盈利来弥补。此外，上市公司和国有控股企业基于业绩考虑也会选择放弃加速折旧。对于上市公司来说，因为固定资产加速折旧会在使用的前期减少企业的利润，上市公司会通过会计选择使公司利润达到合理或预期的盈利水平，所以加速折旧的意愿不强。对于国有企业来说，由于对管理层实行绩效考核制度，并将企业当年实现的利润水平与工资水平、职级晋升相关联，国有企业为了保持较高的利润率也不愿选择加速折旧。

第二，技术转让收入免征企业所得税优惠政策。近年来江西省技术合同交易额增长稳定，从 2012 年的 39.78 亿元上升至 2016 年的 79.01 亿元，技术市场呈现出较高的活跃度。然而,享受技术转让收入免税的企业户数和免税金额并没有实现同步增长。以 2016 年为例,江西省仅有 53 户企业备案享受减免企业所得税优惠,优惠金额不到 1 亿元,企业申报享受免征增值税为 9.48 亿元,仅占技术合同交易额的 12%。受惠企业数量、受惠金额与技术合同交易额偏离的主要原因在于增值税专用发票抵扣问题。通常情况下,技术交易中的买方会要求卖方出具增值税专用发票,以此转嫁部分增值税税负,倘若卖方议价能力不高,也就只好选择放弃增值税免税优惠。

第三,提高职工教育经费税前扣除比例的优惠政策。该政策意在引导企业注重提高人力资本质量,以优良的智力资源来支持企业科技创新。2015～2016 年,江西省企业职工培训费用都没有超过千万元,政策的积极效应并不显著。2016 年 12 月江西省政府印发的《关于降低企业成本、优化发展环境的若干意见》中提出,"企业发生的职工教育经费支出,不超过工资薪金总额 2.5%部分,准予扣除;超过部分,准予在以后纳税年度结转扣除。高新技术企业、技术先进型服务企业发生的职工教育经费支出不超过工资薪金总额 8%部分,准予扣除;超过部分,准予在以后纳税年度结转扣除。集成电路设计企业和符合条件软件企业的职工培训费用,应单独进行核算并可按实际发生额在计算应纳税所得额时扣除"。以南昌市高新技术开发区国家税务局 2016 年职工教育经费申报数据为例,其中 15 家软件企业就有 9 家企业的职工教育经费占工资总额的比例低于 2.5% 的优惠扣除标准,过半数企业的职工教育经费投入比例低于 1%。对于企业来说,职工教育经费毕竟也是一笔数额不菲的开支,特别是部分中小企业不仅囿于资金压力,更担心员工在技能水平提高后却辞职的人才流失现象,所以并不重视职工教育培训。这表明,该项政策在落实中积极的激励和引导作用尚未发挥出来,不足以激励企业进行人力资本投资。

第四,为了保护自身商业机密而放弃研发费用加计扣除。从企业战略层角度来看,研发费用加计扣除仅仅是企业税收筹划战略的一部分,对于部分企业来说研发项目往往属于内部高度机密,如果在研发成果量产之前申报加计扣除则有可能使得技术秘密外泄,便不能取得科技和税收部门的认证,这种情况下企业综合权衡其成本收益后会更倾向于选择放弃享受该政策。

②企业缺乏相关制度影响其受惠程度

第一，缺乏以创新为目标的经理人激励制度。现代企业制度要求所有权与控制权相分离，这对企业经营管理人员建立健全的激励与约束机制提出了客观要求，促使经营管理人员在追求个人效用最大化的时候不能忽视资产所有者利益的最大化。但是，江西省大多数企业都缺乏以鼓励创新为目标的经理人激励制度，作为“理性经济人”的企业经营管理人员孜孜以求于短期利润以获得个人效用最大化，而无视技术创新对企业长期发展的激励作用。这种管理层面上创新意识的缺乏必然影响企业创新活动的开展，使得各项税收优惠政策对企业的政策激励效应很小甚至无效。

第二，缺乏以创新为目标的财务管理制度和研发管理制度。以企业享受研发费用加计扣除税收优惠政策情况为例，江西省很多企业的财务管理制度和研发管理制度都不能满足研发费用加计扣除的规范要求。主要表现为：其一，立项和备案不规范。部分企业自主立项较随意、研发项目预算变更无序；对研发项目的管理水平较弱，导致研发项目相关资料的缺失和不足。其二，财务核算不规范。部分企业未对研发费用实行单独管理，未按会计准则规定设置“研发支出”及相关明细科目，对研发活动与生产活动划分以及多个项目研发费用归集等划分不明确，对不同的研发项目没有进行分别核算，或未按研发费用性质进行明细核算，影响了企业研发费归集的准确性和可比性。还有部分企业利用税务部门对研发活动不熟悉、不了解，人为扩大研发费用、混淆生产费用与研发费用等问题屡见不鲜，企业申请加计扣除把“项目鉴定”前置变成后续管理，导致基层税务部门管理难度增大。其三，税法规定用政府补助资金进行研发活动发生的研发支出，不能享受加计扣除的税收优惠，而企业在会计核算中，往往不能将政府补助资金与企业自筹资金完全划分清楚，导致部分研发费用不能得到税务机关的认同。

③企业创新能力和资源不足影响其受惠

第一，创新能力不济影响企业受惠。通过考察江西省部分企业发现，很多企业并不重视研发活动，要么没有研发投入，要么研发投入很少。笔者通过Wind数据库搜集整理了江西省26家上市企业披露的相关财务数据，发现有5家上市企业没有研发投入，有近半数企业在2011年以前没有研发投入（如表3—22所示）。如果企业没有开展过研发活动，也就没有享受加计扣除税收优惠政策的资格。江西省开展研发活动的企业较少的主要原因在于，有相当数量的企业属于劳动密集型，产品附加值较低，创新创造能力较弱，创新需求不高。

表3—22　　2008～2017年江西省部分上市企业研发费用统计　　单位：万元

企业名称	2010	2011	2012	2013	2014	2015	2016	2017
昌九生化	861.37	839.60	677.30	617.81	18.32	187.90	1 326.10	1 563.53
赣粤高速	1 076.38	6 865.04	1 820.23	1 791.18	2 187.95	3 100.77	2 764.82	2 502.17
洪都航空	5 280.58	5 354.50	1 893.06	1 582.21	1 352.50	5 477.60	4 859.50	5 668.61
联创光电	3 136.49	2 542.63	3 131.78	4 927.03	6 207.57	7 328.87	10 541.04	12 140.45
江西铜业	—	—	249 352.14	232 758.01	232 613.01	171 393.80	232 799.00	246 485.10
黑猫股份	—	12 000.00	18 452.21	18 739.14	24 423.16	31 379.42	27 734.09	28 993.35
正邦科技	1 540.12	1 721.87	7 825.78	9 408.09	11 274.94	19 360.08	20 843.41	30 668.48
江特电机	1 696.64	2 112.42	1 847.87	2 134.31	2 115.94	3 143.89	14 777.99	16 101.76
赣锋锂业	1 447.26	1 935.10	2 225.02	3 008.54	3 789.35	6 171.81	9 374.17	3 796.21
华伍制动	683.21	1 409.89	1 193.98	1 753.38	2 243.40	2 867.49	3 379.15	3 131.94
三川智慧	794.29	1 117.14	1 912.41	2 062.86	2 279.82	1 849.83	2 634.11	3 445.72
恒大高新	—	1 021.19	729.26	809.45	834.71	1 209.30	931.85	1 131.14
煌上煌	—	—	206.91	2 447.68	2 887.15	3 403.99	3 314.15	3 643.35
博雅生物	908.27	887.14	1 105.56	1 421.83	1 664.37	3 061.23	5 401.11	5 922.48
世龙实业	—	—	—	—	—	2 846.07	4 034.07	6 746.12
三鑫医疗						1 351.63	1 108.46	1 474.84
富祥股份						1 833.15	3 090.12	4 350.88
国泰集团							1 991.00	2 404.05
同和药业			657.22	705.44	939.84	1 436.23	1 274.04	1 252.05
新余国科				620.65	719.00	842.04	1 145.58	1 202.36
沃格光电				817.91	1 096.73	1 139.29	1 201.33	2 170.93

数据来源：Wind数据库中部分江西省上市公司财务数据（截至2018年7月）。数据检索过程：Wind金融终端/专项应用/中国企业库，搜索关键词“江西”得到江西省所有企业名录，然后筛选出26家“上市企业”，再逐一查找每个企业的“财务摘要/利润表摘要/研发费用”。无研发投入的5家上市企业未列入表中。

第二,创新资源不足影响企业受惠。实地调研得知,即便一些有研发活动的企业也没有去申请研发费用加计扣除,如江西易往信息技术有限公司由于近些年利润不高,虽然有研发活动,但并没有申请加计扣除。主要原因在于企业缺乏创新资源,一方面是企业缺乏专门性人才,导致申请优惠的条件不具备。企业在实施研发费用加计扣除政策的过程中,离不开内部各部门(如生产、财务以及研发部门)的协作,要有专业的人员操作。对享受加计扣除的研发费用按研发项目设置辅助账,并依此对其展开科学地认定和归集,这对企业相关人员特别是财务人员提出了较高的能力要求。另一方面是企业缺乏战略性眼光,在研发活动发生后,不积极申请税收优惠,认为申请优惠的手续太过复杂,申请意义不大;有的企业觉得研发项目小,申请价值不大;有的认为企业亏损,申请也是徒劳。

在江西省上犹县原国税局调研得知,尽管该县 2017 年度中小科技型企业和高新技术企业研发费用享受比例高达 100%,如表 3－23 所示,有 11 家企业申报,均享受到了加计扣除。但是部分中小科技型企业反映,其仅仅是为了配合科技部门和赢得政府奖励才申请加计扣除,企业自身并不愿意享受研发费用加计扣除的税收优惠。尤其是部分亏损企业认为研发费用加计扣除只是扩大了企业的亏损,并不能在当前给企业税收减负。事实上,由于研发费用加计扣除可以向以后五个纳税年度递延结转,因此,即使是亏损企业也应该主动申报研发费用加计扣除。

表 3－23　　2017 年江西省上犹县企业申报享受研发费用加计扣除情况　　单位:万元

序号	企业名称	是否中小科技型企业	总研发费用	加计扣除总额
1	赣州穗联工程塑料有限责任公司	是	3 108.12	2 331.09
2	上犹县五指峰忠誉有机茶有限公司	是	20.20	15.15
3	上犹县至越机械有限公司	是	29 978.13	2.25
4	江西高大生物医疗科技有限公司	是	58.60	43.95
5	赣州恒信塑业有限公司	是	3.20	2.40
6	赣州雄博新能源科技有限公司	是	177.89	133.42

续表

序号	企业名称	是否中小科技型企业	总研发费用	加计扣除总额
7	江西省力速数控机械有限公司	是	254.75	191.06
8	江西龙泰新材料股份有限公司	是	321.35	241.01
9	赣州海盛钨钼集团有限公司	否	325.60	162.80
10	赣州壹凌科技有限公司	否	910.87	455.43
11	江西宝生园农业开发有限公司	否	8.81	4.40

数据来源:根据在江西省上犹县原国税局调研获取的数据整理得出。

3.3 激励企业技术创新的政府采购政策

3.3.1 政府采购政策的现状

(1)国家层面政府采购政策的发展与实践

我国政府采购制度从1995年试点开始发展至今不过二十余年,在2006年之前,江西省政府采购主要在执行国家层面相关政策基础上进行试点探索。而从国家层面来看,政策的发展阶段主要分为两个阶段:

①政府采购政策的起步与完善阶段

1995年政府采购制度在上海开始试点,随后在全国范围内推广,相关法律法规制度也相继出台。2002年6月29日出台的《政府采购法》正式确立了我国政府采购制度的法定地位,政府采购工作由此步入法制化轨道,推动着政府采购规模快速发展。2009年政府采购规模资金为7 413.2亿元,占财政总支出和GDP的比重分别为9.72%和2.18%。2016年全国政府采购同口径规模为25 731.4亿元,占全国财政支出和GDP的比重分别为11%和3.5%。同时,政府采购较好地发挥了激励中小企业发展的政策功能,2016年政府采购合同授予中小微企业的总采购额为24 036.2亿元,占全国政府采购规模的77.3%,其中，授予小微企业的采购额为 10 193.9 亿元，占授予中小微企业总采购额的 42.4％。①

尽管《政府采购法》并没有将激励技术创新作为政策采购的目标之一，但是随着政府采购领域的扩展和规模的扩大，通过政府采购政策激励技术进步的要求逐渐出现在政府采购实践中。如 2004 年 12 月，财政部和发改委联合发布的《节能产品政府采购实施意见》中提出节能产品政府采购政策的目标包括“推动企业节能技术进步”；2005 年底国务院颁布的《国家中长期科学和技术发展规划纲要(2006～2020)》和 2006 年初的《中共中央国务院关于实施科技规划纲要增强自主创新能力的决定》中提出要“实施促进自主创新的政府采购”，由此我国以政府采购激励自主创新拉开了帷幕。

2006 年 2 月国务院颁布的《实施〈国家中长期科学和技术发展规划纲要(2006～2020)的若干配套政策〉》进一步明确了建立自主创新政府采购政策的具体内容，包括“建立财政性资金采购自主创新产品制度”“改进政府采购评审办法，给予自主创新产品优先待遇”“建立激励自主创新的政府首购和订购制度”“建立本国货物认定制度和购买外国产品审核制度”“发挥国防采购扶持自主创新的作用”等。同年 6 月，财政部下达了《关于实施促进自主创新政府采购政策的若干意见》，其中就政府采购自主创新制度体系的构建、自主创新产品的认定体系建设、工作方法和试点范围选择、优先采购自主创新产品的条件和幅度等提出了要求。随后，财政部和科技部陆续出台了一系列自主创新政府采购政策规定，分别是《国家自主创新产品认定管理办法(试行)》《自主创新产品政府采购预算管理办法》《自主创新产品政府采购评审办法》《自主创新产品政府采购合同管理办法》《政府采购进口产品管理办法》《自主创新产品政府首购和订购管理办法》。2007 年底修订的《中华人民共和国科学技术进步法》以法律条款确立了自主创新政府采购的采购对象、首购要求、采购方式等。

① 中国政府采购网. 2016 年全国政府采购规模超过 3 万亿. [EB/OL]. (2017－08－25)[2018－07－04]. http://www.ccgp.gov.cn/news/201708/t20170825_8743465.html.

②政府采购相关政策废止的停滞阶段

2011年在西方国家的干涉下,财政部宣布自该年7月1号起停止执行财政部2007年颁布的有关自主创新产品政府采购的三个文件,即《自主创新产品政府采购预算管理办法》《自主创新产品政府采购评审办法》《自主创新产品政府采购合同管理办法》。这些政策的取消导致了我国支持自主创新政策体系和实施的混乱,相关的创新产品与服务的首购、订购政策也无法顺利落实。2016年11月,为履行"中国的创新政策与提供政府采购优惠不挂钩"的对外承诺,国务院办公厅下发了《关于进一步开展创新政策与提供政府采购优惠挂钩相关文件清理工作的通知》(国办函〔2016〕92号),要求各地方、各有关部门自2011年12月1日起停止执行规范性文件中关于创新政策与提供政府采购优惠挂钩的措施。自此,国家层面激励自主创新的政策采购政策基本陷入了停滞状态。自2007年12月,我国就启动了加入WTO《政府采购协议》(Government Procurement Agree-menu,GPA)谈判,迄今已提交6份出价清单,但仍未就加入条件达成共识。谈判面临的最重要问题在于GPA缔约方国家不认可中国政府采购政策保护国内企业和支持自主创新方式。

(2)省级层面政府采购政策的完善与实践

在2006年之后,江西省出台了一系列鼓励技术创新政府采购的政策文件,政府采购工作渐渐步入正轨。2006年,江西省出台了《〈江西省中长期科学和技术发展规划纲要(2006~2020年)〉若干配套政策》,其中明确了政府采购作为营造激励自主创新环境,提高全省自主创新能力,建设创新型江西的政策工具作用。2009年,科技创新"六个一"工程将建立自主创新产品认定和政府采购制度作为实施该工程的一项重要的政策保障措施,在《关于江西省实施科技创新"六个一"工程若干配套政策的通知》中规定建立财政性资金采购自主创新产品制度,使用财政资金的重大建设项目及重大装备和产品采购项目以及建立激励自主创新的政府首购和订购制度。

在国家发布了首批自主创新产品目录之后,江西省科技厅、省发改委、省工信委、省财政厅根据《政府采购法》《自主创新产品政府首购和订购管理办法》、

《自主创新产品政府采购评审办法》于2009年6月24日和25日出台了《江西省自主创新产品认定管理办法(试行)》和《江西省自主创新产品政府采购管理办法(试行)》,建立了江西省自主创新产品认定和政府采购联席会议制度,正式启动了全省自主创新产品认定工作。2009年7月30日,依据自主创新产品认定和政府采购有关规定,来自全省265家企业的475种产品被认定为江西省首批自主创新产品,并发布了江西省自主创新产品目录。首批自主创新产品涉及电子信息、生物医药、先进制造、新能源与节能、新材料、环境保护、航空航天、现代农业八大高新技术领域,基本涵盖了江西省高新技术产业的重点领域。其中,有168种产品获得了发明或实用新型专利,90.8%的产品在国内同类产品中处于技术领先地位,24.6%的产品达到了国际先进水平。① 至2010年8月,共有633种自主创新产品享政府采购优先待遇。之后,随着国家层面自主创新政府采购政策文件的废止,江西省自主创新政府采购与支持企业创新发展的相关举措逐步脱钩,并对一些执行文件进行了停止和清理,一定程度上冲击了企业创新政策体系,给企业创新发展带来较大影响。

2016年3月,江西省提出了《关于深入实施创新驱动发展战略推进创新型省份建设的意见》,其中要求"加强对创新产品的支持"。具体要求包括:在政府采购和公共资源交易中,依法依规不断提高本省自主创新产品应用比重。加强对首台(套)产品的支持。鼓励依法采取竞争性谈判、竞争性磋商、单一来源采购等非招标方式,对首次投放市场的创新产品实施首购、订购及政府购买服务。依托国家级和省级重点工程,通过首台(套)重大技术装备试验、示范和推广应用项目等方式,推进本省企业新技术、新产品、新工艺和新材料的广泛应用。建立首购首用风险补偿机制,支持保险机构开展自主创新首台(套)产品的推广应用类保险。同时在《重点创新产业化升级工程实施办法》中对加大创新产品采购提出了要求,具体要求是:健全优先使用重点创新成果产业化产品采购政策,加大创新产品采购力度,采用首购、订购和政府购买服务等方式予以支持,激励

① 中华人民共和国科学技术部. 江西省举行首批自主创新产品政府优先采购新闻发布会[EB/OL]. (2009-08-17)[2018-07-04]. http://www.most.gov.cn/dfkjgznew/200908/t20090813_72315.html.

重点创新产品的研发和规模化应用。鼓励省重点工程使用重点创新产品,并在同等条件下优先使用。2016 年 8 月,江西省根据《政府采购法》《预算法》《政府采购法实施条例》等法律、法规,并结合本省实际情况,制定了《江西省政府采购管理实施办法(试行)》,对全省政府采购行为做出明确规范。其中,为了支持中小微企业发展,规定政府采购项目预算总额 30%以上要面向中小企业,其中预留给小型和微型企业的比例不低于 60%。

在国家层面和省级层面相关政策指导下,江西省政府采购围绕财政支出管理改革,逐步扩大政府采购,使得政府采购规模和节约财政资金保持稳定增长态势。2015 年全省采购规模仅为 550 亿元,2017 年达 1 491 亿元,加上纳入政府采购的政府与社会资本合作(PPP)项目 682 亿元,总额达到 2 173 亿元,比 2016 年同期增加 544 亿元,增长 33%,节约财政预算资金近 100 亿元,①政策的辐射效应和执行情况较好。

3.3.2 政府采购政策的主要问题

近年来,江西省在政府采购和公共资源交易中不断提高本省自主创新产品应用比重,鼓励并支持全省行政机关、事业单位、社会团体使用财政性资金有需要购买创新产品的,对重大研发专项项目和科技协同创新体研发并首次投放市场的创新产品,采取首购、订购及政府购买服务等方式予以支持。但是从政策制定和政策执行层面来看,仍然存在着较多问题。

(1)政策制定层面

①对鼓励创新的政府采购重视度有待加强

近年来江西省政府采购政策的辐射效应和执行情况良好,但是江西省鼓励创新的政府采购重视度有待提高。调研获悉,2012 年省级企业技术中心获得政府采购的产品与服务销售额仅为 16.7 亿元,不到产品销售收入的 0.5%。2003～2016 年江西省关于政府采购的主要文件集中在采购程序、预算管理、资

① 江西省政府采购网.江西政采工作呈现八大"亮点"[EB/OL].(2018－05－21)[2018－07－05].http://www.ccgp－jiangxi.gov.cn/web/xwzx/007001/20180521/4dd0b052－748f－4a2b－bbb7－176d4b54fe4d.html.

格审查、监督验收等环节，较少提及鼓励创新的政府采购。尤其是 2011～2014 年，在国家政策影响下，江西省进一步淡化了政府采购鼓励创新的政策取向，大多数文件都没有出现“自主创新产品政府采购”，这从侧面反映了江西省对鼓励创新的政府采购的重视度不高。

②缺乏国家政策废止下的政策创新主观能动性

由于西方国家重重施压，我国于 2011 年 7 月宣布停止执行若干文件，并要求各省市全面清理对自主创新产品的认定政策，自此我国自主创新产品政府采购政策被迫中止实施。在这种情况下，江西省也停止了自主创新政府采购政策，相关政府文件极少出现“自主创新产品政府采购”，有时候仅仅以“优先采购节能环保产品”等字样来表达政府采购的倾向性。实际上，尽管国家层面被迫废止了自主创新产品的政府采购政策文件，并没有彻底否定面向创新的政府采购，国际上仍然存在着某些公认的如政府采购支持中小企业创新和绿色发展的政策。因此，江西省应当在严格执行国家政策的前提下，在 GPA 政策许可范围内，以国际上通行的创新型政府采购的政策为样板，打造本土鼓励技术创新的政府采购政策体系。

③政府采购对中小企业创新产品的支持不够

中小企业是推动江西省经济社会发展的重要力量，在繁荣经济、增加就业、推动创新、催生产业和扩大内需等方面发挥着日益重要的作用，政府对中小企业的支持将为其发展壮大注入强劲的推动力。近些年，江西省逐渐重视中小企业发展，出台了一些鼓励中小企业发展的政策，如风险投资、税收刺激、R&D 资助、科技成果转化支持政策；设立研究中心、基础设施建设、信贷支持、创业培训、咨询服务专利数据库、知识产权保护、对孵化器科学园区和产业集群的支持政策。但是以政府采购来激励中小企业创新发展的政策尚处于起步阶段，支持力度有待提升。如 2013 年江西省财政厅制定的《江西省省本级政府采购支持中小企业信贷融资办法（试行）》提出，中小企业参与政府采购可优先获贷款支持。2016 年颁布的《江西省政府采购管理实施办法（试行）》规定，“政府采购预算总额 30％以上要面向中小企业”。30％的预算下限对江西省数量庞大的中小企业来说未免不足。

④较低的政府采购标准抑制了创新产品优势

在实地调研部分科技型企业后得知,近些年江西省企业已经能够研发出具有先进技术水平的创新产品,较高的创新成本内化于产品价格中,在与传统产品进行市场竞争时处于劣势,但是本意为企业扩大市场销路的政府采购制度却没有提升对产品的性能要求,创新产品的技术优势不能在政府采购中充分发挥出来。例如金达莱公司自主研发的污水处理设备曾经中标联合国维和部队587套,有着不排污泥、污水处理质量高的优势,但是政府采购评审专家质疑其技术可行性,企业出于保密专有技术的必要又不能向专家公开技术机密,最终被专家否决其申请。再如晶能光电的实验产品电光转化率高达70%,与传统产品白炽灯相比,节能超过12倍、寿命高出100倍,然而在江西的政府路灯等公共设施产品采购中市场占有率并不高。还有,江铃N800汽车的底盘技术先进,已经成为北京专用车政府采购指定产品,但是在江西类似政府采购项目却落败于底盘技术相对落后的江淮汽车产品。通过这些事例发现,正是由于江西省政府采购标准过低,很多技术创新产品在激烈的市场中艰难求生,极大地影响了企业技术创新的热情。

(2)政策落实层面

①对绿色政府采购政策的落实力度不足

《中共中央关于制定国民经济和社会发展第十三个五年规划的建议》提出“健全优先使用创新产品、绿色产品的政府采购政策”,鼓励创新和绿色发展。“绿色采购”是指政府优先购买对环境负面影响较小的环境标志产品,从而激励企业改善环境行为,并推动和引导社会的绿色消费。绿色产品具有技术含量,属于创新产品,符合战略性新兴产业发展的需要。自2003年开始实施的国家《政府采购法》中明确提出政府采购要有利于环境保护以来,财政部、环保总局、国务院等部门数次发布节能产品政府采购清单和环保清单,并将部分产品列入强制采购的范围。江西省积极响应国家政策,2013年下达的《江西省人民政府关于印发加快发展节能环保产业二十条政策措施的通知》明确要求“加强节能环保产品政府采购”，并进一步要求“提高政府采购产品的能效水平和环保标准，逐步扩大政府采购节能环保产品范围，到 2015 年政府采购目录中节能环保产品比例达到 80%以上”。

江西省在执行绿色采购政策时仍然存在着诸多困境，主要表现在：第一，江西省政府采购对一些货物和服务项目的政府采购采用综合评分法，但是综合评分表却没有体现出对采购节能环保产品、创新产品和中小企业创新产品的倾向性支持。第二，江西省政府采购的招标公告更多的是对价格、技术、投标商的资质和售后服务的要求，很少出现对绿色采购的要求。第三，从公开的部分采购合同来看，大都没有对节能环保产品进行规定，少数也仅仅要求选购产品是节能环保产品。

②对高新技术企业发展的激励效应不充分

国家《高新技术企业认定管理办法》规定，被认定为高新技术的企业应是在《国家重点支持的高新技术领域》内，持续进行研究开发与技术成果转化，形成企业核心自主知识产权，并以此为基础开展经营活动，在中国境内（不包括港、澳、台地区）注册的居民企业。高新技术企业是技术创新的龙头，政府采购对技术创新的激励作用可通过高新技术企业获得政府采购合同的情况进行评判。笔者首先通过江西省政府采购网搜集了公开的 2017 年江西省本级政府采购合同，其中货物类采购合同 450 份，合同金额为 6 456.06 万元；服务类采购合同 59 份，合同金额为 4 012.61 万元；工程类采购合同 18 份，合同金额为 701.97 亿元。① 然后通过高新技术企业认定工作网公开的由全国高新技术企业认定管理工作领导小组办公室认定的 2013～2017 年江西省高新技术企业名录，对样本中标企业进行逐一对比，发现仅有 7 家高新技术企业中标过货物类采购合同②，3 家高新技术企业中标过服务类采购合同③，中标工程类采购合同的高新

---

① 数据采集时间为 2018 年 6 月。

② 中标过货物类采购合同的 7 家高新技术企业分别是江西通友科技有限公司、江西泰豪信息技术有限公司、江西江铃汽车集团改装车销售服务有限公司、江西奇达网络科技有限公司、江西宁伟科技有限公司、江西华宇软件股份有限公司、江西瑞智信息有限公司。

③ 中标过服务类采购合同的 3 家高新技术企业分别是思创数码科技股份有限公司、江西博微新技术有限公司、泰豪软件股份有限公司。

技术企业数为0。这些数据表明江西省政府采购对高科技产品的需求尚未形成一定规模,对高新技术企业技术创新行为的激励效应有待进一步提高。

③政府认知及执行缺陷制约了政府采购功能的发挥

政府部门是政府采购实践的行为主体,其对政府采购激励创新的认知及实际执行情况影响着政策效应的发挥。对于江西省来讲,政府部门对政府采购的认知和执行都存在一定的缺陷,主要表现在:第一,政府各部门没有充分认识到政府采购的创新导向功能。受制于传统观念和习惯,大多数政府部门仅将政府采购当作一项节约财政资金、预防寻租腐败的制度创新,没有充分认识和了解政府采购推动企业技术创新的功能。在调研中了解到,绝大多数政府采购人员主要关心产品的性价比是否高,并不在意是否实现了支持中小企业技术创新、激励落后地区技术发展、提高全社会绿色节能环保消费的采购目标。第二,缺乏购买本省自主创新产品的风险评估机制。尽管自主创新的产品在技术上具有前瞻性,但是在实际运用上缺乏实践检验,因而,采购自主创新产品往往伴随着较高的风险性和不确定性。在政府采购中企业自主研发的创新产品实行优先采购、首购、订购,是市场经济条件下政府采取财政支出政策工具实施宏观调控职能的重要手段之一,应当建立在科学评估前提下。盲目采购机制有可能导致企业以“技术创新”的名义与政府相关部门进行灰色交易,导致政策采购激励技术创新的功能无法顺利实现。

第四章

江西省企业技术创新能力评价及存在的主要问题分析

第二章的理论分析中，从基于新古典经济学理论的弥补技术创新的市场失灵和基于演化经济学理论的弥补技术创新的系统失灵两方面分析了政府以公共政策激励企业技术创新的必要性，并进一步剖析了政府主导的财税政策对企业技术创新的激励作用以及企业技术创新对财税政策的需求。第三章分析了现行激励企业技术创新的财税政策的现状和存在的主要问题。然而，江西省企业技术创新现状如何？企业技术创新能力如何？如何评价企业技术创新能力？企业技术创新面临着哪些问题和难题？唯有在明确问题所在的基础之上，才能为完善财税政策以支持企业技术创新提供有力的切入点。

4.1　江西省企业技术创新能力的现实评价

2006 年发布的《江西省中长期科学和技术发展规划纲要（2006～2020 年）》提出，要“建立企业为主体、产学研相结合的技术创新体系”，并将其作为加强江西特色区域创新体系建设的突破口。随着江西省经济迈入新常态、产业与经济结构面临深刻调整的新形势，通过系统测度和反映企业的创新能力，有助于深入了解江西省企业技术创新能力的现状，为进一步发挥企业技术创新在转变经济发展方式、实施创新驱动战略中的积极作用提供科学管理和决策参考。因此,本章首先构建江西省企业技术创新能力评价指标体系,然后基于指标体系对江西省企业技术创新能力进行纵向评价和横向评价。

4.1.1 江西省企业技术创新能力评价指标体系

(1)江西省企业技术创新能力评价指标体系设计思路及原则

通过研读国内外文献可知,已有较多学者对我国企业技术创新能力进行了评价分析,其中以2013年中国科学技术发展战略研究院编制的企业创新能力评价指标体系及其2016年发布的《中国企业创新能力评价报告2016》较为具有代表性和权威性。本文借鉴该套指标体系,结合江西省企业创新数据的可获得性,对其部分指标进行调整和修改,最终构建出江西省企业技术创新能力评价指标体系。

指标体系的构建依据三个基本原则:一是要求选择的指标体系不仅能够较为全面、系统地反映江西省企业技术创新能力的变化,并且能够充分体现指标间的内在联系。本研究选取的每个指标都能够表征企业技术创新能力的内涵和特征,彼此之间有机联系、交叉互补。二是要保证指标数据的完整性及统计口径的一致性,增强评价数据的连续性及可对比性。指标的选取具有代表性和典型性,避免选择过多,造成互相冲突和重复;也不能过于精简,以免出现信息缺失导致评价失真的情况。同时,在江西省创新统计数据并不完善的情况下,指标的选取还必须兼顾数据的可获取性。三是保证数据的权威性、公开性。生成评价指标的基础数据均来自政府统计公开出版物,包括国家统计局发布的《中国统计年鉴》、科技部发布的《中国科技统计年鉴》、江西省统计局发布的《江西统计年鉴》以及其他相关中部地区省份统计局发布的该省统计年鉴。

(2)江西省企业技术创新能力评价指标体系框架

一级指标由4个指标构成,分别是创新投入能力、协同创新能力、知识产权能力和创新驱动能力。创新投入能力主要是反映企业开展技术创新活动在资金、人力、物力三个方面的投入力度,是企业创新意愿的真实写照。协同创新能力反映企业充分利用来自外部的创新资源以及与其他创新主体进行合作的能力，是企业提高创新效率的关键。知识产权能力反映企业创造、保护和运用知识产权的能力，是企业技术创新水平自主性的重要表征。创新驱动能力反映企业将潜在或明显的创新能力转化为推动自身发展并促进经济社会发展的能力，是企业开展技术创新活动的最高意义。

二级指标由 12 个指标构成，分别为创新经费、创新人力、研发机构、创新合作、创新资源整合、创新政策利用、知识产权创造、知识产权保护、知识产权运用、创新价值实现、市场影响力、经济社会发展。创新经费指标反映企业创新经费投入总量及 R&D 经费投入强度，是资金方面的投入。创新人力反映企业 R&D 人员比重及学历结构，是人力方面的投入。研发机构反映研发机构设置及其经费支出情况，是物力方面的投入。创新合作指标主要指企业与高校和研究机构开展创新合作的经费支出情况。创新资源整合主要指企业对购买和引进的国内技术的消化吸收能力。创新政策利用反映企业获取的政府科技资助和研发费用加计扣除减免，侧面体现了企业对创新政策的利用能力。知识产权创造反映企业知识产权产出效率和产出质量。知识产权保护反映企业的知识产权保护意识和商标保护力度。知识产权运用反映企业将知识产权转化为经济收益。创新价值实现反映企业创新产品的销售和出口密度。市场影响力反映企业的专利及商标对国际市场的影响程度。经济社会发展反映企业创新对生产力水平和绿色生产的影响。具体评价指标体系如表 4—1 所示。

表 4—1　　江西省企业技术创新能力评价指标体系框架

一级指标	二级指标	三级指标
创新投入能力	创新经费	创新经费投入(亿元)
		R&D 经费支出占主营业务收入比重(%)
	创新人力	R&D 人员占就业人员比重(%)
		企业 R&D 人员中硕士、博士学历人员比重(%)
	研发机构	有研发机构的企业占工业企业的比重(%)
		研发机构 R&D 经费投入占企业 R&D 经费支出的比重(%)

续表

一级指标	二级指标	三级指标
协同创新能力	创新合作	企业R&D经费外部支出中高校和研究机构所占比重(%)
	创新资源整合	消化吸收经费支出与购买国内技术经费支出的比值
		消化吸收经费支出与引进技术经费支出比值
	创新政策利用	使用来自政府部门的科技活动资金(亿元)
		研发费用加计扣除减免税(亿元)
知识产权能力	知识产权创造	每亿元R&D经费投入的专利申请量(件/亿元)
		企业发明专利申请量占专利申请量的比重(%)
	知识产权保护	万名企业就业人员商标拥有量(件)
		万名企业就业人员有效发明专利量(件/万人)
	知识产权运用	技术市场合同成交额(亿元)
		专利所有权转让及许可收入(万元)
创新驱动能力	创新价值实现	新产品销售收入占主营业务收入比重(%)
		新产品出口占新产品销售收入比重(%)
	市场影响力	境外授权有效发明专利数(件)
		境外注册商标数(件)
	经济社会发展	劳动生产率(万元/人)
		综合能耗产出率(亿元/万吨标准煤)

(3)江西省企业技术创新能力评价指标体系的解释及算法

①创新投入能力

企业创新投入能力主要用创新经费投入、R&D经费支出占主营业务收入比重、R&D人员占就业人员比重、企业R&D人员中硕士及博士学历人员比重、有研发机构的企业占工业企业的比重、研发机构R&D经费投入占企业R&D经费支出的比重来描述。具体指标及其含义、计算方法如表4—2所示。

表4—2　创新投入能力衡量指标、指标含义及计算方法

指标名称	指标含义	计算方法
创新经费投入	反映企业创新经费投入水平	R&D经费内部支出、外部支出、引进技术经费支出及购买国内技术经费支出之和
R&D经费支出占主营业务收入比重	反映企业R&D经费投入强度	企业内部R&D经费支出/规模以上工业企业主营业务收入

续表

指标名称	指标含义	计算方法
R&D人员占就业人员比重	反映企业R&D人员投入强度	企业R&D人员数/企业就业人员数
企业R&D人员中硕士及博士学历人员比重	反映企业R&D人员的学历结构	企业博士、硕士学历R&D人员/企业R&D人员
有研发机构的企业占工业企业的比重	反映企业研发机构的设置情况	有研发机构的企业数/规模以上工业企业数
研发机构R&D经费投入占企业R&D经费支出的比重	反映研发机构的经费投入水平	研发机构R&D经费投入/企业R&D经费支出

②协同创新能力

企业协同创新能力主要用企业R&D经费外部支出中高校和研究机构所占比重、消化吸收经费支出与购买国内技术经费支出的比值、消化吸收经费支出与引进技术经费支出比值、使用来自政府部门的科技活动资金和研发费用加计扣除减免税来描述。具体指标及其含义、计算方法如表4—3所示。

表4—3　　协同创新能力衡量指标、指标含义及计算方法

指标名称	指标含义	计算方法
企业R&D经费外部支出中高校和研究机构所占比重	反映企业与高校、研究机构的合作水平	企业R&D经费外部支出对高校和研究机构的支出额/企业R&D经费外部支出
消化吸收经费支出与购买国内技术经费支出的比值	反映企业对购买技术的消化能力	消化吸收经费支出/购买国内技术经费支出
消化吸收经费支出与引进技术经费支出比值	反映企业对引进技术的消化能力	消化吸收经费支出/引进技术经费支出
使用来自政府部门的科技活动资金	反映企业获得政府科技资助的能力	在报告年度使用的从政府有关部门得到的科技活动资金
研发费用加计扣除减免税	反映企业获得税收优惠政策支持的能力	在报告年度依据相关政策和税法规定税前加计扣除的研究开发活动费用所得税

③知识产权能力

企业知识产权能力主要用每亿元R&D经费投入的专利申请量、企业发明专利申请量占专利申请量的比重、万名企业就业人员商标拥有量、万名企业就业人员有效发明专利量、技术市场合同成交额和专利所有权转让及许可收入来描述。具体指标及其含义、计算方法如表4—4所示。

表4—4　　知识产权能力衡量指标、指标含义及计算方法

指标名称	指标含义	计算方法
每亿元R&D经费投入的专利申请量	反映企业的知识产权生产效率	企业专利申请量/亿元R&D经费内部支出
企业发明专利申请量占专利申请量的比重	反映企业专利的质量水平	企业发明专利申请量/专利申请量
万名企业就业人员商标拥有量	反映企业的商标保护水平	企业商标拥有量/万名企业就业人员
万名企业就业人员有效发明专利量	反映企业的专利保持水平	企业有效发明专利量/万名企业就业人员
技术市场合同成交额	反映企业知识产权的转化水平	在报告年度内企业的技术市场合同成交额
专利所有权转让及许可收入	反映企业知识产权的经济效益	在报告年度内企业的专利所有权转让及许可收入

④创新驱动能力

企业创新驱动能力主要用新产品销售收入占主营业务收入比重、新产品出口占新产品销售收入比重、境外授权有效发明专利数、境外注册商标数、劳动生产率和综合能耗产出率来描述。具体指标及其含义、计算方法如表4—5所示。

表4—5　　创新驱动能力衡量指标、指标含义及计算方法

指标名称	指标含义	计算方法
新产品销售收入占主营业务收入比重	反映企业新产品的产出及利润实现能力	新产品销售收入/主营业务收入
新产品出口占新产品销售收入比重	反映企业新产品的国际影响力	新产品出口收入/新产品销售收入
境外授权有效发明专利数	反映企业专利申请的国际影响力	企业在报告期内拥有的在境外授权的有效发明专利数
境外注册商标数	反映企业商标申请的国际影响力	企业在报告期内拥有的在境外注册的商标件数
劳动生产率	反映生产效率水平	国内生产总值/就业人员数

续表

指标名称	指标含义	计算方法
综合能耗产出率	反映生产的绿色、低能耗程度	国内生产总值/能耗消费总量

(4)江西省企业技术创新能力评价指标体系的数据

所有数据来自《中国统计年鉴》《江西统计年鉴》《中国科技统计年鉴》，经过单位换算并计算后的数据如表 4－6 所示。

表 4－6　　江西省企业技术创新能力评价指标体系及 2012～2016 年相关数据

指标名称(单位)	数据				
	2012	2013	2014	2015	2016
创新经费投入(亿元)	126.98	157.68	155.19	169.00	195.31
R&D 经费支出占主营业务收入比重(%)	0.51	0.52	0.42	0.45	0.50
R&D 人员占就业人员比重(%)	2.77	3.53	2.04	2.07	2.49
企业 R&D 人员中硕士、博士学历人员比重(%)	4.63	4.83	7.92	8.18	8.68
有研发机构的企业占工业企业的比重(%)	4.20	7.46	7.82	6.90	10.17
研发机构 R&D 经费投入占企业 R&D 经费支出的比重(%)	45.47	52.57	58.28	50.53	64.02
企业 R&D 经费外部支出中高校和研究机构所占比重(%)	77.70	58.93	43.67	55.78	71.89
消化吸收经费支出与购买国内技术经费支出的比值	0.75	1.54	3.89	1.55	0.98
消化吸收经费支出与引进技术经费支出比值	2.22	1.34	0.89	0.33	0.08
使用来自政府部门的科技活动资金(亿元)	5.63	5.41	9.30	7.71	5.38
研发费用加计扣除减免税(亿元)	5.31	3.73	4.70	5.31	9.92
每亿元 R&D 经费投入的专利申请量(件/亿元)	27.00	35.00	53.00	58.00	70.00
企业发明专利申请量占专利申请量的比重(%)	37.65	34.11	36.86	29.46	26.12
万名企业就业人员商标拥有量(件)	6.69	10.60	20.16	20.87	22.49
万名企业就业人员有效发明专利量(件/万人)	18.79	22.62	13.82	18.59	26.48
技术市场合同成交额(亿元)	39.78	43.06	50.76	64.85	79.01
专利所有权转让及许可收入(万元)	223.00	1 439.00	4 286.00	1 960.00	1 822.00
新产品销售收入占主营业务收入比重(%)	5.78	6.30	5.74	6.34	8.83
新产品出口占新产品销售收入比重(%)	13.58	9.36	9.50	10.52	9.67

续表

指标名称（单位）	数据				
	2012	2013	2014	2015	2016
境外授权有效发明专利数(件)	49.00	45.00	47.00	52.00	204.00
境外注册商标数(件)	196.00	218.00	269.00	384.00	367.00
劳动生产率(万元/人)	24.74	27.86	29.23	29.84	29.17
综合能耗产出率(亿元/万吨标准煤)	1.79	1.87	1.95	1.98	2.11

4.1.2 江西省企业技术创新能力的纵向评价

(1)创新投入能力

①创新经费投入方面

企业作为技术创新的主体,其研发投入的多寡将直接影响全社会研发水平高低。2012～2016年,江西省企业创新经费投入呈逐年上升趋势,如图4－1所示,从2012年的126.98亿元上升至2016年的195.31亿元,增长率高达53.81%。稳定增长的创新经费投入总量,为全省创新成果的实现提供了坚实的基础。调研获知,在2014年全省研发经费投入中,江铃汽车集团公司、江西铜业集团公司、南昌欧菲光科技有限公司、新余钢铁集团有限公司、江西昌河航空工业有限公司、江西洪都航空工业集团有限责任公司、晶科能源有限公司、华意压缩机股份有限公司、方大特钢科技股份有限公司、景德镇市焦化工业集团有限责任公司10家企业R&D经费内部支出均超过了1.5亿元,合计达59.7亿元,占全省规模以上工业企业研发经费内部支出的46.5%,是江西省企业创新活动的主力军。

尽管江西省企业创新经费总量较高,但R&D经费的投入强度还有待进一步提升。2012～2016年,江西省企业R&D经费支出占主营业务收入比重依次为0.51%、0.52%、0.42%、0.45%和0.50%,不仅呈现出不稳定的波动状态,还远远低于2017年江西省政府制定的《江西省加大全社会研发投入攻坚行动方案》中"规模以上工业企业研发经费支出占主营业务收入比重达到1%以上"的设定目标。依据国际通用标准,研发投入强度在5%及以上的企业才有较强的竞争力，在2%及以上的企业仅能维持基本生存，在1%左右的企业生存就很困难，可以看出在充满激烈竞争的国内外市场中，江西省企业生存较为艰难，总体规模较小，自主发展的能力较弱，缺乏强劲的竞争力。

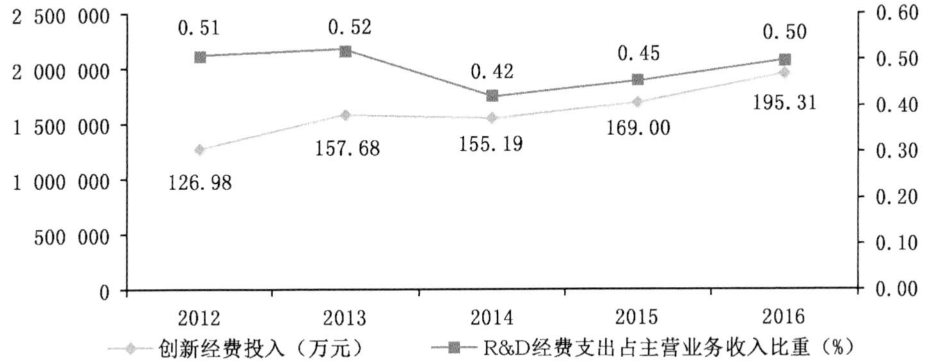

图4—1　2012～2016年江西省工业以上规模企业创新经费投入情况

②创新人力投入方面

如图4—2所示，2012～2016年，江西省企业R&D人员比重总体上呈现下降趋势，2012年为2.77%，2013年骤升至5个考察年份里最高值3.53%，2014年却骤降至2.04%，之后缓慢上升至2016年的2.49%，但仍然低于2012年的2.77%。但与此同时，R&D人员中硕士、博士毕业的占比呈现逐年上升趋势，从2012年的4.63%上升至2016年的8.68%。企业中高学历人才占比的相对上升，逐渐提高的人才素质对激发企业创新发展后劲及提升企业创新高度具有重要作用。

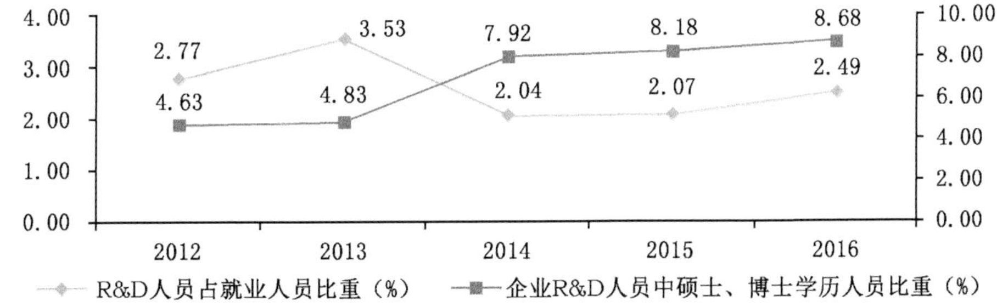

图4—2　2012～2016年江西省工业以上规模企业创新人力投入情况

③研发机构情况

有研发机构的企业占比和研发机构的经费投入占企业 R&D 内部经费支出的占比呈现相同趋势的波动性,但总体上是上升的。如图 4—3 所示,2012 年仅有 4.2%的企业有研发机构,2014 年上升至 7.82%,2015 年下降至 6.9%,2016 年上升至的 10.17%。研发机构的经费投入占企业 R&D 内部经费支出的占比,2012 年为 45.47%,2015 年小幅度下降后,2016 年上升至 64.02%。

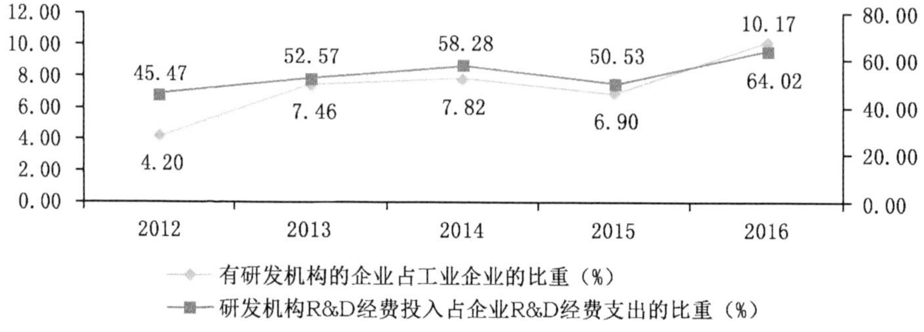

图 4—3　2012～2016 年江西省工业以上规模企业研发机构情况

(2)协同创新能力

①创新合作方面

主要是指产学研合作。以企业外部研发经费支出中高校与研究机构所占比重为考察指标得知,江西省企业与高校及研究机构的联系近年来呈减弱趋势,如图 4—4 所示,2012 年江西省企业 R&D 经费外部支出中高校和研究机构所占比重为 77.7%,至 2014 年已经连续跌至 43.67%,2015 年和 2016 年缓慢上升,尽管 2016 年回升至 71.89%,但与 2012 年相比,仍然相差近 5 个百分点。

②创新资源整合方面

主要考察对引进的国外技术和购买的国内技术的消化吸收能力。以企业消化吸收经费支出分别与引进技术经费支出和购买国内技术经费的比值为衡量指标得知,2012～2016 年,江西省企业的消化吸收投入逐年减少,如图 4—5 所示,分别从 2012 年的 2.22%、2.94%下降至 2016 年的 0.08%、0.08%,势必影响技术引进消化吸收的效果,从长期来看,不利于企业创新能力的提升。实

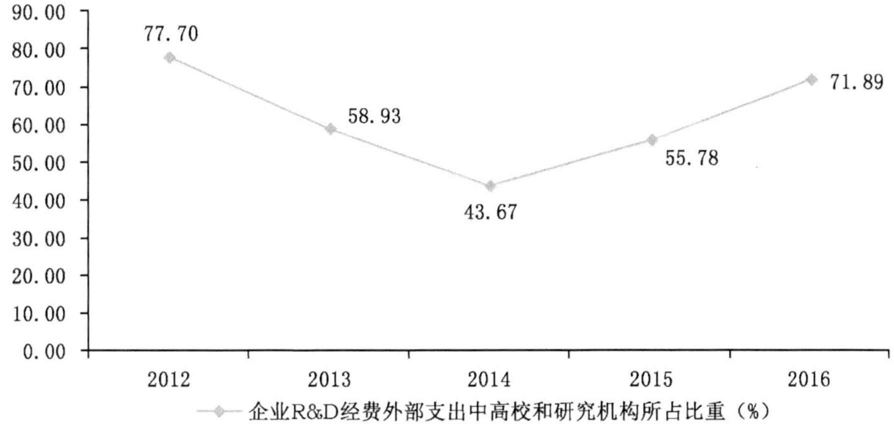

图 4—4　2012～2016 年江西省工业以上规模企业创新合作情况

地调研获悉，江西省很多引进企业仅仅是生产基地，技术创新意愿低下，处于“重设备引进，轻消化吸收”“重规模扩张、轻技术创新”的局面；多数企业没有形成技术核心竞争力，研发还停留在模仿阶段，产品多以跟踪仿研为主，缺乏原创性和关键技术，整体技术创新势能不足，普遍存在着“一流设备、二流产品、三流价格”的现象，技术消化吸收的效果不佳。

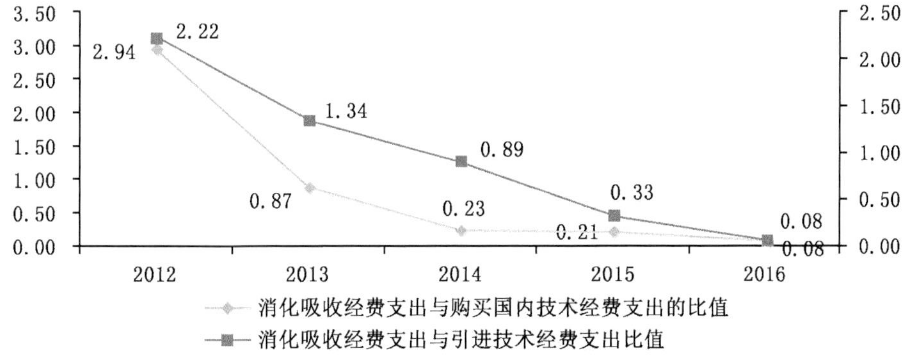

图 4—5　2012～2016 年江西省工业以上规模企业创新资源整合情况

③创新政策利用方面

政府支持企业技术创新的政策主要包括拨付给企业科技活动资金，以及研发费用加计扣除减免税。2012～2016年,江西省企业获得政府科技活动资金、研发费用加计扣除减免税都呈现不稳定的波动状态。如图4—6所示,企业使用政府获得的科技活动资金额从2012年的5.63亿元在经历2013年的小幅下跌之后上升至2014年的9.3亿元,之后又逐年下降,至2016年下跌到2012年的水平之下。这表明,政府对企业的直接拨款逐年减少,企业成为研发投入主体。就研发费用加计扣除减免税而言,2012～2016年历经2013年和2015年两次小幅下跌,从2012年的5.31亿元上升至2016年的9.91亿元,增幅达到86.63%。这表明,江西省在落实研发费用加计扣除政策上做了积极努力,也表明江西省企业获得创新政策支持的能力不断增强。

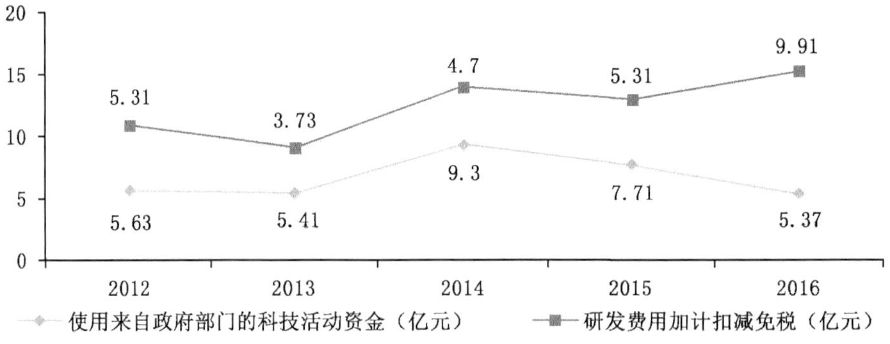

图4—6　2012～2016年江西省工业以上规模企业创新政策利用情况

(3)知识产权能力

①知识产权创造方面

如图4—7所示,2012～2016年,江西省每亿元R&D投入产生的专利数呈逐年上升趋势,2012年为26.76件,2016年已上升至70.06件,年均48.67件。但与此同时,企业的专利结构变化较大,发明专利申请量占专利申请量的比重由2012年的37.65%下降至2016年的26.12%,发明专利占比的不断下降,在一定程度上表明江西省企业专利质量有待加强。

②知识产权保护方面

如图4—8所示,江西省企业人均商标拥有量呈直线上升之势,从2012年的6.69件/万人增至2016年22.49件/万人,增长了近3倍多。但是每万人有

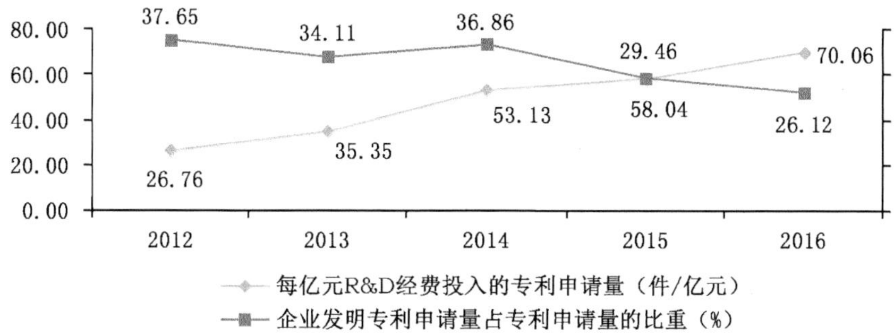

图 4－7　2012～2016 年江西省工业以上规模企业知识产权创造情况

效发明专利增速缓慢，而且在 2014 年下降至每万人 13.82 件的最低水平，2016 年回升至 26.48 件，实现对人均商标拥有量的赶超。对比这两类知识产权拥有量可知，江西省商标拥有量的发展更为迅猛，以商标拥有量为代表的知识产权申请的迅速增加充分表明江西省企业知识产权意识正在逐步增强。

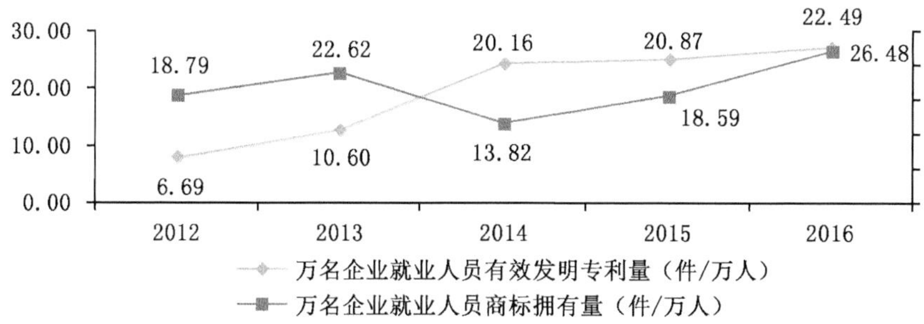

图 4－8　2012～2016 年江西省工业以上规模企业知识产权保护情况

③知识产权运用方面

如图 4－9 所示，技术市场合同成交额逐年增长，从 2012 年的 39.78 亿元增长至 2016 年的 79.01 亿元，增长近两倍，年均增长率为 18.93%。与此同时，企业专利所有权转让及许可收入具有较大波动性但整体上是增加的，尽管从 2012 年的 223 万元上升至 2014 年的巅峰值 4 286 万元之后便逐年下降，2016 年为 1 822 万元，与 2014 年之前相比，仍然处于较高水平。这表明近年来江西省专利技术市场的交易活跃度大大提升，企业之间的技术流转逐渐深化。

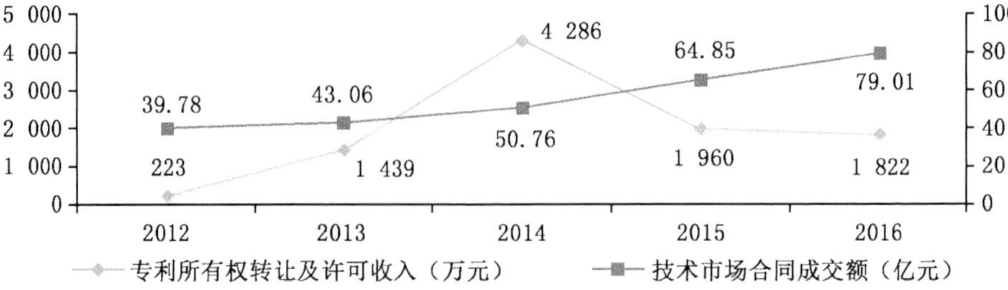

图 4—9　2012～2016 年江西省工业以上规模企业知识产权运用情况

(4)创新驱动能力

①创新价值实现方面

企业新产品产值及新产品出口情况较为平稳。如图 4—10 所示,2012～2016 年江西省企业新产品销售收入占主营业务收入比重保持基本平稳,比重年均值为 6.6%,且波动幅度较小;新产品出口占新产品销售收入比重有升有降,2012 年达到考察期最高值 13.58%,2013 年下降了 4 个百分点,随后两年均有所上升,但 2016 年又出现小幅度下降情况。这些数据表明江西省企业创新产品具有较为稳定的海内外市场,有利于创新价值的实现。

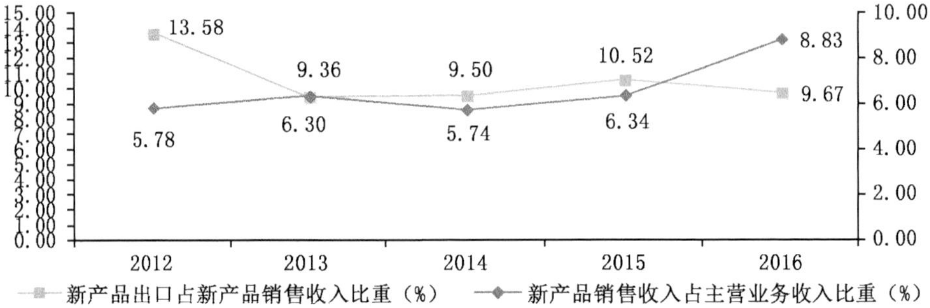

图 4—10　2012～2016 年江西省工业以上规模企业创新价值实现情况

②市场影响力方面

境外授权有效发明专利数以及境外注册商标数均呈现不断增长之势,尤其是境外注册商标数增长较为显著。如图 4—11 所示,2012 年江西省境外授权有效发明专利数为 49 件,2013 年和 2014 年分别为 45 件、47 件,跌幅甚微,2016

年骤然从 2015 年的 52 件增长为 204 件，与 2012 年相比增长了 6.2 倍；2012 年江西省境外注册商标数为 196 件，2016 年增长至 367 件，增长率为 87.24%。国际专利、商标申请呈现出良好发展趋势，表明江西省企业基于知识产权的国际市场影响力不断增强。

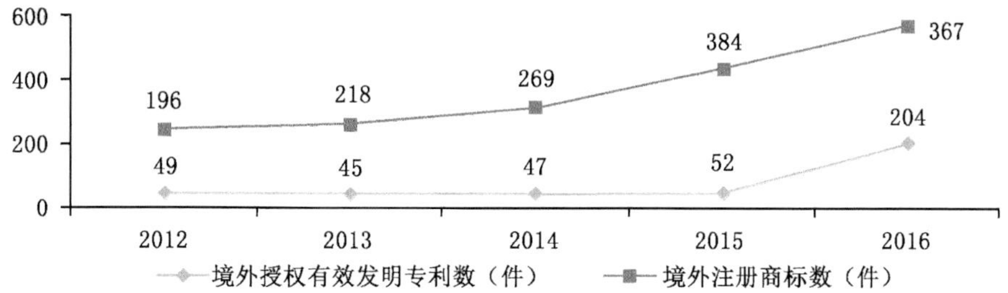

图 4—11　2012～2016 年江西省工业以上规模企业知识产权创新情况

③经济社会发展方面

江西省企业创新对省域经济社会发展的促进作用较为明显，全社会劳动生产率、综合能耗产出率均呈逐年增长之势。如图 4—12 所示，2012～2016 年江西省劳动生产率不断增长，2011 年的劳动生产率为 24.74 万元/人，2015 年提升到 29.84 万元/人，尽管 2016 年有所下降，下降率也仅为 0.67%；在此期间，江西省综合能耗产出率不断增加，每万吨标准煤的产出从 2012 年的 1.79 亿元上升到 2016 年的 2.11 亿元。全社会劳动生产率反映的是企业生产效率水平，综合能耗产出率反映的是企业生产的绿色化程度，上述数据说明江西省企业创新成果的运用正深入渗透到经济社会发展领域，促使经济社会效率提升。

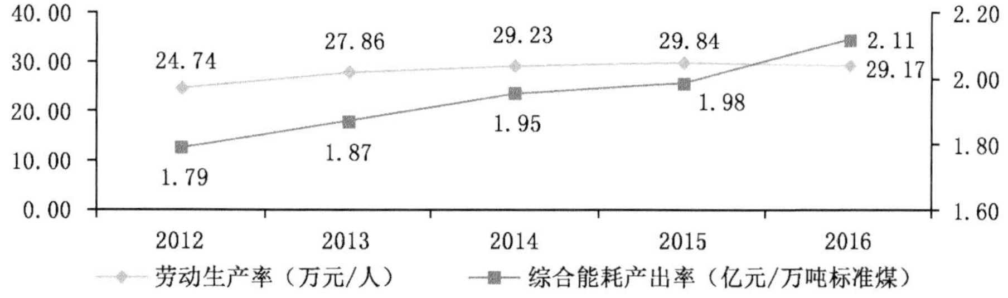

图 4—12　2012～2016 年江西省工业以上规模企业促进经济发展情况

前文基于企业创新能力指标体系,从创新投入能力、协同创新能力、知识产权能力及创新驱动能力四个维度对江西省企业创新能力进行了分析,结论如下:

第一,在创新投入能力方面,江西省企业具有资本深化的特征,创新经费呈现直线增长趋势,但是创新人力增长乏力。研发机构增长明显,2015 年有小幅下降,2016 年回升至最高水平,增长后劲强势。其中,创新经费的增长在相当大程度上依赖于创新经费投入总量的增长,R&D 经费投入强度一直徘徊在 0.5%左右,存在较大提升空间。企业 R&D 人员中硕士、博士毕业的占比逐年上升,提升了企业 R&D 人员增长率。企业研发机构普及率有所加强,同时研发机构作为企业研发主体的地位也在同步增强。

第二,在协同创新能力方面,江西省企业创新合作能力、创新资源整合能力进展缓慢,对创新政策的利用能力逐步提升。企业使用来自政府部门的科技活动资金逐年增多,研发费用加计扣除减免税也维持在稳定的水平;企业 R&D 经费外部支出中高校和研究机构所占比重年均达 61.59%,持续增长的空间有限;消化吸收经费支出占购买国内技术经费支出和引进技术经费支出的比值呈并行逐年下降,使得创新资源整合能力提升缓慢。

第三,在知识产权能力方面,江西省知识产权创造能力、知识产权运用能力和知识产权保护能力明显提升,知识产权申请及有效知识产权数量相对活跃。企业每亿元 R&D 投入产生的专利数大体维持在 49 件,但是发明专利占比呈逐年下降趋势,2016 年比 2012 年下降了 10 个百分点,专利质量有待提升;江西省企业人均有效发明专利、商标拥有量大体上呈逐年增长之势,2016 年分别达到 26 件、22 件,人均商标拥有量在 2014 年实现了对人均有效发明专利的赶超,2016 年人均发明专利再次超过人均商标拥有量;与此同时,知识产权的市场化则相对低迷。

第四,在创新驱动能力方面,江西省企业创新价值实现能力平稳提升,创新市场影响力逐步扩大,对经济社会发展的辐射力逐步增强。其中,企业新产品产值及新产品出口情况基本平稳,无明显增势,企业新产品销售收入占主营业务收入比重基本为 6%；新产品出口占新产品销售收入基本为 9.5%；江西省企业基于知识产权的国际市场影响力不断增强，境外授权有效发明专利数和境外注册商标数增速明显，相较于 2012 年，2016 年江西省企业境外授权有效发明专利数和境外注册商标数分别增长 6 倍和 87.24%；企业创新对经济社会发展的促进作用明显，全社会劳动生产率、综合能耗产出率呈不断增长趋势。相较于 2012 年，2016 年的劳动生产率、综合能耗产出率分别增长了 17.91%、17.88%。

4.1.3　江西省企业技术创新能力的横向评价

江西建设创新型省份不仅需要增强企业自身创新能力，更需要各个维度的企业技术创新能力指标在全国范围内凸显优势，尤其是要在中部区域内位居前列。通过收集可对比和可获得数据，进一步对江西省企业技术创新能力进行横向比较分析。参照前文的企业创新能力纵向比较指标体系，考虑到数据的可获得性，剔除其中若干指标，并选取 2016 年相关统计数据，从创新投入能力、协同创新能力、知识产权能力、创新驱动能力等几个维度对江西省、山西省、安徽省、河南省、湖北省、湖南省以及全国平均水平的企业技术创新能力进行对比考察。指标体系与整理及计算出的数据如表 4－7 所示。

表 4－7　2016 年江西省与全国、中部其他省份规模以上工业企业技术创新能力比较

一级指标	二级指标	三级指标	江西	全国	山西	安徽	河南	湖北	湖南
创新投入能力	创新经费	创新经费投入(万元)	195.31	12 233.01	109.91	397.36	423.56	481.86	414.43
		R&D 经费支出占主营业务收入比重(%)	0.50	0.94	0.68	0.88	0.52	0.97	1.00
	创新人力	R&D 人员占就业人员比重(%)	2.49	4.08	2.24	4.69	2.59	4.35	3.87
		企业 R&D 人员中硕士、博士学历人员比重(%)	8.68	10.65	7.90	10.18	7.34	8.24	10.15
	研发机构	有研发机构的企业占工业企业的比重(%)	10.17	16.31	11.94	17.59	7.34	6.16	11.10
		研发机构 R&D 经费投入占企业 R&D 经费支出的比重(%)	64.02	70.03	34.16	80.70	52.75	32.53	44.22

续表

一级指标	二级指标	三级指标	江西	全国	山西	安徽	河南	湖北	湖南
协同创新能力	研发合作	企业R&D经费外部支出中高校和研究机构所占比重(%)	71.89	58.72	64.14	43.93	72.76	58.86	71.25
	创新资源合作	消化吸收经费支出与购买国内技术经费支出的比值	0.98	0.53	0.43	0.61	0.42	0.57	0.71
		消化吸收经费支出与引进技术经费支出比值	0.08	0.23	0.13	0.68	0.96	0.12	0.50
	创新政策利用	使用来自政府部门的科技活动资金(亿元)	5.37	403.78	3.85	19.94	9.60	24.13	20.59
知识产权能力	知识产权创造	每亿元R&D经费投入的专利申请量(件/亿元)	70.06	65.36	38.78	134.24	42.61	43.89	46.44
		企业发明专利申请量占专利申请量的比重(%)	26.12	40.12	37.24	46.84	35.50	47.14	43.95
	知识产权保护	万名企业就业人员有效发明专利量(件/万人)	26.48	81.25	28.05	126.45	21.90	69.71	66.35
	知识产权运用	企业就业人员人均技术市场合同成交额(元/人)	2 935.67	12 038.31	2 231.66	6 577.35	810.66	26 285.03	3 140.81
创新驱动能力	创新价值实现	新产品销售收入占主营业务收入比重(%)	8.83	15.07	7.55	17.36	7.71	14.64	20.69
		新产品出口占新产品销售收入比重(%)	9.67	18.74	14.81	7.59	45.81	4.48	4.47
	经济社会发展	劳动生产率(万元/人)	29.17	78.47	68.43	73.85	55.89	95.00	93.82

数据来源:根据《江西统计年鉴》(2017)、《中国科技统计年鉴》(2017)、《中国统计年鉴》(2017)、《山西统计年鉴》(2017)、《安徽统计年鉴》(2017)、《河南统计年鉴》(2017)、《湖北统计年鉴》(2017)、《湖南统计年鉴》(2017)的相关数据整理计算得出。

通过对比江西省与全国的数据可以看出,江西省企业技术创新能力各项创新指标中"企业R&D经费外部支出中高校和研究机构所占比重""消化吸收经费支出与购买国内技术经费支出的比值""每亿元R&D经费投入的专利申请量"三项指标高于全国平均水平,这反映出江西省企业在协同创新能力和知识产权能力方面有较好表现。但是其他大多数指标均远低于全国平均水平。从"创新经费投入"和"使用来自政府部门的科技活动资金"来看,前者仅为全国总水平的1.6%,后者仅为全国总水平的1.33%,表明无论是企业自身研发投入还是政府对企业的研发资助力度都较弱。

通过与中部其他省份的数据进行对比可见，当前江西省企业技术创新能力在中部地区仅有一项指标排名第一(该指标为消化吸收经费支出与购买国内技术经费支出的比值)，占指标总数的 5.88%；3 项指标排名第二(分别为研发机构 R&D 经费投入占企业 R&D 经费支出的比重、企业 R&D 经费外部支出中高校和研究机构所占比重、每亿元 R&D 经费投入的专利申请量)，占指标总数的 17.65%；5 项指标排名末位(分别为 R&D 经费支出占主营业务收入比重、消化吸收经费支出与引进技术经费支出比值、使用来自政府部门的科技活动资金、企业发明专利申请量占专利申请量的比重、劳动生产率)，占指标总数的 29.41%(如图 4—13 所示)。

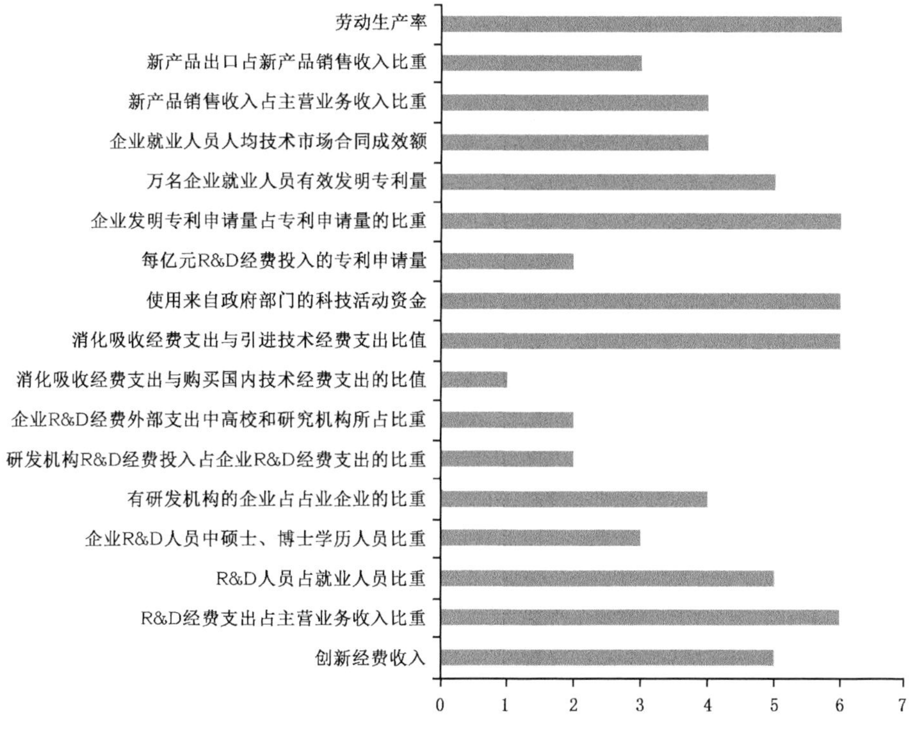

图 4—13　2016 年江西企业各项创新能力指标在中部地区的排名

通过横向对比分析发现，江西省规模以上工业企业的研发机构经费投入、知识产权生产效率和外部知识利用等技术创新能力指标在中部地区处于较为领先的水平,但是绝大部分创新能力指标仍然处于较弱层级,集中反映出江西省企业技术创新的缺陷:第一,原始创新能力不强,表现在发明专利申请量占专利申请量比重在中部地区倒数第一;第二,集成创新能力薄弱,江西省企业大多注重单项技术的研发而忽略技术集成创新,实际上这也是中部地区乃至全国企业的共同缺陷;第三,引进技术的消化吸收再创新程度较低,表现在消化吸收经费支出与引进技术经费支出比值在中部六省居于倒数第一;第四,企业研发投入强度增长缓慢,投入产出效益较低,表现在创新经费投入在中部六省居于第五名;第五,科技成果产业化程度较低,表现在新产品销售收入占主营业务收入比重、企业就业人员人均技术市场成交额在中部六省位于第四名。由此可见,江西省企业的发展模式依然是依赖于低要素成本的外延式发展模式,尚未真正迈入创新驱动的内生发展阶段,从长期来看不利于区域创新水平的跨越式提升。

4.2 江西省企业技术创新存在的主要问题

通过对江西省企业技术创新能力进行纵向评价和横向评价,肯定了江西省企业技术创新能力的优势,也发现了其诸多不足之处。本部分将进一步探究江西省企业技术创新存在的主要问题,为后文完善激励技术创新的财税政策提供更具针对性的对策依据。笔者于 2017 年 8 月参与了由江西省某政府部门及某高校联合组成的调研团队开展的一项针对江西省大型科技型企业的专项调研,该调研以江西特康科技有限公司、江西金达莱环保股份有限公司、晶能光电有限公司和江铃汽车股份有限公司等部分荣获国家重大科技成果奖的企业为对象,就企业技术创新方面存在的问题专访了企业负责人、专家及研发团队。通过对大量的会议座谈进行整理汇总,并借鉴既有研究成果的分析视角和思路,认为江西省企业技术创新的主要问题集中在创新制度、创新资源和创新环境三个层面。

4.2.1 创新制度层面的问题

(1)企业尚未成为技术创新的主体

在现代市场经济条件下,企业基于竞争压力和逐利天性,是整个创新链中最先感知创新机会并抓住机会通过创新提供创新产品的社会组织，有着其他创新机构无可替代的地位和作用，其应当且必须成为自主创新的决策主体、投入主体、利益主体和风险承担主体。就西方发达国家来说，大企业承担着将近80％的科研工作。然而江西省在长期的计划经济体制影响下，高校、科研院所却成为技术创新的主体，享用着比企业更多的政府资源，有限的政府资源无法合理配置到企业，不被重视的企业的自主创新主体地位便无从谈起。同时，从企业自身来看，囿于内部机制、技术实力和内部创新资源的不足，企业即便想成为自主创新的主体也是有心无力。国有企业虽然得到了国家大量财政资金的扶持，然而在充满计划色彩的考核体制下，其创新动力往往是不足的；对于民营企业来说，部分企业有较强的创新意愿，但是其不得不面临规模偏小、生产落后、技术能力累积不足等制约其技术创新跃升至更高层级的问题。而且，很多民营企业经营者的素质较低，其兴办企业的初衷是改变个人生活状况，在能够维持既有市场份额的情况下，企业经营者并不愿意冒着风险承担研发失败带来的损失。此外，江西省大多数企业尚不具备原始创新或集成创新的技术能力，而核心技术、先进技术又难以引进，引进消化吸收再创新便成为无水之源。而且江西省企业处于全球价值链“低端锁定”状态，利润空间本就狭窄，且全球劳动力、原材料及市场的一体化让其丧失了赖以获利的“比较优势”，更是无力进行核心技术和前瞻性技术的战略研究。

(2)企业尚未形成针对经营者的有效激励机制

所有权与控制权相分离是现代企业的制度需求，这就从客观上要求对经营管理人员建立起健全的激励与约束机制，促使其在追求个人效用最大化的同时也追求资产所有者利益的最大化。当前江西省尽管开展了一系列企业制度改革，却并没有建立起针对企业经营管理者的激励机制，大多数企业经营者都缺乏持续创新、勇担风险、将企业做大做强的内驱力。鼓励技术创新为目标的激励机制的缺失，极大可能会诱导企业经营管理人员过分关注短期效益，以仅获得个人效用最大化为追求，而忽视技术创新对企业长期可持续发展的激励作用。企业经营管理者创新意识的形成和强弱决定着企业创新活动的形成与发展。2016 年,江西省只有 2 214 家规模以上工业企业开展了 R&D 活动,规模以上工业企业自主创新活动的覆盖面仅为 20.24%。有研发机构的规模以上工业企业数为 1 112 家,所占比重仅为 10.16%。技术创新活动尚未成为企业的普遍行为,大量企业仅满足于维持现状,没有积极地面向市场开展技术创新活动。

(3)企业僵化的分配制度抑制了自身技术创新

经济管理者和科研骨干是企业技术创新的重要主体性因素,但对于江西省多数国有企业来说,这两类人才却受制于"工效挂钩"制度和国有股权制度,创新潜力难以被挖掘和激发出来。部分处于垄断地位和行业的企业,在分配上享受着巨额垄断利润和非市场化的利益,其技术创新压力无从谈起,自然也就没有创新的动力。对民营企业而言,现行税收政策从多方面侵蚀着其利润和可持续生存空间,收入分配制度也不得不为之让步,严重压制了管理者和科研骨干进行技术创新的内生动力。

(4)企业缺乏与政府之间畅通的信息交流机制

具有逐利天性的企业有开展技术创新的自主性和积极性,但是技术创新产品的性能指标必须符合相关国家标准才能投产上市并产生经济利润,其中政企之间畅通的信息交流机制起着极为重要的作用。然而,江西省企业与政府间并没有建立起常态化的联系机制,二者存在较为严重的信息不对称,企业对政府政策知之甚少,政府也不了解企业真实需求,导致企业产生重大研发决策错误和较为严重的经济损失。如 2009 年特康科技公司投入大量研发资金开发永磁型分析仪器,但科技部门已经批准另外一种技术路线的产品进入市场销售,信息交流机制的缺乏使得特康科技公司未能及时获知有关政策规定,最终因为产品不符合政策要求,公司已投入的 2 500 万元研发资金因此化为泡影,损失较重。再比如几年前,江铃股份公司单方获悉的汽车产品政策是政府将采用国Ⅳ排放标准,因此企业投入大量资源研发国Ⅳ标准发动机,但是正式出台的政策却是国Ⅲ排放标准,为了进行技术产品改造以迎合政策标准,企业不得不为此多花费数亿元资金。

4.2.2　创新资源层面的问题

(1)政府主导的科技创新资源配置失衡

从创新资源的来源途径来看,创新资源包括政府创新资源、社会创新资源和企业内部创新资源。江西省企业内部创新资源配置效率十分低下,大多数企业更偏好将创新资源用于技术和设备的引进,而非自主技术创新。同时,合理有效的激励机制的缺乏也制约着社会创新资源投向企业的积极性,社会参与企业技术创新力度不足,风险投资等社会资源进入企业技术创新缺乏有效渠道,导致社会创新资源的不足。在社会创新资源缺乏、企业内部创新资源配置效率低下的情况下,政府主导的创新资源成为各类创新主体渴求的重要资源。但是,江西省多年以来创新资源配置对高校和科研院所的重度倾斜性,企业在创新资源分配中不得不屈居下风。世界主要创新型国家的经验表明,在 R&D 经费投入强度小于 1.5%的阶段,增加政府研发经费投入是提升企业创新能力最直接、最有效的措施之一。西方发达国家将 80%的政府 R&D 资金投至企业,而江西省将 89%投向科研机构和高等学校,用于资助企业 R&D 活动的比重不到 10%。政府研发投入低,导致政府对企业创新的引导作用不能有效发挥,也造成基础研究和应用研究薄弱,影响全省企业创新能力的长远发展和稳定提升。

(2)技术创新服务体系建设缺乏市场导向

当前,江西省所有设区市、大多数省级工业园区和产业基地已经建立起了技术创新中介服务机构,同时,江西省技术创新服务中心、江西企业技术创新服务有限公司、国家专利技术(江西)展示交易中心、江西省技术交易市场等平台的服务功能也进一步增强,在项目攻关、成果转化、技术中介、技术孵化、技术培训、市场信息、技术与管理咨询等方面为企业开展创新提供了有力支撑。但是,江西省的技术创新服务机构数量多而规模小,运行机制和管理体制不健全,无法在技术上向企业进行有效推介,主要表现在:

第一,大多数都是政府主导和基于公益性而创办,社会化程度和市场化程度都不高,创新意识和服务意识匮乏。

第二,依据隶属关系和计划管理部门分类管理的创新服务机构,轻视服务机构的功能和性质,不仅重复建设现象严重,在某种程度上还造成了资源和市场的分割,技术创新服务业的规模化发展受到了限制。

第三,对于某些服务机构来说,组织形式和运行机制与其职能错配。例如政府资助的某些共性技术研究开发机构,很多都设在大学和科研院所,甚至直接设在企业,实际上并无益于发挥共性技术研发平台和技术扩散的作用。

第四,创新服务机构功能单一,无法满足企业开展创新活动的需求。例如多数技术创新服务机构和公共服务平台仅能提供培训、简单的信息查询服务,远不能满足指导中小型企业精准选择创新方向、减少研发设备投入等方面的实际需求,缺少具备较高资质的产品认证和检验检测机构;风险投资公司纷纷开展金融业务,缺乏市场开拓和技术咨询等专业能力;孵化器只是提供实验和生产场所,以及简单的一站式服务;技术产权交易市场主要提供技术信息、技术报价和集中交易的场所等,不提供技术评估、市场开拓和融资服务等中间服务。

第五,科技中介服务从业人员不足。在科技项目选择、科技成果转移转化过程中,需要既懂技术、又了解产业和市场的人在科研单位和企业之间发挥牵线搭桥的作用,目前这方面人才太少。

(3)技术创新体系缺乏产学研协同机制

企业、科研院所、高等学校是江西省研发活动的三大主体。有着较强的科研实力、完备的实验和检测设备、较高的创新水平、畅通的信息交流机制的高等院校及科研机构是区域科技创新的重要力量,在开发高新技术产品,尤其是前沿技术产品方面具有较强的优势,而企业具有较好的生产及中试条件,加强产学研结合,让各方的优势充分发挥,不但能够提升企业的技术创新水平,提高产品的科技含量,而且能加速高校、科研机构的科技成果转化。因此,产学研结合是技术创新的一种重要形式。目前尽管探索建立了江西省产学研合作示范基地、南昌高新区国家级“高校学生科技创业实习基地”、高校创新平台“311”工程等新模式与新机制,但江西省以企业为主体、以市场为导向、产学研结合的技术创新体系囿于体制与机制上的缺陷仍未真正确立，企业的研发项目绝大部分是靠自己独立完成的，企业、高校、研究机构之间的合作很有限。

调研获悉，江西省产学研合作机制的主要问题表现在：第一，产学研合作缺乏战略深度和时间广度，以短期合作项目居多；第二，由于缺乏有效的利益协调机制，基于不同利益考量的产学研合作主体之间缺乏高信任度，偏重自身短期利益最大化；第三，由于产学研协同创新环境不优、创新机制不良，无形中抬升了主体之间的交易成本，从而阻碍了开展合作的可能和持续性；第四，以政府为主导的科技资源配置方式无疑会成为产学研协同的障碍，加之政府相关部门之间的联动机制较弱，难以形成推动产业学协同的合力。

江西省科技资源以高等院校、科研院所为分布主体，并囊括了大多数高层次科技人才，70%以上财政科技资金投入其中。但是，财政科技资金的投入与产出比严重失调。大多数企业都没有与高等院校、科研院所有合作。究其原因，企业反映，高等院校和科研院所与其合作只不过是为了评职称、拿项目经费或者给学生找实习岗位，而不是关注市场和企业的需求。从江西省高等院校和科研院所科研创新能力来看，课题组规模日渐趋小，科技人员之间缺乏分工合作，科研项目呈现严重的分散化、重复化、封闭化、低效化现象，以至于大多数科研成果仅仅是碎片化的小试成果，离产业化阶段相距甚远，有的甚至毫无产业化价值。从广度上来说，只有集成化的成果才能实现产业化，从研发、设计、工艺、设备、配套到市场各个环节都有创新主体之间的周密分工合作，从广度上来说，只有相对成熟的成果才能够实现产业化，因为其历经了小试、中试、试产等多阶段的检验。但是，江西省绝大多数科研成果都不具备产业化的基本条件。

(4)缺乏完善的用人引人留人机制

江西省研发人员不仅总量少，而且缺乏核心创新人才，是影响江西省企业技术创新活动的重要因素。尤其管理知识和技术兼备的复合型管理人才的缺乏一直是江西省企业在人力资源方面的最大难题。由于缺少复合型管理人才，企业在论证技术创新项目时，往往以技术专家的意见为主导而不是充分关注市场需求，导致技术项目和市场需求之间脱节。

在调研中了解到,江西省缺乏科技创新人才的主要原因可以从三个方面分析。首先从外围环境因素来看,省域经济水平相对落后,宏观经济环境不优,产业尤其是高新技术产业聚集度不高,限制了企业对科技人才的承载能力,不仅省外高校毕业生来江西省就业不多,本省优秀毕业生也大量外流。其次是人才待遇要求较高,企业难以招人。如一名欲从广州市回江西省工作的技术人才在某企业面试时,要求该企业支付比广州市更高的工资待遇,理由是他认为广州市经济发展水平高,年轻人面临的机会多,能力能够得到更快的提升。实际上,不仅是该面试者,在绝大多数年轻人中都存在这种想法。对于企业来说,即使是满足了合意的求职者的待遇要求,在他们获得一定工作经验后,仍然会选择跳槽,难以留在企业长期发展。从企业用人机制来看,企业对人才也不够重视。相当一部分企业认为"不搞研发也能维持现有市场份额",满足于"现世安稳"。还有部分企业虽然有引进人才的想法,但苦于摆不平"儿子"和"女婿"的关系,不需要的人员不便安置,怕引起不稳定,影响企业正常生产,因此只好维持现状。从人才培养机制来看,由于受到观念、资金等方面的限制,针对企业科研人员培训的机会少、层次低,既有科研人员视野不够开阔,无法随着现代科技日新月异的发展而调整自身知识结构和提升能力水平,影响了企业创新活动的开展。

4.2.3 创新环境层面的问题

(1)融资环境:财税金融联动机制亟须建立

财税金融合力排解企业技术创新的障碍是颇为理想的政府创新政策工具,然而江西省目前尚未建立有效的财税金融联动机制。这主要是因为金融体系尚不健全,其较弱的资源配置和风险管理及激励功能不能为众多科技型中小企业解决融资难题。主要表现在:

首先,缺乏完善的多层次的资本市场。对于规模较低的科技企业来说,其融资难题成为制约技术创新的重大问题,但在江西省资本市场中,缺乏可激励企业技术创新的中小企业创业板市场和其他场外交易市场。同时,创业投资不能实现在资本市场的多样化选择,其投资风险就会被放大,不利于创业投资和企业技术创新的发展。

其次，创业投资基金发展机制不健全。江西省创业投资还存在浓重的政府主导色彩，创业投资理应更多地投入中小型高新技术企业，但由于创业投资公司表现出治理机制不健全、缺乏投资战略性和规范的投资行为等缺陷，因此其投资偏向更青睐于发展成熟期的企业或非高新技术企业。

再次，科技企业贷款的风险分担机制不完善。尽管江西省科技厅从 2015 年开始设立科技型中小企业信贷风险补偿金（即“科贷通”），以引导银行增加对科技型中小企业的信贷支持，但是整体来看当前江西省政策性风险担保基金的数量有限、规模较小，其机制和形式都不能有效撬动金融机构对科技企业贷款。同时，科技金融市场环境不优。例如全社会信用体系还未形成，缺失企业信用制度，而且中小银行不能在严格的金融市场准入限制下得以发展，其对科技贷款的支持意愿不能顺畅地转化为现实行动力。

最后，金融体系对企业技术创新的激励功能受限。高科技企业的股票期权可以激励企业经营者建立长效的企业技术创新机制，但由于江西省不规范的资本市场，股票期权功能未能有效施展。同时，以分享高科技企业发展成果的债权转股权的金融工具也没有得以广泛应用，风险和收益不对等，债权人不能从高风险贷款中获取对应的高收益。

（2）专利环境：知识产权保护体系有待完善

企业研发的创新产品，模仿复制成本往往较低，政府为此建立了知识产权制度。作为一项保护企业技术创新的法律制度和机制，知识产权赋予创新者在一定时期的技术所有权，让企业获得垄断收益以覆盖企业的研发成本，解决具有公共品性质的技术创新成果因正外溢性而产生的“搭便车”问题，保护创新者的创新收益和创新动力，让技术的扩散更趋合理、有效。但江西省尚未建立起健全、有效的知识产权保护体系，企业的技术创新积极性屡屡严重受挫。主要表现在：

首先，知识产权法律和管理体制不完善，对知识产权的侵权行为打击力度弱，导致侵权事件迭起，同时也加大了企业维权成本，弱化了其技术创新的积极性。在调研中得知，江西省金达莱环保公司就饱受知识产权侵权之损害。该公司研发的第五代治污产品,由于技术先进、治污效果很好,颇受市场欢迎,但也因此成为同行企业模仿假冒的目标。如南昌县某公司曾购买了这项治污产品的假冒版,在使用过程中发现该设备污水处理效果很差,该公司愤而向金达莱投诉并索赔,金达莱方知产品已被市场仿制,并积极向工商部门与江西省知识产权保护部门等举报、申请维权。但是政府机关无法销毁不知情的购买者的既有产品,在对假冒企业进行简单的处罚后,该假冒企业通过变更法人名称或转移生产地址,继续实施仿制行为,金达莱公司除了呼吁政府加大侵权打击力度之外别无他法。

其次,知识产权市场交易平台缺乏阻碍了技术专利供给与需求。很多有市场潜力的技术专利没有畅通的沟通渠道寻求市场化开发和产业化生产的企业,在对专利有需求的时候,企业也无法快捷、有效地得到专利技术。

最后,一个很重要的原因是知识产权保护观念问题。我国知识产权制度确立时间不长,加之江西省企业缺乏知识产权管理制度,企业经营者缺乏无形资产管理理念,忽视对知识资产的"产权"保护,同时企业保密措施和约束机制不严格,在劳动力市场一体化的推动下,科技人员频繁流动无疑也会对企业的知识产权造成主客观上的侵害。

综上对江西省企业技术创新存在的主要问题分析可知,政府采取公共政策激励企业技术创新应当努力革除企业制度、创新资源和创新环境等与企业技术创新不相适配之处。技术创新的外部性、风险性和企业的趋利性共同决定了必须有一套设计良好的激励和保护企业技术创新的制度,才能促使企业真正成为技术创新的主体,才能使得技术创新具有可持续性,而有效的财税激励机制是这种技术创新制度的一个重要方面和必不可少的关键环节。政府一方面应基于新古典经济学市场失灵理论采用微观的财政投入、税收优惠和政策采购等财税政策工具激励企业加大研发投入、激励企业加速科技成果转化、鼓励企业实现技术产业化;另一方面应当基于演化经济学的系统失灵理论从更宏观的视角以科技政策鼓励企业构建创新制度,完善内部创新体制,整合区域创新资源向企业聚集,打造优良的区域创新环境以呵护企业持续开展原始创新、集成创新以及引进消化吸收再创新的内生动力。

第五章

江西省激励企业技术创新的财税政策效应的实证分析

本部分将实证分析财税政策对江西省企业技术创新的影响效应。首先，依据统计年鉴数据分析区域创新体系下政府R&D资助的结构特征如何影响企业R&D投入。其次，依据从税务部门获取的数据分析以研发费用加计扣除政策为代表的税收优惠政策如何影响企业的创新产出。最后，依据深入企业内部以调查问卷的形式获取的数据来考察财税政策激励企业技术创新的有效性。通过实证分析，一方面佐证前文所述的财税政策和企业技术创新所存在的主要问题，另一方面为提出解决这些问题的对策建议提供有效的数理分析依据。

5.1 区域创新体系下政府R&D资助对企业R&D投入影响效应的实证分析——基于多元线性回归模型

5.1.1 理论分析与模型构建

(1)理论分析：区域创新链与区域创新体系

《国家中长期科学和技术发展规划纲要(2006～2020)》提出“建设各具特色

和优势的区域创新体系”。较之于国家创新体系,区域创新体系具备更鲜明的地域性和空间可达性。因此,区域创新体系逐渐成为在区域层面上解释企业和产业分享创新过程和创新模式的主流方法(Carlsson,2006),并且建设区域创新体系是提升区域竞争力和经济发展水平的重要路径。区域创新系统是企业及其他机构经由以根植性为特征的制度环境所形成的交互学习系统(Cooke,1998),由内生性组织(主要是创新型企业、大学、研究和教育机构)和其他支持知识转移和创新融资的组织构成(Tödtling,2009)。根据已有研究成果,本研究认为区域创新体系由四类主体要素构成,分别是:第一,区域创新体系主体——企业。区域创新体系以技术创新为主,企业应当是技术创新的主体。第二,企业主体创新伙伴——高等院校和科研机构。高等院校和科研机构偏重基础研究,并将基础研究成果向企业推广,或某些研发实力和能力不济的企业向其购买研究成果来提升产品科技含量。第三,企业主体创新服务者——中介机构。中介机构不仅为创新主体——企业提供资金、技术、人才、信息等方面的创新要素支持,还协调沟通企业间关系和政企关系。第四,企业主体创新推动者——政府。地方政府是区域创新体系的创立者,对其他创新要素给予直接资金扶持和间接的引导,如制度供给和创新环境建设(李燕萍等,2014)。高等院校和科研机构、中介机构、政府等要素与企业密切合作,构成一个具有复杂组织结构和空间的区域创新系统。各创新要素之间在创新活动的不同环节各自发力又彼此互动,组成区域层面的创新链(胡卫,2008)。区域层面的创新链如图 5－1 所示。

在区域创新链起始环节,高等院校和科研机构等公共科研机构以基础科学理论与技术理论的研究为主,兼具一定程度上的应用性技术研究,较少开展技术产业化和市场推广活动;在区域创新链中间环节,公共科研机构和企业、中介机构等以合作研发的形式开展共性技术研究,促进技术知识从理论转换为产业;在创新链末端环节,企业将区域创新链前端形成的技术知识进行产业化以获取技术创新利润,一方面实现自身研发投入的收益以及价值增值,另一方面

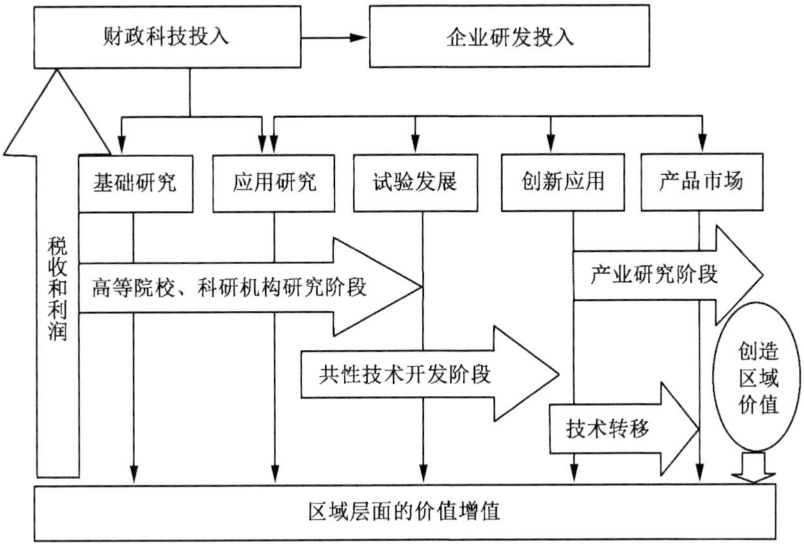

图 5—1　区域层面的创新链①

以税收贡献实现公共科研机构开展基础研究的研发投入收益，最终实现整个区域层面的价值增值。其中，基础研究是整个创新活动的基础，但是其公共品属性导致私人投资意愿不高，政府必须承担起绝大部分基础研究的投资主体责任。在应用研究环节，具备极高外溢性的跨行业和产业的共性技术是产品和相关技术的支撑力量，政府介入共性技术的研发责无旁贷。在最具私人产品特性的试验、应用和产品市场环节，企业才会成为投资主体。

由以上分析可知，尽管区域创新体系要求建立起以企业为主体、产学研相结合的技术创新体系，但政府依然要保持着财政科技投入规模的稳定增长，不仅要通过直接的投入诱导企业加大研发投入，还要通过对科研机构和高等院校的 R&D 投入来强化基础研究、共性技术研究，为企业创造创新机会、降低企业 R&D 成本。为了分析江西省财政科技投入在省域创新体系建设中的作用，了解江西省财政科技投入对企业研发投入是否存在激励效应或挤出效应，本部分以江西省财政科技投入与企业研发投入相关数据为例，运用计量经济模型从宏

① 参照胡卫《自主创新的理论基础与财政政策工具研究》中的国家层面的创新链改写而成。

观层面上检验江西省财政科技投入的政策效果。分析视角基于财政科技支出的结构,从政府科技资助的三个层面(即企业、科研机构和高等学校)对江西省财政科技支出影响企业 R&D 投入效应进行分析。

(2)模型构建

依据江西省财政科技投入政策实施的现实样态,并借鉴国外学者 Guellec 和 Van Pottelsberghe de la Potterie(2003),以及国内学者郭迎锋等(2016)的研究成果,建立起如下计量模型:

$$LnRP_t = \beta_0 + \beta_1 LnRG_t + \beta_2 LnRG_t^2 + \beta_3 LnGOV_t + \beta_4 LnHE_t + \beta_5 LnVA_t + \mu_t \tag{5.1}$$

其中,$LnRP_t$ 表示江西省 t 年度规模以上工业企业 R&D 投入规模,β_0 是常数项,$LnRG_t$ 表示江西省 t 年度政府对企业的 R&D 资助额。鉴于政府对企业的 R&D 资助与企业自身 R&D 投入之间可能存在非线性关系,故在模型中加入政府对企业 R&D 资助的平方项。如果 β_2 显著为正,表明政府对企业的 R&D 资助与企业自身的 R&D 投入存在"U 形"关系;如果 β_2 显著为负,表示政府对企业的 R&D 资助与企业自身的 R&D 投入存在"倒 U 形"关系;如果 β_2 不显著,则二者之间不存在"U 形"或"倒 U 形"曲线关系。在不显著的情况下,模型调整为:

$$LnRP_t = \beta_0 + \beta_1 LnRG_t + \beta_3 LnGOV_t + \beta_4 LnHE_t + \beta_5 LnVA_t + \mu_t \tag{5.2}$$

$LnGOV_t$ 表示政府对科研机构的 R&D 资助,$LnHE_t$ 表示政府对高等院校的 R&D 资助。同时,因为企业销售收入也会影响企业研发再投入,还引入企业的销售收入 $LnVA_t$ 作为解释变量。

将实证研究对象锁定为江西省规模以上工业企业,一方面是因为在考察与江西省企业相关的统计资料发现,只有规模以上工业企业的科技活动数据相对比较完整,数据比较容易获得且较为权威规范,同时也因为规模以上工业企业是拉动江西工业经济增长的主力军,是政府 R&D 资助资源的重要获取者,所以能够用来考察政府 R&D 资助的影响效应。

(3)模型指标定义

企业自身 R&D 投入。在财政科技投入对企业的影响方面,对中小企业杠杆效应比较明显，但是对于大型企业目前尚没有完全一致的结论。因此，选取江西省规模以上工业企业的数据作为分析样本，企业自身R&D投入就是规模以上工业企业自身的R&D投入。

政府对企业的R&D资助。由于政府对企业间接R&D资助如税收返还、贷款贴息等数据难以获得，故主要分析政府对企业的直接R&D投入对企业R&D投入的影响作用。该项指标用江西省规模以上工业企业的R&D经费中的政府资金表示。

政府对科研机构、高等院校的R&D投入。高等院校的科学研究将激励企业R&D投入，主要是因为高等学校基础研究产生的新知识能够支撑企业R&D过程，有利于企业开展应用技术研究和创新活动。为了考察不同财政科技投入对象对投入效果的影响，将政府对科研机构、高等院校的R&D投入作为控制变量，分别以科研机构、高等院校R&D经费中的政府资金表示。

企业新产品销售收入。销售收入对企业R&D投入有着收入来源效应，为了反映企业规模和R&D投入来源的作用，将规模以上工业企业销售收入作为控制变量，该变量以规模以上工业企业新产品销售收入表示。

5.1.2　数据预处理、描述性统计及检验

(1)数据来源及预处理

实证分析所用数据来自2003～2017年的《江西统计年鉴》《中国科技统计年鉴》中江西省规模以上工业企业的数据。其中，2002～2007年企业研发经费、政府对企业的投入、企业新产品销售收入以大中型工业企业的数据近似替代；2002～2007政府对研发结构和高校的投入采用科技活动经费筹集额中政府对研发机构和高校的资金。

为消除价格因素的干扰，本研究构建R&D价格指数对上述指标进行消除物价影响处理。在R&D价格指数构建方面，国内外学者采取了不同的处理方法。Loeb和Lin(1977)以研发人员工资价格指数和设备投资的GNP价格指数

的加权平均值表示,并分别赋予0.55和0.45的权重。朱平芳和徐伟民(2003)认为R&D主要由固定资产支出和R&D活动人员的消费构成,因此采用消费价格指数和固定资产投资价格指数加权表示,两个指数的各自权重分别为0.55和0.45。朱有为和徐康宁(2006)采用消费价格指数和工业品出厂价格指数加权,权重分别为0.25和0.75。借鉴已有研究成果,本研究将R&D价格指数界定为居民消费价格指数、工业生产者出厂价格指数和固定资产投资价格指数,权重分别为0.5,0.25和0.25。R&D价格指数计算公式是 $P_0=0.5P_1+0.25P_2+0.25P_3$,$P_1$、$P_2$ 和 P_3 分别是已经调整为以2002年为基期的江西省居民消费价格指数、工业生产者出厂价格指数和固定资产投资价格指数。对模型中所涉及的所有名义变量均进行消除物价影响的处理,依据公式 $y=y^*/P_0$,其中 y 为名义统计指标,y^* 为实际统计指标。同时为了消除异方差以减轻序列相关性对实证结果的干扰,对所有数据取对数。

(2)变量描述性统计

采用Eviews8.0软件,对所有变量进行描述性统计分析,结果如表5—1所示。

表5—1　　政府R&D资助影响企业R&D投入模型的各变量描述性统计

	LNRP	*LNVA*	*LNRG*	*LNGOV*	*LNHE*
均值	12.830 47	15.349 11	10.309 1	10.931 64	10.302 99
最大值	14.012 09	16.871 45	10.830 96	11.290 57	10.999 28
最小值	11.202 44	13.685 7	9.483 878	10.454 45	8.901 23
标准差	0.826 595	0.939 378	0.365 417	0.313 156	0.536 819

(3)数据平稳性检验和协整检验

通常情况下,假设时间序列是平稳的,参数的统计量的分布是标准分布,那么就可以用传统方式对计量模型进行估计。但现实中的大多数时间序列都是非平稳序列,如果仍然采用传统计量方式,容易出现"伪回归",即回归系数可能均通过了显著性检验,拟合优度也较高,但是残差序列并不平稳,回归结果无法真实反映自变量和因变量间的均衡关系，因此必须先对数据进行以常见的单位根检验的平稳性检验。ADF 检验是常见的检验数据平稳性的方法。

首先对各变量的水平值进行 ADF 检验，发现均小于显著性水平为 5%的临界值，因此不能拒绝单位根的零假设，变量的水平值是不平稳的。其次对各变量一阶差分值进行 ADF 检验，发现各变量的 ADF 检验值均大于显著性水平为 5%的临界值，表明各变量的一阶差分值是平稳的。检验结果如表 5－2 所示。

表 5－2　　政府 R&D 资助影响企业 R&D 投入的各变量单位根检验结果

变量	检验形式 (c,t,k)	ADF 统计值	临界值 1%	临界值 5%	临界值 10%	*P* 值	结论
LNRP	(*c*,*t*,2)	－1.681 754	－4.886 426	－3.828 975	－3.362 984	0.700 5	不平稳
LNVA	(*c*,*t*,1)	－2.531 699	－4.800 08	－3.791 172	－3.342 253	0.310 6	不平稳
LNRG	(*c*,*t*,1)	－2.319 145	－4.886 426	－3.828 975	－3.362 984	0.397 1	不平稳
LNGOV	(*c*,*t*,1)	－2.635 285	－4.886 426	－3.828 975	－3.362 984	0.273 2	不平稳
LNHE	(*c*,*t*,1)	－2.960 814	－4.800 08	－3.791 172	－3.342 253	0.175 5	不平稳
DLNRP	(*c*,*t*,1)	－4.434 549	－4.886 426	－3.828 975	－3.362 984	0.019 8	平稳
DLNVA	(*c*,0,1)	－3.518 018	－4.057 91	－3.119 91	－2.701 103	0.025 4	平稳
DLNRG	(0,0,1)	－3.258 691	－2.771 926	－1.974 028	－1.602 922	0.003 7	平稳
DLNGOV	(0,0,1)	－3.020 915	－2.754 993	－1.970 978	－1.603 693	0.005 7	平稳
DLNHE	(0,0,1)	－2.604 212	－2.771 926	－1.974 028	－1.602 922	0.014 1	平稳

注：*c*、*t*、*k* 分别表示截距项、时间趋势和滞后阶数，*D* 为各变量的一阶差分。

根据检验结果可知，各个变量在进行一阶差分后均能显著地拒绝原假设，即为一阶单整序列，因此可以进行协整检验。协整检验有两种形式：一种是基于回归系数的完全信息协整检验，如 Johansen 检验；另一种是基于回归残差的协整检验，如 CRDW (Cointegration Regression Durbin-Watson) 检验、DF 检验、ADF 检验。多个变量的协整检验通常采用 Johansen 回归系数检验法，因此可依据 Johansen 协整检验法来判断各个变量间是否存在长期均衡关系。依据 AIC 和 SC 等信息准则，协整方程选定为没有时间趋势但有截距项的形式，检验结果如表 5－3 所示。Johansen 协整检验结果表明，Trace 统计量和 Max-Eigen 统计量均在 5%的水平下显著，变量之间存在着至多一个协整关系。这表明，可以通过模型回归分析变量之间存在的长期均衡关系。

表 5—3　　　政府 R&D 资助影响企业 R&D 投入模型的各变量协整检验结果

协整向量个数的原假设	特征值	迹统计量	5%临界值	P 值
0*	0.887 081	81.443 46	69.818 89	0.004 4
至多 1*	0.847 562	50.908 24	47.856 13	0.025 1
至多 2	0.646 925	24.57 427	29.797 07	0.177 2
至多 3	0.480 727	9.999 227	15.494 71	0.280 8
至多 4	0.057 203	0.824 667	3.841 466	0.363 8

注:* 表示在 5%显著性水平下拒绝原假设。

5.1.3　模型估计与结果解析

(1)模型估计

在对模型(5.1)进行回归时发现,政府对企业 R&D 经费资助的平方项系数不显著,这表明政府对企业的 R&D 资助对企业自身的 R&D 投入不存在"U 形"或"倒 U 形"曲线的影响轨迹,也可以说政府对企业 R&D 资助对企业自身 R&D 投入的影响距离倒 U 形曲线的拐点甚远。究其原因可能是因为如现状分析中所述江西省政府对企业 R&D 资助规模太小。因此选择剔除了政府对企业 R&D 资助的平方项的模型(5.2)进行回归,回归结果如表 5—4 所示。

表 5—4　　　政府 R&D 资助影响企业 R&D 投入模型的回归结果

变量	系数	标准误差	t—统计量	p 值
LNRG	0.243 867***	0.124 311	1.961 750	0.007 8
LNGOV	−0.346 647***	0.227 697	−1.522 403	0.001 6
LNHE	0.640 492***	0.939 653	0.681 626	0.005 1
LNVA	0.899 415***	0.067 128	13.398 46	0.002 0
C	−0.359 281*	1.285 512	−0.279 485	0.077 3
R-squared	0.985 216	Adjusted *R*-squared		0.979 302
F-statistic	166.600 5	Durbin-Watson stat		1.566 823
Prob(*F*-statistic)		0.000 000		

(2)回归结果解析

回归结果显示,R-squared 为 0.985 216,拟合优度较高,模型整体上具有较强的解释力。DW 值为 1.566 823,较为接近 2,表明模型不存在异方差。进一步将各解释变量系数及其影响效应分析如下:

第一,政府对企业的 R&D 资助与企业 R&D 投入之间存在 1%显著性水平的正相关关系。模型估计结果显示,政府对企业 R&D 经费资助每增加一个单位,将引致企业自身增加 R&D 投入 0.243 867 个单位。这表明,政府 R&D 资助有助于提高企业 R&D 投入水平,原因在于政府的直接资助能够降低企业的研发成本,从而带动企业持续追加技术研发投入。

第二,政府对科研机构的 R&D 经费资助对企业自身的 R&D 投入存在 1%显著性水平的负面影响。模型估计结果显示,政府对科研机构 R&D 经费资助每增加一个单位,企业 R&D 经费投入会减少 0.346 647 个单位。可能的原因在于,一方面,科研机构占据了江西省政府 R&D 投入的绝大部分,从而挤出了企业自身 R&D 投入,未能对企业的创新产生有效的推动作用。另一方面,可能由于江西省科研机构处于改制为企业经营的阶段,当科研机构转制为企业,相应的统计数据会从科研机构移向企业 R&D,但由于转制结构性数据较难获得,因此,这种挤出效应尚待进一步研究。

第三,政府对高等院校的 R&D 经费资助能够在 1%的显著性水平下激励企业 R&D 投入的增加。模型估计结果表明,政府对高等院校 R&D 经费资助每增加一个单位,企业 R&D 经费投入会增加 0.640 492 个单位。原因在于政府的资助能够加强基础研究和共性技术的研究,缩短企业研发的环节,同时高等院校对基础理论和知识的研究会产生较强的外溢效应,通过创新网络的传播,激励企业进行 R&D 投入。

第四,企业新产品销售收入有助于企业增加 R&D 投入,并且这一影响效果在 1%显著性水平下显著。模型估计结果显示,企业新产品销售收入每增加一个单位,企业将增加 R&D 经费 0.899 415 个单位。这也恰恰印证了前文的分析,即当前江西省企业更多地依靠自身投入而非政府资助。

5.1.4 基本结论及简要政策建议

本研究利用江西省规模以上工业企业的时间序列数据,基于激励企业加大R&D投入的视角分析了政府R&D资助的长期创新激励效应,并阐释了政府R&D资助的不同对象对资助效果的不同影响。基本结论及简要政策建议如下:

第一,江西省政府对企业的直接R&D资助对企业自身R&D投入存在杠杆效应。从长期来看,杠杆效应系数为0.243 867。政府R&D资助对企业自身R&D投入不存在"U形"或"倒U形"曲线的影响轨迹。建议一方面加大政府对企业的直接R&D资助,另一方面发挥财政的"四两拨千斤"作用,撬动社会资本对企业进行R&D投资,从而提高资助总量和资助强度。

第二,不同的政府资助对象能够显著地影响财政资助效果。其中,政府对科研机构的R&D经费投入对企业自身R&D投入会产生挤出效应,挤出效应系数为−0.346 647。政府对高等院校的R&D资助会对企业R&D投入的增加产生杠杆效应,杠杆效应系数为0.640 49。建议优化江西省政府R&D资助结构,除确保科研机构必要的R&D经费资助外,提高经费向企业和高等院校的倾斜度。同时,政府应通过合理R&D资源配置引导建立以企业为主体的产学研联合研发模式,改变既往以与企业存在较强竞争关系和研发活动重复的科研机构为主要投入去向的做法,而将经费直接投入企业,从而激发企业自身不断提高R&D投入额。

第三,从激励企业增加R&D投入来看,尽管江西省政府R&D资助整体上表现出杠杆效应,但由于科研机构占据了近50%的政府R&D资金,导致杠杆效应大为弱化。根据表3—12可知,2007~2016年政府对企业、科研机构和高校的资助比例均值分别为26.3%、47.82%和25.88%,如果按照该比例进行测算,江西省政府资助对企业R&D的影响仅为0.064 130[①]。

---

① 计算公式为:0.243 867×26.3% −0.346 647×47.82%+0.640 492×25.88%。百分比所乘数值分别为政府对企业、科研机构、高等院校的R&D资助对企业自身R&D资助的影响系数。

第四，企业新产品销售收入对企业自身R&D投入起着正向的激励和支撑作用。建议江西省政府改善企业技术创新的环境，当前来看主要从优化融资环境和专利环境入手，以降低企业R&D活动的风险，保护企业R&D成果的专有性。

5.2 技术创新税收优惠政策对企业创新产出影响效应的实证分析——基于面板数据回归模型

5.2.1 模型构建与指标选取

进入“新常态”后，江西省消费拉动、创新驱动增长模式的发育和成长明显不足，经济发展的内生动力尚未真正形成。创新驱动能力弱成为江西省供给侧结构性改革的最大短板。作为国际通用的税费优惠政策，研发费用加计扣除不仅可以有效降低企业成本，更能最大限度地促使企业加大研发投入，催生其技术创新，以跟进国家创新驱动发展战略，从而为高新科技产业的持续成长和传统产业的转型升级提供新的动能，积极有效地推动经济结构调整和优化。因此，研发费用加计扣除政策对江西省尤为重要。

通过前文调研分析可知，尽管现行税收优惠政策体系存在诸多不利于企业技术创新的弊端，但是研发费用加计扣除政策仍然作为当前江西省落实最为有力的激励企业技术创新的税收优惠政策之一，对激励江西省传统产业改造，激励新兴产业形成核心竞争优势，推动重点产业和高新技术产业实现突破发展起到了积极的作用。本部分着重考察研发费用加计扣除政策对企业创新产出的影响，实证分析研发费用加计扣除政策的积极效应。建立基本面板数据回归模型如下：

$$INCOME_{it}=\alpha_0+\alpha_1 RDP_{it}+\beta X_{it}+\mu_i+\varepsilon_{it} \quad (5.3)$$

其中，i 和 t 分别表示企业和年度，μ_i 代表企业差异的不可观测效应，ε_{it} 代表随机扰动项。

INCOME 代表企业创新产出。企业创新产出是指企业在某一创新周期内生产的技术性新产品,既包括已销售转化为收入的库存,也包括尚未销售仍以成本形式存在的库存,但是由于原国税征管系统不具备监控企业实际库存数据的功能,对企业调研也无法获取样本企业的实际库存总量,因此在剖析并充分借鉴既有研究成果的基础上,采用企业营业收入指标来度量企业创新产出,并将其作为被解释变量。

RDP 代表研发费用加计扣除政策。该税收优惠政策作用于企业的实际效应就是减免企业相关税收,以此降低企业的研发成本,激励企业研发行为的产生和持续。以企业享受到的研发费用加计扣除额为研发费用加计扣除政策的衡量指标,将其作为解释变量。

X 代表一系列控制变量的集合。考虑到企业规模、其他税收优惠政策、企业成本等因素也会影响企业创新产出,故将这些影响因素作为控制变量,对模型(5.3)进行扩展,扩展后的面板数据模型形式如下:

$$INCOME_{it}=\alpha_0+\alpha_1 RDP_{it}+\alpha_2 TAX_{it}+\alpha_3 SIZE_{it}+\alpha_4 COST_{it}+\mu_i+\varepsilon_{it} \tag{5.4}$$

TAX 代表其他企业税收优惠政策。研发费用加计扣除仅仅是鼓励企业创新的税收优惠政策之一,该政策对企业的作用效果还受制于其他税收优惠政策的影响。因此,为将研发费用加计扣除政策和其他所得税优惠政策对企业创新产出的影响进行对比,选择其他所得税优惠政策作为控制变量,并以其他优惠政策减免所得税额进行度量。

SIZE 代表企业规模。企业规模是影响企业创新发展的关键因素,因为规模大的企业通常处于行业龙头地位,具备较强的技术创新能力和研发能力。同时,企业规模也体现着技术资本对企业创新产出的影响,不同规模的企业能够享受的研发费用加计扣除政策力度也有所不同。因此,选取企业规模作为控制变量,并采用企业资产总额来度量企业规模。

COST 代表企业研发成本。企业研发成本包括研发费用和产品成本,其中

研发费用由开发费用、测试费用和人工费用等构成，而产品成本包括采购和材料费用、制造费用等。毫无疑问，企业研发成本是影响企业产出的核心要素，产出是成本的转化形式。选取企业研发成本作为企业创新产出的控制变量，以企业成本投入进行度量。

为了保持回归的稳定性，对所有变量均取自然对数形式。

5.2.2　数据来源及描述性统计

(1)数据来源

模型所需使用的数据均来自江西省原国税征管系统金三数据。笔者通过调研获取了自 2008 年以来江西省原国税系统中企业享受研发费用加计扣除的部分数据，但是在整理中发现，企业研发投资存在较大程度的不稳定性，很少企业有 3 年以上的持续研发投入，因此，考虑到分析的可行性和数据完整性，初步筛选出 274 家在 2014～2016 年有持续研发投入的企业。然后，为保证结果的准确性，对样本数据进行再次筛选，筛选方式为：剔除 2014～2016 年利润亏损的企业，因为该类企业的相关数据可能低于同行业平均水平，从而影响实证结果的准确性；剔除其他指标值为负值的企业，因为该类企业的数据可能产生异常；剔除指标缺失的企业。经过筛选后，最终选定 117 家企业为样本，总样本数据量为 351，符合面板回归模型的样本量要求。

(2)变量的描述性统计

表 5—5 报告了各变量的描述性统计结果。

表 5—5　　技术创新税收优惠政策影响企业创新产出模型的各变量描述性统计

变　量	均值	标准差	最小值	最大值	样本量
LnINCOME	19.539 79	1.676 661	15.717 02	25.728 16	351
LnRDP	15.566 18	1.468 878	8.922 658	21.880 65	351
LnTAX	15.662 94	2.296 57	8.880 399	22.662 12	351
LnSIZE	20.088 29	2.346 382	15.424 95	29.465 76	351
LnCOST	19.1403 3	1.828 254	14.498 32	25.541 04	351

5.2.3 模型估计与结果解析

(1)模型估计

面板数据模型通常采用固定效应回归或者随机效应回归。采用 Stata12 软件对样本数据进行分析处理。模型设定步骤为:首先检验个体效应的显著性。在做固定效应模型时,F 检验值为:$F(116,230)=30.57$,且相伴概率 p 为 0,表明固定效应模型优于混合 OLS 模型。然后进行 Hausman 检验,Hausman 检验结果为:chi2(4) =-8.97,检验统计量为负,表明随机效应模型的基本假设(个体效应与解释变量不相关)得不到满足,因此应该选用固定效应模型。表 5-6 是模型(5.3)和模型(5.4)的实证检验结果。

表 5-6　　技术创新税收优惠政策影响企业创新产出模型的回归结果

	模型(5.3)	模型(5.4)
LnRDP	0.737*** (30.20)	0.495*** (4.94)
LnTAX		0.484*** (9.47)
LnSIZE		0.133** (2.61)
LnCOST		-0.819*** (54.38)
C	8.067*** (21.21)	2.070*** (11.33)
R-sq	0.775 5	0.992 7
F 统计量	912.20	7 801.45
N	351	351

注:括号中的值为 t 统计量,*、**、*** 分别表示显著性水平为 10%、5%和 1%。

(2)回归结果解析

模型(5.3)、(5.4)的回归结果的拟合优度值分别为 0.775 5 和 0.992 7,并通过了 1%的显著性检验,表明模型构建得较为合理,整体上具有解释力。从模型(5.3)回归结果可以看出,在不考虑企业规模、其他税收优惠政策和企业成本等控制变量的情况下，研发费用加计扣除政策能够显著地影响企业创新产出，研发费用加计扣除金额每增加 1%，企业创新产出将增加 0.737%。在模型(5.4)考虑这些控制变量的情况下，虽然企业创新产出有一定下降，但系数仍然具有显著性，且根据 R 值判断可知，具有更高拟合优度的模型(5.4)更符合现实情况。现根据模型(5.4)的回归结果，将各解释变量系数及其影响效应作如下分析：

第一，$LnRDP$ 的回归系数为正，且在 1%的水平上显著。研发费用加计扣除金额每增加 1%，企业营业收入将增加 0.495%。这表明研发费用加计扣除政策能够显著地激励企业发展。正因为如此，财政部、国家税务总局、科学技术部在 2016 年修订了研发费用税前加计扣除优惠政策，进一步加大了政策支持力度。据前文调研数据分析可知，自江西省 2008 年开始实施研发费用加计扣除政策以来，9 年内受惠企业的营业收入规模增长较快，政策的实施效果较为显著。同时，考察受惠户数的增长也可以印证这一观点，2009～2016 年受惠企业户数年均增长率高达 36.55%，研发费用加计扣除金额年均增长率高达 38.28%。受益于研发费用加计扣除政策的直接激励，江西省具有较强的研发动力和潜力的规模以上工业企业，已成为全省企业技术创新活动的中坚力量。

第二，$LnTAX$ 的符号为正，且在 1%的水平上显著。在不考虑研发费用加计扣除优惠政策的影响下，企业享受到的其他所得税减免税额每增加 1%，企业营业收入增加 0.484%。以 2015 年总体样本为例，受惠企业户数为 371 户，研发费用加计扣除优惠政策 31.55 亿元，而这些企业享受的其他税收优惠政策减免额为 43.93 亿元。这充分说明，除了研发费用加计扣除优惠能够激励创新型企业发展，其他所得税优惠政策同样也对企业产出的影响显著。但是，应当注意到，$LnRDP$ 的回归系数 0.495 大于 $LnTAX$ 的回归系数 0.484，表明与其他税收优惠政策相比，研发费用加计扣除优惠能给江西省企业带来更大的收益。

第三，$LnSIZE$ 的符号为正，且在 5%的水平上显著。表明企业资产总额每增加 1%，营业收入增加 0.133%。以调研获取的 2015 年总体数据为例，从企业所处行业来看，2015 年受惠户数和金额均以制造业为最，享受户数列前三位的分别是计算机、通信和其他电子设备制造业,化学原料和化学制品制造业,医药制造业;受惠金额占比列前三位的分别是计算机、通信和其他电子设备制造业,电气机械和器材制造业,专用设备制造业。制造业是江西省的比较优势产业,因而享受研发费用加计扣除政策优惠相对较多,且主要是国有控股企业以及具有一定规模的民营企业。主要原因在于制造业具有较高的资产总额和较高的企业规模,因而研发投入能力和动力也较强。

第四,*LnCOST* 符号为负,且在 1%的水平上显著。表明企业成本每增加 1%,企业营业收入将减少 0.819%。这也恰好验证了第四章对江西省技术创新能力的评价结果,即在当前创新环境不优企业整体创新能力较弱的情况下,江西省大多数企业仍然处于高投入、高成本的粗放型经营模式,离依靠创新驱动的内生发展阶段尚远,不仅不利于企业自身发展,也不利于区域创新水平的提高。因此,江西省企业需要且应当走技术创新之路,通过技术创新实现企业发展模式转型,减少成本损耗以消除过高的成本对企业可持续发展的不利影响。

5.2.4 基本结论及简要政策建议

本研究利用获取自江西省原国税征管系统金三的数据构建了面板数据回归模型,基于激励技术企业技术创新产出的视角分析了税收优惠政策的创新激励效应,并分析了企业规模和企业成本等对创新产出的影响。基本结论及简要政策建议如下:

第一,研发费用加计扣除政策能够有效提升企业技术创新产出。无论是否考虑控制变量,研发费用加计扣除政策对企业创新产出的回归系数始终为正,建议江西省抓住财税[2015]119 号文、财税[2017]34 号文、财税[2018]99 号文关于扩大研发项目的认定范围和加计扣除的费用口径的契机,制定更为科学的政策实施细则和操作规程,完善和细化制度安排,进一步增强政策的可操作性,使该税收优惠政策在江西省得以扎实落地,降低创新型企业的税收风险和不确定性。

第二,其他所得税优惠政策同样对企业创新产出有显著正向影响。所得税优惠是政府对于企业既有利益的让渡，能够诱发企业循环式研发投资，创新产出得以不断增加。但由于影响力度不及研发费用加计扣除政策，建议江西省在落实研发费用加计扣除政策的同时，同样加大其他所得税优惠政策的落实力度，让越来越多的创新型企业从各种税收优惠政策中受益。

第三，企业资产规模是提升企业创新产出的重要因素。这是因为，企业资产是企业开展技术创新的物质基础，企业资产规模越大就具有更强的研发投入能力，也有更强的动力通过技术创新将资产规模进一步扩大。政府要做的就是优化企业创新的市场环境，革除可能压抑企业创新意愿的宏观制度弊端，间接扶助企业经由技术创新盘活自身资源而逐步做大做强。

第四，企业成本对企业创新产出有显著的负向影响。这说明在当前创新环境不优且企业整体创新能力较弱的情况下，江西省大多数企业仍然处于高投入、高成本的粗放型经营模式，通过技术创新降低企业对各种成本要素的需求应成为江西省企业转换发展动力的必然选择。政府应当鼓励企业改革内部创新制度和体制，完善创新基础设施，搭建创新平台，促使全社会创新资源向企业聚集，助力企业尽早迈入依靠技术创新发展的良性轨道。

5.3　财税政策激励江西省企业技术创新的有效性分析——基于调查问卷数据的实证

企业作为技术创新活动的主体，是政府财税激励政策的实际受益者，财税激励政策实际效应的测度必须充分考虑企业的主观需求。因此，有必要在本章前两节在采用统计年鉴数据和税务部门调研数据分析财政投入政策和税收优惠政策对企业创新投入和创新产出的影响的基础上，进一步深入企业内部以调查问卷的形式获取相关数据，充分考察财税政策激励企业技术创新的有效性。本节将基于针对企业的调查数据，对当前江西省激励企业技术创新的主要财税政策的现实效应进行对比分析，为财税激励政策的完善提供更具实际意义的参考。

5.3.1 调查问卷设计及调查资料的获取

笔者于 2018 年 6 月参与江西省南昌市某政府部门与某高校合作的课题组赴南昌市高新技术产业开发区以及区外部分高新技术企业开展一项针对该市高新技术产业与企业发展情况及其对政策需求的调研活动,向企业负责人或财务主管发放调查问卷,并于 2018 年 7 月与其中 30 余家企业进行了面对面访谈。在全部调研活动结束后,笔者根据本书研究目的择取了调查问卷的部分内容进行数据整理和分析。

所节选的调查问卷由三个部分组成。第一部分是企业的基本信息,主要包括企业控股情况、人员规模、收入规模、技术领域等。第二部分为企业 2015～2017 年的主要财务数据和技术创新情况,包括企业 2015～2017 年工业总产值、营业收入、营业成本、净利润、上缴税额、新产品销售收入、研发经费投入、申请发明专利数、当年专利授权数、技术市场合同成交额等。第三部分为财税政策激励企业技术创新的有效性调查。通过事先在科技部门的调研获悉,激励江西省企业技术创新的财税政策主要有政府财政补贴、财政专项支持基金、财政信用贷款担保、财政科技产业引导性投资、政府采购、高新技术企业所得税税率优惠、研发费用加计扣除、固定资产加速折旧、特定行业税额减免等。调查问卷基于以上 9 项财税政策收集企业对财税激励政策的有效性的看法,依据李克特(Likert)量表将企业的评价列为 5 个等级,分别为有重大影响(5 分)、有较大影响(4 分)、影响一般(3 分)、影响很小(2 分)、没有影响(1 分)。

总计发放调查问卷 615 份,回收问卷 615 份,回收率为 100%。其中,有效问卷 615 份(高新区内 413 家,高新区外 202 家),有效率为 100%。值得一提的是,调查问卷的高回收率和高有效率得益于政府部门在调研活动中的牵头作用。在被调查企业中,按企业登记注册类型统计,国有控股 105 家,占比 17.07%;私人控股 360 家,占比 58.54%;集体控股 14 家,占比 2.28%;港澳台控股 8 家,占比 1.30%;外商控股 10 家,占比 1.63%;其他形式控股 118 家,占比 19.19%。按人员规模统计,人数≥1 000 的有 38 家,占比 6.18;500≤

人数<1 000 的有 28 家，占比 4.55%；300≤人数<500 的有 55 家，占比 8.94%；人数<300 的有 494 家，占比 80.33%。按收入规模统计，收入≥4 亿元的有 89 家，占比 14.47%，1 亿元≤收入<4 亿元的有 115 家，占比 18.70%；2 000 万元≤收入<1 亿元的有 63 家，占比 10.24%，收入<2 000 万元的有 73 家，占比 35.61%。按技术领域统计，电子与信息有 200 家，占比 32.52%；其他高技术有 129 家，占比 20.98%；生物、医药技术有 84 家，占比 13.66%；新材料有 58 家，占比 9.43%；光机电一体化有 77 家，占比 12.52%；新能源、高效节能有 34 家，占比 5.53%；环境保护有 20 家，占比 3.25%；航空航天有 9 家，占比 1.46%；地球、空间、海洋工程有 1 家，占比 0.16%；核应用技术有 3 家，占比 0.49%。从这些基本统计数据可以看出，调研对象大多数为中小型私营高新技术企业。在进行数据分析之前，首先对调查问卷的第三部分予以信度检验，检验结果显示，克隆巴赫系数(Cronbach's alpha)为 0.794，大于 0.7，表明调查问卷的第三部分具有较好的信度。

5.3.2　财税政策激励企业技术创新的有效性的总体分析

一般来讲，专利授权数最能够衡量一个国家或地区的自主技术创新能力，但是由于专利从申请到被授权存在一定的时滞，因此当年的专利产出数与当年财税政策的关联度较低。有鉴于此，本书依据调查问卷的数据特征和既有研究文献的做法，选取被调研企业 2015～2017 年研发经费投入占同年新产品销售收入的比重的均值来度量企业技术创新活动或能力。在 9 项技术创新财税激励政策中，选取政府财政补贴、研发费用加计扣除、高新技术企业所得税税率优惠、政府采购 4 个使用频率较高且使用范围较广的财税政策，利用 ANOVA 方差分析法检验在“是否获得政府财政补贴”“是否享受研发费用加计扣除”“是否享受高新技术企业所得税税率优惠”“是否获得政府采购”等情况下 2015～2017 年企业研发经费投入占同年新产品销售收入的比重的均值是否存在显著差异。原假设是“观测变量两总体均值无显著差异”。利用 SPSS19.0 对数据进行分析，结果如表 5－7 所示。

表 5—7　　财税政策对企业技术创新的激励有效性的方差分析结果

财税政策工具	企业是否享受该政策	企业户数	企业 R&D 投入与新产品销售利润的比值的均值	标准差	均值标准误差	*Levene* 统计量对应的 *P* 值	*F* 统计量	*P* 值
政府财政补贴	是	375	20.94%	0.035	0.005 6	0.873	24.553	0.000
	否	240	18.45%	0.039	0.006 7			
高新技术企业所得税税率优惠	是	461	23.87%	0.034	0.008 2	0.794	43.525	0.000
	否	154	19.86%	0.032	0.004 9			
研发费用加计扣除	是	483	22.48%	0.037	0.007 6	0.921	37.426	0.000
	否	132	17.26%	0.036	0.005 8			
政府采购	是	315	17.65%	0.029	0.006 4	0.647	28.641	0.000
	否	300	14.71%	0.030	0.004 3			

从表 5—7 可以看出,每一种情况下的 *Levene* 统计量的 *P* 值均大于 0.05 的显著性水平,符合方差齐性要求,因此能够进行方差分析。每一种情况下的 *F* 统计量的 *P* 值都为 0.000,拒绝了“观测变量两总体均值无显著差异”的原假设,表明企业是否享受财税激励政策显著地影响了企业 2015～2017 年研发经费投入占同年新产品销售收入的比重的均值。此外,企业享受与不享受财税激励政策情况下企业研发经费投入占同年新产品销售收入的比重的均值的差值为 2.49%、4.01%、5.22%和 2.94%,均为正值,这说明从总体上看财税政策能够对江西省企业技术创新产生正向激励作用。

5.3.3　财税政策激励企业技术创新的有效性的比较分析

灰色关联分析法能够根据因子序列的几何相似程度来判定因子间的影响程度或因子对主行为的贡献度,其对数据的样本数量和分布规律没有回归分析对数据的要求高。本研究基于调查问卷的数据特征,选取灰色关联分析法来对比分析 9 项财税政策激励企业技术创新的有效性。

(1)财税政策激励企业技术创新的有效性排序

国内外研究表明,不同的激励政策对企业研发活动具有不同的影响程度。

为进一步分析不同财税政策对江西省企业技术创新的激励效应，首先，将被调查企业 2015～2017 年研发经费投入占同年新产品销售收入的比重的均值作为参考序列，并将企业负责人或财务主管对 9 项财税政策工具激励企业技术创新的有效性的评价作为比较序列。参考序列和比较序列的变量具体定义和取值如表 5—8 所示。

表 5—8　　财税激励政策与企业技术创新的关联分析的变量定义与取值

<table>
<tr><th></th><th>变量定义</th><th>变量取值</th></tr>
<tr><td>参考序列</td><td>2015～2017 年企业 R&D 投入与新产品销售利润的比值的均值(Y)</td><td>2015～2017 年企业 R&D 投入与新产品销售利润的比值之和除以 3</td></tr>
<tr><td rowspan="9">比较序列</td><td>政府财政补贴(X_1)</td><td rowspan="9">均依据企业负责人或财务主管认为该政策工具对企业技术创新的影响程度进行取值，即为：重大影响(5 分)、有较大影响(4 分)、影响一般(3 分)、影响很小(2 分)、没有影响(1 分)</td></tr>
<tr><td>财政专项支持基金(X_2)</td></tr>
<tr><td>财政信用贷款担保(X_3)</td></tr>
<tr><td>财政科技产业引导性投资(X_4)</td></tr>
<tr><td>高新技术企业所得税税率优惠(X_5)</td></tr>
<tr><td>研发费用加计扣除(X_6)</td></tr>
<tr><td>固定资产加速折旧(X_7)</td></tr>
<tr><td>特定行业税额减免(X_8)</td></tr>
<tr><td>政府采购(X_9)</td></tr>
</table>

然后将表 5—8 中各变量的取值数据进行无量纲化处理。最后利用 DPSv17.10 统计软件计算出比较序列与参考序列的关联系数，分辨系数 ρ 设定为 0.5。财税激励政策与企业技术创新的关联系数计算结果如表 5—9 所示。

表 5—9　　财税激励政策与企业技术创新的关联分析结果

财税激励政策	财税激励政策工具与企业技术创新能力的关联系数
政府财政补贴(X_1)	0.983 7
政府采购(X_9)	0.983 4
财政专项支持基金(X_2)	0.973 8
研发费用加计扣除(X_6)	0.956 5
高新技术企业所得税税率优惠(X_5)	0.952 1
特定行业税额减免(X_8)	0.943 2

续表

财税激励政策	财税激励政策工具与企业技术创新能力的关联系数
财政信用贷款担保(X_3)	0.941 1
财政科技产业引导性投资(X_4)	0.932 9
固定资产加速折旧(X_7)	0.927 8

可以看出,表 5—9 中所有关联系数均大于 0.9,这表明企业整体上较为认可财税政策对企业技术创新的激励作用。现依据灰色关联分析结果将财税政策对企业技术创新的激励效应的特征作如下详细解析:

第一,较之税收优惠政策,企业更为认可财政政策对企业技术创新的激励效应。从表 5—9 可以看出,大部分财政政策与企业技术创新能力的关联系数都大于税收优惠政策。这是因为财政政策是事前补偿形式,激励对象更为明确,点对点的扶持能够迅速地缓解企业资金压力,企业的政策受惠感较强烈。根据表 5—7 可知有 375 家企业享受了政府财政补贴,315 家企业享受了政府采购支持,且大多位于高新区内。高新区本就是政府财政政策的最大倾斜区域,而且企业自身规模也较大,更容易获得比高新区外的中小企业多得多的财政资助,所以企业对财政激励政策的评价较高。

第二,政府采购政策对于激励企业开展研发和提升企业创新能力作用重大。从表 5—9 关联系数可以看出,政府采购是仅次于财政直接补贴的财政激励政策。根据表 5—7 可知有 315 家企业享受了政府采购支持,300 家企业没有享受政府采购支持,其创新收益相差 2.94%,表明政府采购对于企业技术创新的激励作用较为显著。这是因为,政府采购是企业技术创新产业化的重要支持政策,能够通过拉动创新产品的市场需求而增加企业创新机会,使企业迅速获取创新利润而开始新一轮创新研发活动。

第三,所得税优惠政策在政府激励企业技术创新中应用最为广泛。根据灰色关联分析结果,有 4 项税收优惠政策与企业技术创新关联密切,再根据表 5—7,享受高新技术企业所得税税率优惠的企业有 461 家,占比 74.96%。这是因为,与财政激励政策相比,所得税优惠政策重在事后补偿,对受资助企业没有严苛的资格限制，所以受惠面更广。特别是由于规模和资格限制导致难以得到财政直接资助的中小企业更能从所得税优惠政策中获益，因此，所得税税收优惠更有利于激发全社会企业作为技术创新主体的创新意愿。

第四，研发费用加计扣除税收优惠得到了大多数企业的青睐。根据表5—7，享受研发费用加计扣除的企业有483家，占比78.54%。灰色关联分析结果表明，研发费用加计扣除在税收优惠政策中与企业技术创新能力0.956 5的关联系数高于其他税收优惠政策。这是因为，研发费用加计扣除是一种间接的税收优惠支持形式，相对于容易扭曲企业行为的税率减征、税额减免等直接优惠形式，间接税收优惠政策由于给予了企业更自主的选择空间，能够更为有效地激励江西省企业开展技术创新活动。

(2)财税政策对企业技术创新的激励有效性的分企业类型比较

为了考察财税政策对不同类型企业是否具有不同激励效应，本研究主要选择国有控股企业、私营控股企业两个类型进行分析。在每个企业类型中，依旧将各个企业2015～2017年的研发经费投入占当年新产品销售收入的比重的均值作为参考序列，将被调查企业的负责人或财务主管对财税政策激励企业技术创新的有效性的评价作为比较序列，计算二者之间的关联系数，根据关联系数来比较各财税政策对不同类型企业的技术创新的影响效应。结果如表5—10所示。

表5—10　财税政策对企业技术创新的激励有效性的分企业类型比较

企业类型	财税激励政策工具与企业技术创新能力的关联系数								
国有企业	研发费用加计扣除(X_6)	高新技术企业所得税税率优惠(X_5)	政府财政补贴(X_1)	财政科技产业引导性投资(X_4)	政府采购(X_9)	固定资产加速折旧(X_7)	财政专项支持基金(X_2)	特定行业税额减免(X_8)	财政信用贷款担保(X_3)
关联系数	0.834 1	0.825 9	0.811 4	0.810 5	0.801 2	0.794 0	0.786 7	0.773 9	0.771 1
私营企业	政府财政补贴(X_1)	政府采购(X_9)	高新技术企业所得税税率优惠(X_5)	研发费用加计扣除(X_6)	固定资产加速折旧(X_7)	财政信用贷款担保(X_3)	财政科技产业引导性投资(X_4)	特定行业税额减免(X_8)	财政专项支持基金(X_2)
关联系数	0.854 7	0.849 2	0.833 1	0.832 2	0.830 1	0.826 3	0.819 4	0.814 2	0.803 6

通过比较财税激励政策对不同类型企业技术创新的影响效应,可以发现企业类型影响着财税激励政策的作用效果。私人控股企业对财税政策的技术创新激励作用的评价大多高于国有控股企业。在前文分析中已经获知,企业更加偏好财政政策支持,这与私营企业户数占比较高有很大关系(私人控股企业户数在被调研企业中占近60%,而国有控股企业占不到20%)。加之私营企业的技术创新资金多来源于自有的经营利润,或者金融机构的贷款、社会风投资金。私营企业又以中小型企业为主,中小企业利润不高,较难获得规范的银行贷款和风投支持,因此会非常渴求能获得来自政府无偿性质的财政资金支持,因此对财政政策的评价高于国有企业。对于国有企业来说,研发费用加计扣除、高新技术企业所得税税率优惠的激励效应较之财政补贴和政府采购政策的更大,这是因为国有企业与政府天然联系紧密,更容易获得政府补贴,但在政府补贴资金严格监管机制缺失下补贴资金容易被国有企业用作日常生产经营而较少真正投入创新活动,再则国有控股企业创新投入较大,政府补贴资金较之企业总体创新投入来说占比较小,故以企业既有利益让渡形式的税收减免能在较大程度上激励国有企业增加技术创新投入。因此,财税政策的设计要更多地重视对中小私营企业的创新激励,同时还要加强对国有企业创新补贴资金的监督管理。

5.3.4 基本结论及简要政策建议

通过以上针对江西省企业以问卷调查形式获取的数据进行分析,了解企业对财税政策的技术创新激励效应的看法,同时也基本验证了第四章对现行财税政策的现状和问题的分析。主要结论及简要对策建议如下:

第一,财税政策能够显著地正向激励江西省企业开展技术创新活动。建议江西省政府重视以财政投入、税收优惠和政府采购为主的财税政策工具在技术创新公共政策中的地位。

第二,财政政策对江西省企业技术创新具有较之税收优惠政策更有效的激励效应。建议在重视以税收优惠鼓励企业加大研发和科技成果转化的同时,注重加大财政对企业的研发资助力度，并且以政府采购扩大企业的技术创新市场。

第三，所得税优惠政策在政府激励企业技术创新中得到了广泛运用，能够使得中小科技型企业从中获益，更有利于激发全社会企业的创新意愿。应当调整税制结构，提高所得税的比重，使得税收优惠结构与现行税制结构相称。

第四，研发费用加计扣除因其间接支持性而对企业技术创新的激励效果优于其他税收优惠政策。建议国家层面进一步扩大加计扣除和税前摊销比例，并优化税收优惠方式，提高其他间接性税收优惠政策的使用率。

第五，财税政策对企业的创新激励效应因企业类型的不同而有所区别。建议针对不同企业类型的企业实行差异化的财税激励政策，要重视财税政策对中小私营企业的创新激励，同时还要加强对国有企业创新补贴资金的监督管理。

第六章

国内外激励企业技术创新的财税政策经验

他山之石，可以攻玉。国际上普遍采用财税政策鼓励企业技术创新，很多公认的创新型国家已建立起了一套完善的财税激励机制。与此同时，国内部分发达省份以科技创新引领全面创新，用足用好国家各项技术创新财税政策，成为欠发达地区提升技术创新水平的学习榜样。本章基于政策应用视角来探讨国外、国内激励企业技术创新的财税政策主要特点，挖掘不同制度下创新型国家以及相同制度环境下的国内其他省份以财税政策激励企业技术创新的经验，以资我国和江西省借鉴，这对于国家层面进一步修订和完善激励企业技术创新的财税政策体系，以及江西省调整及执行相关政策以实施江西省中长期科学技术发展规划和加快创新型省份建设具有积极且重要的意义。

6.1 国外激励企业技术创新的财税政策经验

6.1.1 国外激励企业技术创新的财政投入政策经验

创新经费是各个创新主体开展创新活动必不可少的物质基础，更是企业提高技术创新能力的经济保障。财政科技投入在多元化的创新投入体系中占有举足轻重的地位，能够有效带动、引导企业以技术创新谋求自身可持续发展的同时实现全社会福利水平的提升。因此，发达国家纷纷在出台的科技财税政策中，以一系列明确的财政科技投入政策规定，保证公共财政支出框架中有合理比例且保持稳定增长的科技支出。

(1)强化法律制度对财政科技投入的保障

发达国家普遍以立法形式确立财政科技投入的地位，对预算的决策、投入规模和投入方向等提出明确要求。美国和欧盟主要国家的法律体系最为成熟。美国科学技术基本法是美国国会于 1976 年颁布的《国家科学技术政策、组织和重点法》，在美国科技法律体系中位居核心。1980 年出台的《拜杜法案》和《斯蒂文森　韦德技术创新法》规定财政资助的科技成果和专利所有权归研发机构。1993 年出台的《国家合作研究生产法》积极激励了各层次的技术创新战略合作伙伴关系的形成和发展。完善的法律体系为研发经费的及时足额拨付提供了有效保障，巩固着美国作为世界技术创新大国的地位。欧盟各国重视“知识社会”建设。法国政府 1982 年颁布的《1982～1985 年科技指导与规划法》明确要求国家优先发展科学技术，要求到 1985 年财政科技投入强度要达到 2.5％，并且规定了财政资金在基础研究、应用研究和试验发展的分配比例，1995 年提出财政科技投入强度的新目标即 3％。英国在《科学与创新投入框架(2004～2014)》中要求政府各项支出应当让位于科技经费支出，要求财政科技支出增长率高于经济增长速度。

(2)建立财政科技经费支出稳定增长机制

财政科技投入的稳定增长能够保证公共基础性领域及重大关键领域的技术发展。近年来，世界各国不断增加研发投入来提高创新能力，以求得在激烈的国际竞争中不被淘汰。诸多国家和地区建立了研发经费稳定增长的机制，如欧盟在《关于使研发经费占 GNP3％的行动计划》中，要求到 2010 年各成员研发投入占 GDP 比重必须增至 3％。图 6－1 显示了部分国家研发投入强度。从中可以看出，重视创新的发达国家研发投入强度都保持在 3％左右，尤其是以色列和韩国在 2016 年更是以 4.25％和 4.23％的研发投入强度位居全球之首。尽管欧盟各国在极力应对欧债危机时,也仍然保持甚至扩大了研发经费规模,2016 年大多数欧盟国家研发经费占 GDP 的比重在 2%以上。欧盟在 2013 年启动了名为“地平线 2020”的科研规划方案①,为期 7 年(2014～2020 年),依据该计划欧盟委员会建议成员国将研发经费在国内生产总值中所占比例从 2%左右增至 2020 年的 3%。

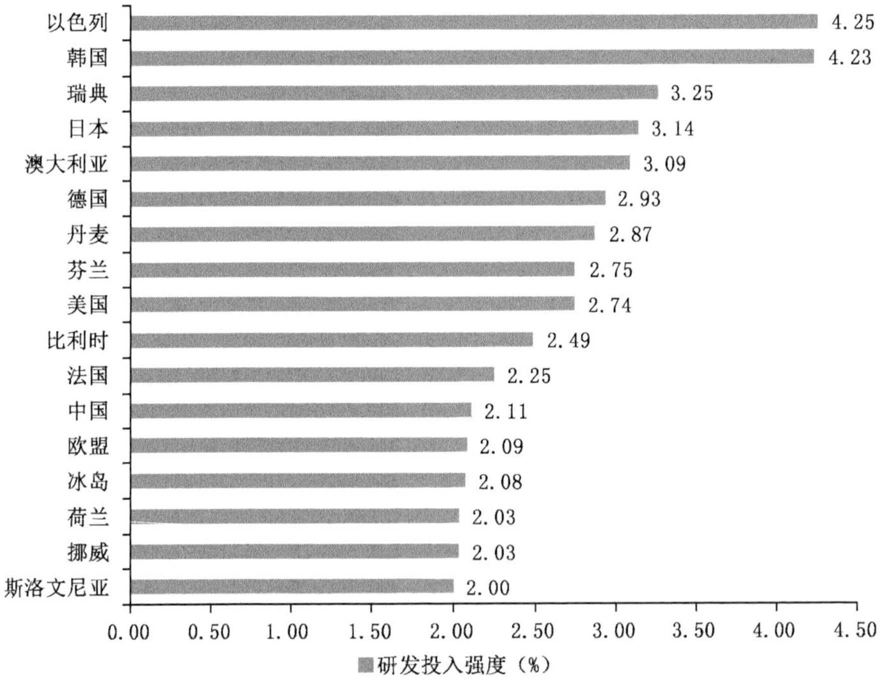

数据来源:OECD 数据库-科学、技术和专利-科学和技术指标-主要科学和技术指标。

图 6—1　2016 年部分国家研发投入强度情况

在保证财政科技经费稳定增长的同时,发达国家非常重视基础研究在财政资助体系中的地位,为此在某些年份里即便财政预算吃紧仍然对加大基础研究投入不遗余力。以欧盟“地平线 2020”计划为例,规定欧盟在 2014～2020 年出资约 250 亿欧元用于基础研究。以基础研究投入占 GDP 的比重为考察指标,

① 严恒元,李莎,杨明. 国外如何进行科技创新——政策扶持/投入保障[J]. 青海科技,2015(1):46—47.

从图 6—2 中可以看出大多发达国家基础研究投入占 GDP 的比重均在 0.5%以上，尤其是典型的技术创新国家瑞士高达 1.29%。

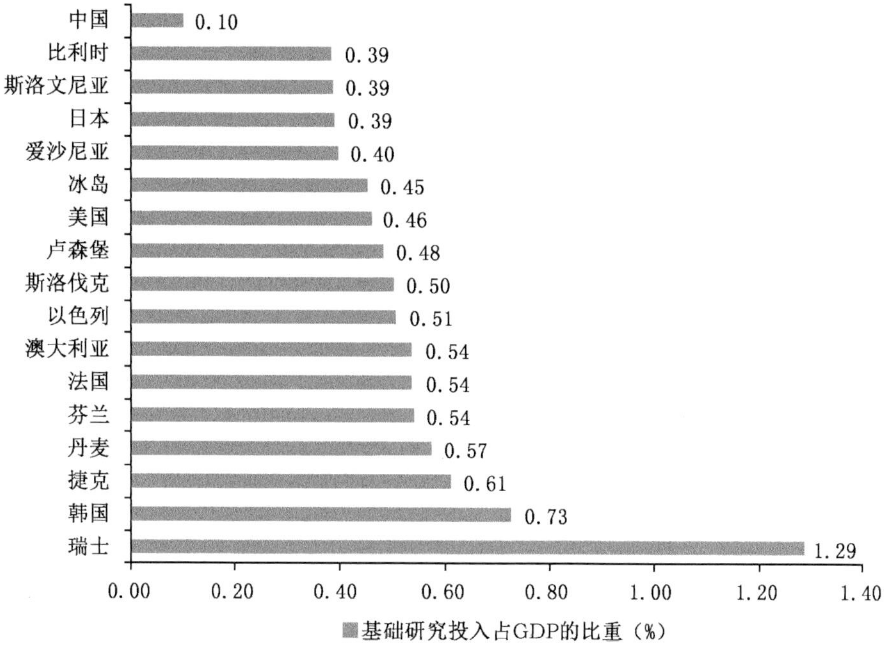

数据来源：OECD 数据库-科学、技术和专利-科学和技术指标-主要科学和技术指标。

图 6—2　2015 年部分国家基础研究经费投入强度情况

从表 6—1 所示的部分国家研发经费支出结构来看，创新型发达国家基础研究经费占研发经费的比重多在 20%左右。由此可见，基础研究是创新的源泉越来越成为美国、欧盟、日本等发达国家公认的创新发展真理，这些国家纷纷通过在基础研究领域内加大经费投入争夺技术创新水平的国际领先地位。

表 6—1　　部分国家研发经费支出结构比较

项　目	基础研究(%)	应用研究(%)	试验发展(%)
中国(2016)	5.2	10.3	84.5
澳大利亚 (2008)	20.1	38.7	41.2
奥地利 (2013)	19.2	36.2	44.7

续表

项　目	基础研究(%)	应用研究(%)	试验发展(%)
比利时(2013)	19.9	38.7	41.4
捷克(2014)	31	35	34
丹麦(2013)	19.2	37.6	43.2
法国(2014)	25.2	38.9	35.9
意大利(2014)	24.9	47	28.1
日本(2015)	12.5	20.8	66.7
韩国(2015)	17.2	20.8	61.9
瑞士(2012)	30.4	40.7	28.9
英国(2014)	16.9	43.3	39.8
美国(2015)	17.2	19.4	63.4
俄罗斯(2015)	15.5	19.9	64.7

数据来源:《中国科技统计年鉴》(2017)——"研究与试验发展活动的国际比较"。

(3)加强政府科技投入的绩效评估与管理

财政科技资金的根本来源是纳税人,其承载着公众对科学技术的投资期望,加强财政科技投入的预算管理,对各个创新主体的创新活动和结果予以科学的绩效评估,不仅有利于提高技术创新的质量、效益和效率,更能够提高政府科技管理水平。发达国家政府都非常重视创新活动评估,以积极的创新评估实践不断拓展创新评估理论,强化财政科技投入的绩效评估与管理成为其提高技术创新能力和财政运行效率的重要措施。美国在1993年出台的《政府绩效与结果法案》(Government Performance and Results Act,GPRA)中明确提出要实施针对基础研究的绩效评估,并在1996年发布的《评估基础科学》(*Assessing Fundamental Science*)报告中要求联邦机构以更契合基础研究属性和提高基础研究创新地位的综合性绩效评估策略。日本分别在1995年出台的《科学技术进步法》和1996年制定的《科学技术基本计划》及《国家研究开发实施办法大纲指南》中明确了科技评估的重要地位,并要求不能随意设立和撤销评估机构。经济合作与发展组织(Organization for Economic Cooperation and Development，OECD）部分国家自 20 世纪 60 年代起开展财政科技资金对创新资助的评估，从投入、产出、结果和影响力等方面开展全程评估。法国规定国家级的科技计划和项目在没有实行评估的前提下不能启动。1999 年韩国依据《政府特殊法》设立了专业的评估该国国家研究开发计划和政府研究机构的科学技术评价院，该机构由政府实行财政全额资助，2001 年出台的《科学技术基本法》进一步强化了该机构的职能。

（4）财政投入政策工具日趋完善和成熟化

除了直接性的财政科技资助，发达国家还逐步建立了诸如政府风险投资、中小企业信用担保等支持科技创新的机构和机制，日趋成熟化的财政投入政策体系在支持中小企业技术创新上发挥了积极的作用。

第一，风险投资方面。英国贸工部小企业局管理的小企业研究（SMART）和技术奖励计划（SURPLUS），以技术咨询、技术评估、超小型研究、可行性研究、技术开发、特殊研究项目为资助项目，以无偿资助和研发补贴的方式为主，鼓励企业研究以形成商业成果为导向。美国小企业创新研究计划（SBR）由 11 个政府部门组织实施，主要支持中小企业参与联邦的研发计划，在企业起步期和技术研发阶段实行无偿的创新资助。法国国家科技成果推广署（ANVAR）实施的企业创新计划限定了中小企业的规模（即 500 人以下），资助中小企业与公共研究机构开展研发合作，在产品开发、专利注册、市场调研方面予以国家财政资助，并且资助是部分有偿的，也就说如果研发项目取得了成功，政府需要从产品利润中抽取资助资金以弥补政府财力，但如果项目由于技术不确定、市场风险等不可控的原因失败了也无须偿还。

第二，中小企业信用担保方面。信用担保能够有效解决中小企业融资难问题，发达国家多将中小企业信用担保体系的构建作为政府自身的重要职责。世界上最早建立中小企业信用担保体系的国家是日本，其自第二次世界大战开始便陆续成立了国家和地方层面的中小企业信用保证协会，并依据《中小企业信用保险公库法》成立了中小企业信用保险公库特殊法人，形成了国家保险和协会的信用保证有机结合的中小企业信用补全制度。美国中小企业局是承担美国中小企业信用担保职能的机构,成立于1953年,依赖于雄厚的国家财力水平,该机构的担保基金被纳入国会预算,由联邦政府全额出资。

(5)明确财政科技投入的事权和支出责任

发达国家重视以明晰的科技投入事权和支出责任平衡政府部门之间利益,有效协调和引导了国家科技发展。如英国政府在国家层面制定全面的宏观战略规划,在制定科技规划时遵循创新的基本规律,以国家长远发展和近期需求为导向拟定科技发展的重点、优先领域和关键技术。政府科研部门负责规划、组织制定和实施科技战略规划,科技管理之间密切配合,保持规划的制定和组织实施具备自上而下的高度一致性。在科技经费预算方面,形成了由商业、创新和技能部(Department for Business,Innovation & Skills ,DBIS),高等教育基金委员会和七大研究理事会(即医学研究理事会、生物技术与生物科学研究理事会、自然环境研究理事会、工程与物理研究理事会、科学技术设施理事会、经济与社会研究理事会、艺术与人文科学研究理事会)组成的"双重支持系统"以及众多科研机构相互协调的管理格局。美国政府部门、创新基金、中小企业局等机构之间分工明确、相互协调,协力推进技术创新的发展,而且各有侧重。其中,科技部、财政部和税务机构等政府部门依据自身业务范围选定支持的领域、机构和项目,并定期公开,掌控着科技政策的大方向。中小企业局全力支持中小企业筹划、建立、融资、人员交流、质量管理、财务和盈利,也支持中小企业的技术培训、技术改造、技术革新、技术发明。创新基金则全面统筹基础科学、共性技术、重大关键技术,尤其是以财政资助企业与高等院校、实验室间的合作。明确划分政府部门的科技投入的事权和支出责任,能够防止科技计划碎片化和科研项目跑焦,充分发挥政府创新资金的使用效率。这种做法值得我国借鉴以克服政府科技资金多头共管而又职责不清的难题,减轻企业跑项目的成本。

6.1.2 国外激励企业技术创新的税收优惠政策经验

税收优惠政策激励企业技术创新的根本原理在于以税式支出的方式将应

征税款让渡给企业，以此降低其技术创新成本，提高技术创新投资者的利润回报，从而激励其创新行为延续。税收优惠政策是政府在市场机制下调控创新行为最直接的手段，世界上大多数国家和地区都十分认可其创新激励效力，为此制定并不断完善各项税收优惠政策，值得我国和江西省借鉴的经验性做法总结如下。

(1)加强税收优惠政策法制化建设和管理

税收优惠政策的权威性、透明度和稳定性需要经由法律制度进行保障，工业化发达国家和新兴工业化国家都非常重视加强税收优惠政策法制化建设和管理。美国通过诸多法案如《国家科学技术政策、机构和优先目标法》《小企业投资法案》《研发减税修正法案》《小企业技术创新研究法》《技术扩散法》等鼓励企业创新投资、扶持科技型中小企业以及推动创新成果转化，该法律政策体系涉及创新各个环节及创新环境优化，在发达工业国家里相对完整、系统。韩国是新兴工业化国家注重税收优惠法制的代表，其自 20 世纪 70 年代颁布《技术开发促进法》后，陆续完善了一系列税收法律，既像美国税收优惠法律体系那样注重过程监控，同时还加强对创新人才的激励，使得税收优惠的内容和优惠对象更加明确。韩国的税法制度主要包括《税收减免控制法》《创新技术产业化投资税金扣除制度》《科研设备投资纳税扣除制度》《技术与人才开发费纳税扣除制度》《技术转让所得税减免制度》《免征外国技术人员所得税制度》等。还有其他国家如法国的《研究开发经费税收抵免制度》，日本的《促进基础技术开发税法》《促进试验研究费的纳税减征法案》等也为其本国税收优惠管理提供了最根本的遵循。倡导“依法治税”理念的我国应当借鉴这些国家的经验，加强税收优惠法制化建设和管理，以支持包括企业在内的各类创新主体开展创新活动。

(2)注重税收优惠政策的灵活性和间接性

形式灵活多样化、优惠方式间接化是大多数发达国家采取的税收政策调节模式。这是因为，税收优惠政策不仅可以针对不同政策对象采取不同的政策工具，将税收优待措施覆盖至所有创新主体，还可以对同一政策对象的不同发展阶段实施不同的政策工具，能够强调对创新过程的激励，比财政投入方式更加灵活且具有可操作性。同时,由于投资抵免、加计扣除、加速折旧、研发准备金等注重税前激励的间接税收优惠方式能够通过影响税基间接引导创新行为,其激励效果相比较直接优惠更为显著。因此,发达国家的税收优惠政策注重企业需求,在保证税收收入的前提下以科学的优惠方式助力企业成为技术创新的主体。美国的科技税收优惠以间接优惠为主,直接优惠为辅。为了帮助科技企业通过在二级市场融资获取研发资金,克林顿政府主张对持有科技型企业的股票的投资者给予税收优惠。特朗普政府 2017 年底签署的《减税和就业法案》允许企业在研发支出以外,将广告开支等创新领域外的其他活动支出抵免部分税收。欧盟允许企业将研发费用抵消以后年度的利润,以减少以后年度的纳税额,也可以冲抵以前年度的盈利,然后申请已纳税款退还。韩国的间接税收优惠制度体系较为完善,包括技术开发准备金制度、新技术推广所需资产投资税金减免或折旧制度、研究试验用设备投资税金减免或折旧制度、技术及人才开发费税金减免制度、实验研究用样品和新技术开发产品免征特别消费税制度、技术转让收入法人税减免制度等。正是因为间接性的税收优惠政策使得企业能够合理安排自身财务计划,为企业创造更大的利润盈余空间,从而诱发企业开展新一轮的研发投资,成为促使这些发达国家技术创新源泉不断并领先世界技术水平的重要制度基础。

(3)重视激励企业创新链的前端研发活动

研发活动是企业技术创新的起始阶段,是所有创新行为的源头,创新产品的更新乃至综合竞争力的提升都依赖于研发。与我国以创新链下游为主要激励对象的税收优惠实践对比,发达国家则更为重视前端激励,以税收优惠政策鼓励企业加大研发投入。美国尤为重视对企业研发投入的税收优惠,并将相关规定写入相关法律制度,以强化鼓励企业加大研发投入的税收优惠制度保障。如美国在《国内收入法》中规定,企业研发投入可视为生产开支在当年应税收入中扣除。《公平简化与经济增长税收改革方案》给予企业更多的财务自主权,规定企业研发费用可以一次性或逐年进行加计扣除。因为研发费用税收抵免政策有效期短,自 20 世纪 80 年代以来美国历届政府都主张将税收抵免永久化,

2001 年国会批准将此主张固定化，免除政府和私营研发机构的纳税义务。欧盟国家同样重视以税收优惠激励企业研发，如法国在《国家创新计划》中列出多条以企业研发为对象的税收优惠条款。荷兰在 1994 年的《促进研发条例》中对研发人员实行有差异化的纳税比例。英国对大中小型企业实行有差异化比例的研发费用扣除优惠。由于我国税收优惠政策更多鼓励创新链下游的创新活动，使得企业不注重自主创新，采取对国外设备和技术的引进、移植战略，“技术空心化”一度危及民族安全。2018 年“中兴事件”就是一个例证，单靠引进而不走自主技术创新之路，很容易就被技术输出大国抓住软肋，一块小小芯片的断供足以击垮整个企业。发达国家重视研发的税收激励经验尤其值得我国借鉴。

(4)强调对产学研支持以推动成果的转化

产学研联合技术开发实体以企业投入为主体，同时又强调分工合作，是未来技术创新的重要模式。注重创新全过程激励的发达或新兴工业化国家不仅高度重视技术研发激励，也同样重视技术成果转化和技术产业化，推动创新成果走向市场使创新价值转化为企业经营利润，因此，支持产学研合作和技术产业化成为发达国家税收优惠激励政策的又一特色。如美国规定，对于资助大学、科研机构开展基础研究或向其转让科研设备的工业企业，可以享受高达 65％的研发费用税收抵免；以合同形式委托研发的企业的 20％研发费用的可抵免应税所得，抵免额和扣除额既可后转也可追溯 3 年。日本鼓励产学研合作的税收优惠制度始于 1993 年，以企业与国家研究实验室、大学联合研发，与外国研究实验室的合作研发，以及特定目的的研发活动为适用对象，允许特别研发活动全部支出的 6％可以从公司税中直接扣除。法国规定对于产学研合作的投入，可以加倍冲抵公司所得税。匈牙利允许在大学或科研院所建立研发实验室的企业给予研发投入 300％的税前扣除，比一般企业研发费用的抵扣比例高出 200％。显而易见的是，我国当前的税收优惠政策较少有对产学研这种新型研发联合体的支持条款。因此，我国应当借鉴发达国家的经验，强化企业所得税对产学研的支持力度，形成官产学研合作共赢的创新模式，更好地激励技术研发和创新成果转化。

(5)加强税收优惠政策对技术人才的激励

具有较高水平的技术人才和管理人才是高新技术企业在激烈的科技竞争中赢取一席之地的关键保障,可以说是企业最核心最根本的竞争力,发达国家普遍以税收优惠方式鼓励企业将股权激励和企业年金作为吸纳人才的重要方式。股权激励匹配于所有权与经营权分离的现代企业制度,将员工短期利益与企业长远利益进行有机结合,以稳定的人才力量维续企业运营。如美国通过1981年的《股票选择权促进法》引入激励性股票期权,激励性股权期权能够享受到与非激励型股票期权相比更多的税收优惠。为提高人才流向中小科技型企业的积极性,英国实行对小企业员工持股的激励政策。法国自1997年允许科研人员将发明专利作为资本进行参股,企业因此获取的利润可延迟五年纳税,并对股票期权收益实行减免税优惠。企业年金制度能够以增进人才福利的方式提高人才对企业的认同度,同时也能够畅通企业融资渠道。加拿大的"注册养老金计划"、英国的"职业年金计划"、德国的"账面储备职业年金"、澳大利亚的"超级年金保证"、日本的"职年金计划"等都对企业向员工账面养老金缴费实行税前扣除优惠,以及对企业年金计划的投资收益减免税等。对比之下,我国股权激励和企业年金制度处于探索起步期,也缺乏行之有效的税收激励政策,应当在此方面多借鉴国外的经验。

6.1.3 国外激励企业技术创新的政府采购政策经验

完整的技术创新链囊括了设计、研发、中试、生产和产业化的全过程,对于企业来讲,创新的根本目的是获取利润,广阔的市场空间能够为企业赢得可持续发展的机会,因此创新产品销售市场的建设与培育尤为重要。政府采购作为政府拉动市场需求的重要工具,被世界上大多数国家普遍采用,尤其是发达国家在实践中建立起了较为完善的政府采购政策体系,对我国和江西省具有较为重要的参考和借鉴意义。归纳来看,国外在政府采购以及相应制度建设层面主要积累了以下经验。

(1)以完备的法律体系支持政府采购实践

美国是世界上最早实行政府采购政策的国家,采购额在2012年即达到

5 163 亿美元，其成功地利用政府采购扶持和推动了本国自主技术创新，成为后发国家竞相模仿、学习的典范。虽然美国是《政府采购协定》（GPA）签约国，但其从未放弃利用政府采购保护本国工业。虽然美国没有专门的政府采购法，但是与政府采购有关的法律约有 500 部。在 1933 年制定的《购买美国产品法案》（*Buy American Act*）中对政府购买本国产品和服务做出了带有某种程度强制性的行政规定，如要求国际采购对本国原材料和产品的采购不能低于 50%，对国内投标商予以 10%～30%的优惠价等，这些规定大大提高了本国企业在政府采购中的中标率。在由联邦政府将散见于众多法律之中的有关政府采购的规定进行综合和细化而形成的《联邦政府采购条例》（Federal Acquisition Regulation，FAR）中，对联邦政府的采购计划、采购方式、合同类型、采购合同管理、采购合同条款及合同格式等做出了明确、详尽的规定，尤其是要求以美国本土的产品和服务作为政府采购对象，国外产品报价不能高于本国同类产品最低价，且产品在美国本土的成本支出必须超过总成本的一半。在严密的政府采购政策的保护下，2005 年美国本土企业获得了高达 94%的联邦政府政府采购，而非美国企业仅获得 6%。欧盟主要国家也出台了一系列政府采购法和实施细则，实行对内外差异化、形式多样化的保护政策以规避《政府采购协议》从而保护本国产品。欧盟规定，本土产品售价高于外国产品只要性能相同就应该被优先采购，对本土产品的采购不应低于 50%，3%以内价格差异的欧盟产品也应该被优先采购。日本政府采购的法律体系也较为完善，其从中央到地方的政府采购全都被纳入 WTO《政府采购协议》，其中中央政府采购依据该国《会计法》《政府采购协定》等法律法规实行招标、分散采购，地方政府依据《地方自治法》《地方自治法施行令》进行招标采购。日本的政府采购制度极大地扶持了本国高技术产业发展和技术创新。韩国是新兴工业国家的代表，极为重视政府采购法制化建设，其以《科技促进法》《科技振兴法》《政府合同法实施细则》《关于特定采购的〈政府合同法〉的特殊实施规则》等为指导，从政府采购合同基本规范、招投标的实施细则、政府采购实施操作规程和会计制度等方面构筑了较为完善的国家政府采购法律体系。韩国对国产高速列车和核电站等公用事业装备全部由政府购买,政府优先采用市场竞争激烈的汽车、计算机产品。

(2)注重对中小企业创新产品的政府采购

政府采购能够在较短的时间内扩大企业创新产品的销售规模以实现创新利润,对于中小企业而言,政府采购较大的需求能够有效保护其在发展初期渡过市场需求不确定性的困境。发达国家实行政府采购培植本土技术创新力量,尤为重视对数量较大的中小企业的保护。《购买美国产品法案》中就对美国政府支持中小企业的方式做出了明确要求,即如果中小企业报价不超过国外供应商的12%和本国大企业的16%就有资格获得进入政府采购合同的机会,如果政府合同金额低于10万美元,中小企业应当被优先考虑。除了政府单独采购,美国还创新性地建立了政府与社会资本的联合采购制度,建立针对发展前景良好的中小企业特别基金,小型企业只要合格就能获得高达85万美元的政府采购合同,这时合作私企需要对该小企业进行最高可达四倍采购或投资合同。此外,在美国《小企业法》中也明确规定,政府采购应给予中小企业不少于23%的份额。欧盟大多数国家也高度重视创造政府市场支持中小企业创新发展。如中小企业占据了法国政府采购市场60%的份额,并且在法国政府采购合同上有针对中小企业的特别优惠条款,即无需担保和无需预付款。意大利规定对中小企业的采购要进入占政府R&D经费2.5%的科研活动中。作为亚洲创新的先驱,日本将扶持中小企业作为政策采购的重点对象,制定了一系列明确的扶持计划,降低中小企业的准入门槛。如20世纪60年代,为支持本国计算机产业顺利起步,日本政府要求本国政府部门、国营机构、大学等财政拨款单位在购买计算机时必须优先购买国产品牌,该举措强力激励了其国内计算机产业的投资需求。在电子工业、汽车工业等支柱性产业中,日本政府采购对中小企业的保护和扶持力度也非常大。韩国规定,政府不仅对中小企业研发的新技术实施收购,还资助其技术中期试验和产业化生产。

(3)构筑约束更有力的政府采购监督机制

政府采购活动是一种有着多方主体的博弈式经济行为,完善且具有强约束性的监督机制将为各参与主体的目标和经济利益提供有力保障。政府采购对于企业技术创新而言，具有公益性和引导性，尽管财政资金使用绩效评估是必要的，但监督机制将从采购计划制定伊始至采购行为结束提供全方位、全过程的监督。发达国家重视政府采购监督机制建设，其中美国的政府采购监督体系最为系统。美国的政府采购监督体系具有多层次的特征，其以法制、竞争、申诉为三大重要原则。法制原则主要针对政府自身的采购行为，属于政府内部监督机制，以严格的招标制度、标准化采购制度、供应商评审制度、监察审计制度、交货追查制度确保政府采购实践运行在科学合理的轨道上。竞争制度则针对包括政府和其他市场主体在内的采购主体，体现的是市场监督机制，要求政府与市场中其他采购主体平等参与市场竞争，与供应商之间的一切交易行为都应当符合市场规则，保证政府采购公开化和透明化。申诉制度指的是公众或者供应商有权对政府的采购行为提出申诉，会计总署负责处理投诉事项，并要求政府部门落实处理意见。申诉制度拓展了法制原则和竞争原则，有利于维护政府采购的公正和公平。除美国外，欧盟国家法国也建立了健全的政府采购监督体系，其以议会监督、部级委员会监督、司法监督和公共会计监督为主，各个监督机构各司其职又协调配合，将监督机制的效力最大化。其中，议会全面监督政府采购计划、项目、标准及决算，部级委员会监督政府采购的执行过程，审计法院作为司法监督主体负责审定采购资金支出账目和决策者行为是否合法，公共会计以公共支出的具体执行环节监督政府采购行为及决算。毋庸置疑，监督机制越完善，政府采购行为不仅越合乎纳税人要求，也越能向规模不等的创新型企业创造更为公平有序的环境，鼓励其放心地开展创新，从而铺垫美国、法国等创新型国家的技术强国之路。

(4)实行高透明度的电子化政府采购方式

WTO《政府采购协议》中有一项非常重要的原则就是透明度原则，成为各国在政府采购中必须遵守的基本原则。该原则要求政府采购机构应当及时将合同授予与不授予的理由向公众作以通知和解释，授予的合同需要在 72 天内对外公开；政府采购机构应将采购相关的文件、报告和电子资料自合同授予开始保留，保留期限不短于 3 年；缔约方应将合同的相关数据提交至政府采购委员会,并公布在官方网站上等。据此原则,发达国家政府多指定特定的媒介刊载政府采购信息,如报纸、专业刊物、网络等。欧盟的官方期刊(*The Official Journal of the European Communities*)是欧洲用来公布公共采购信息的媒介,每个星期发布400～500个合同公告,涵盖采购的货物信息、合同语种、截止时间及供应商资质指标,如财务能力、经济能力等。德国要求政府部门所需要的产品和服务全部经由网络招标系统采购。该网络招标系统由德国联邦内政部、经济、交通及建设部合作研发,并扩展到国防部门及地方政府采购部门,等于把其国内所有的政府采购作业都实行了电子化,产品和服务的价格透明度更高。这种电子化的政府采购方式打破了时间和地域局限,对政府部门和企业尤其是中小企业来说都是重大利好,企业可以降低投标成本,同等参与竞争,中标机会比传统线下方式更大,而且政府也能够购买到物美价廉的产品和服务。尤其是能够促使企业在参与竞争中及时掌握技术发展动态,明白自身在产品技术研发及生产上的缺陷,从而调整经营模式,降低企业试错的成本。这种覆盖全国政府采购部门的统一电子化采购方式值得我国和江西省借鉴,以克服区域间的职能部门分割、各自为政、系统设计与开发水平参差不齐的弊端,保障财政资金的采购绩效,并通过增加中小企业创新需求提升其创新能力。

(5)灵活地规避政府采购协议规则的约束

签约了WTO《政府采购协议》的大多数发达国家在政府采购实践中都会采取灵活措施来规避GPA规则的约束。主要做法有三种:第一,在采购本国产品(服务)时充分利用《政府采购协议》中的例外条款加以保护。日本将"以有偿转让为目的取得货物或为转让该货物所必须直接确定的服务合同""以防卫厅经费采购的货物合同"以及"涉及国家秘密的货物采购合同或特定服务采购合同"视为例外条款。第二,为了增加低于《政府采购协议》金额限定的政府采购合同数量,对合同进行拆分处理。日本通过拆分政府采购合同,大大降低了高于《政府采购协议》所规定门槛金额的合同数量,1983～1992年超限额的日本政府采购合同比例为40.8%,1997～2003年则降至33.1%。第三,实行贸易补偿机制。要求中标外国供应商对采购国的产品和服务也要有一定比例的采购,要求将某些技术转移至采购国，要求为采购国提供一定就业岗位等。在我国至今未能成功加入 GPA 的情况下，不妨考虑放宽部分文本形式上的诉求，而在政府采购实践中借鉴国外的典型做法以平衡部分利益。

从以上分析可以看出，为了最大限度地鼓励企业技术创新，国际上工业化发达国家和新兴工业化国家均依据本国创新体系的特性、政治制度和经济体制制定了较为完善和系统的财税激励政策，并随着经济发展和体制变迁进行适度调整，使得政府与市场两股技术引导力量在博弈中得以均衡，创新激励效应得以充分释放。演化经济学认为制度产生于特定时空情境中，历史沉淀和文化脉络内含于其中。欠发达国家在模仿制度时不能“全盘西化”，应当基于对自身时空特定性的认知对制度进行适应性改造，使之与自身的经济、社会和文化相匹配。我国正处于社会主义市场经济建立过程中，经济条件、政治体制和文化氛围决定了在构建激励企业技术创新的财税政策体系中，对国外的经验做法要有选择地进行借鉴和吸收，以避免落入盲目的制度引入陷阱。

6.2　国内激励企业技术创新的财税政策经验

6.2.1　国内激励企业技术创新的财政投入政策经验

考察我国财政科技投入的概况及省域差异，不难发现，北京、上海、广州、江苏等发达省市的财政科技投入总量位居全国前列，有着完善的科技投融资模式，具有较高的财政科技投入产出效益，这些地区在技术进步的拉动下形成的综合经济实力成为其他省份比学赶超的目标，其以财税政策鼓励技术创新的经验对于欠发达的江西具有积极的借鉴意义。

(1)建立财政科技投入的稳定增长机制

国内发达省市尤为重视财政科技投入对区域技术创新的引导和支撑作用，一方面严格执行国家各种关于科技投入的要求，另一方面发挥地方雄厚财政的巨大潜力，制定具有区域特色的科技投入政策，逐年加大财政科技支出，形成了财政科技投入的稳定增长机制，为企业技术创新乃至全社会形成“大众创新，万众创业”的氛围奠定了坚实的物质基础。2007～2016年十年间，财政科技支出占财政支出比重位居全国前列的北京市保持在年均5.57%的水平，上海市保持在5.46%，广东省保持在3.89%，同时期内江西省财政科技支出占财政支出比重最高值尚不及北上广最低值的二分之一。在R&D投入强度方面，北京市近十年里历年R&D投入强度接近6%，上海市接近4%，广东省接近3%，而江西省2016年才跨过1%。在总量及增长率方面，以广东省为例，2016年广东省财政科技支出额为742.97亿元，比2015年的569.55亿元增长了30.45%。江西省2016年财政科技支出总量为83.12亿元，比上年增长了11.14%。可知江西省无论比例还是总量都与发达省份相去甚远。财政科技投入的高低影响着区域科技发展战略的实现。江西省应当积极贯彻“科教兴赣”的发展理念，执行国家层面及省级层面“财政科技支出增长幅度高于同期财政经常性收入的增长幅度”的规定，大力提高财政科技投入占GDP的比重，短期内向发达省份科技投入水平靠近，从长期来看还应达到美国、韩国、日本等世界发达国家的科技投入水平。

(2)探索符合实际的科技投资融资模式

国内发达省份积极探索符合自身省情的主体型的投融资模式，在鼓励企业成为技术创新主体的同时以日渐多元化的科技投入模式扩大创新资金来源渠道，一方面重视财政科技支出和企业自身R&D投入，另一方面以发挥财政“四两拨千斤”的作用引导国外资金和金融机构资金介入创新领域，推动技术创新国际合作，促使科技与金融相结合。北京市建立了政府企业双主导型的科技融资模式。该市科技资金来源较广，来自政府的资金比重长期稳定在40%～55%，2016年北京市R&D经费内部支出为1 484.58亿元，其中政府资金为802.61亿元，占比54.06%，企业资金为563.67亿元，占比37.97%。此外，北京市还建立了科研机构和企业双主体型的科技融资模式，2016年R&D经费内部支出执行中企业占比37.75%，科研机构占比49.18%。上海市则建立了企业主体型的科技投融资模式，2016年R&D经费内部支出执行中企业占比

61.96%，科研机构仅占比26.63%。广东省以财政资金引导社会资本加大对企业技术创新和产业化项目的投入力度，科技金融、普惠性政策实施情况良好，后补助、以奖代补等具有创新性的财政支持效应较好。江苏省探索了从财政资金无偿使用到有偿使用的新机制，如设立天使投资引导资金向已投资种子期或初创期科技型小微企业的天使投资机构提供不超过首轮投资额30%的风险准备金并要求地方按照20%进行配套；建立科技信贷风险补偿机制，推广“苏科贷”，设立了该省科技成果转化风险补偿专项资金池；积极发展科技保险和担保业务，专门设立科技担保风险补偿和科技保险保费补贴两类省级科技金融发展专项等。根据第四章的分析情况可知，江西省在经济总量没有明显优势以及企业竞争能力不够突出的情况下，在科技投融资模式方面过早地进入了企业主导型，这在很大程度上影响了企业的创新积极性。江西省当前应借鉴北京模式，保持政府的R&D支出维持在一定合理空间。同时，在政府资金对于中小企业拨付空间有限的情况下积极探索其他鼓励中小科技型企业创新的融资模式，如具有上海市特色的种子基金、深圳市创业投资融资平台等引导金融机构向中小企业投资。

(3)以基础研究提升技术的全国辐射力

虽然整体上我国基础研究投入较为滞后，但具有创新思维的部分发达省份的在加大财政科技支出总量的同时，通过整合财政资金积极优化财政科技支出结构，逐渐提高基础研究的支出比重，扶持创建基础性研究平台，打造区域基础研究水平在全国范围内的核心辐射力。广东省依据知识创新、技术创新、转化应用、环境建设四大创新链环节，将省财政科技资金整合为五大专项，分别是基础研究、公益研究与能力建设、前沿与关键技术创新、产业技术创新与科技金融结合、协同创新与平台环境建设。深圳市尤为注重源头创新，将支持基础研究作为提升企业技术创新能力的重要切入点，取得了诸多令世界瞩目的成绩，如华大基因研究院在2007年发布了全球首份完整中国人基因组图谱，同时也是首个亚洲人全基因组序列图谱。这与财政的大力支持是分不开的。在以财政支持创新公共服务平台体系和创新条件方面，深圳市也走在了全国前列，取得了“炎黄计划”等代表性的世界级技术成果。深圳市也十分注重对公益研究领域的财政投入,通过支持节能环保、新能源新材料将财政科技资金的社会效益充分释放出来。2016 年北京市基础研究经费支出占 R&D 经费支出比重为 14.22%,上海市为 7.39%,而江西省仅为 2.26%。江西省应当改变“撒胡椒面”式的财政投入方式,增加对基础研究的投入,重点支持基础性技术和产业共性技术,并且加大技术创新基础设施建设。

6.2.2 国内激励企业技术创新的税收优惠政策经验

我国税收优惠政策制定权限基本锁定在中央,地方层面大多是执行既定的政策。支持企业开展研发活动并鼓励企业投资于创新领域已成为世界各国税收优惠和政府激励的重点。研发费用加计扣除因具有相比较其他税收优惠政策更强的创新激励效应,得到了国际社会的普遍认可和采用,国内大多数省市也十分重视执行国家层面的研发费用加计扣除政策,由此形成了一系列值得江西省在运用和落实中的该项政策甚至其他技术创新税收优惠政策时借鉴的经验。

(1)制定操作性强的税收优惠指南

为解决企业仅依据相关政策进行实际操作时存在的困难与问题,广东省、上海市、山东省、湖北省、辽宁省、江苏省、陕西省等省市先后制定了《企业研究开发费用税前扣除实操指南》《上海市企业研发费用加计扣除操作手册》《山东企业研究开发费用加计扣除管理操作指南(试行)》《企业研究开发费用操作指南》《企业研发费用税前加计扣除政策操作指导》《企业研发费用加计扣除操作规程》和《陕西省企业研究开发费用加计扣除管理操作指南》等便于企业接受的文件,就如何认定研究开发活动、对研究开发活动如何进行会计核算、研究开发费用的税务处理等一系列具体操作内容进行了详细解答。以 2009 年广东省率先在全国出版的《企业研究开发费用税前扣除实操指南》为例,该指南分别从“企业研究开发费用税前扣除的政策变迁”“研究开发活动的认定”“研究开发活动的会计核算”“研究开发活动的涉税处理”“企业研究开发费用税前扣除的鉴证实务”“企业研究开发费用税前扣除案例”和“研究开发费用税前扣除政策的常见问题释疑”七个方面全面、系统、详细地介绍了企业研究开发费用税前扣除政策的沿革、政策的精神实质、加计扣除的实操流程以及在此过程中可能遇到的典型问题与对策。其既能将复杂的实际操作技术深入浅出地加以解释，又能联系实际工作中可能出现的细节问题加以举例说明，对于帮助政府有关部门、企业、财税工作者认识、了解、掌握税前扣除的实操技巧有非常强的指导性。江西省近年来也出台了《江西省企业研究开发费用税前加计扣除操作指引》，但依然要依据实践工作不断进行调整和修正，以使得该指引具有更强的操作性。

(2)建立部门联动的协调工作机制

在加强企业研发费用加计扣除政策落实的过程中，部分省市形成了部门联动的协调工作机制。如山东省济南市为贯彻落实企业技术创新的税收激励政策，增强企业技术创新的动力，2009 年该市经委联合科技局、地税局和国税局联合下发《关于进一步规范企业研究开发费用税前扣除工作的意见》(济经技装字[2009]4 号)，保证企业研究开发费加计扣除政策的落实，加强税收管理，提高行政效率。2012 年为贯彻落实鲁政办发[2012]24 号文件精神，加快创新型城市建设步伐，结合该市实际，科技局、财政局、国税局和地税局联合下发《关于充分运用研发费用加计扣除政策推动我市企业技术创新的实施意见》，就充分运用研发费用加计扣除政策，进一步推动企业技术创新工作，提出了补充意见。2012 年 11 月底，为贯彻落实鲁经信技字[2012]355 号文件要求，联合税务部门对企业自主研发项目进行鉴定，共有 11 家企业 29 个项目通过了鉴定，项目研发投入共计 19 030 万元，进一步加大加计扣除优惠政策的落实力度。在政策落实工程中，该市经信、财政、科技、国税、地税部门密切联系，协同配合，明确分工，加强政策配套联动，提高工作效率，形成了推进企业研究开发费加计扣除政策落实的合力。经信、科技部门加强与各部门的沟通，制定企业技术创新项目指南及技术创新项目的鉴定工作；财政部门根据预算加大对企业技术创新项目的扶持力度；税务部门严格依法治税，紧抓企业研发费用加计扣除政策的贯彻落实。内蒙古自治区科技和税务部门协调沟通，从项目技术领域认定和研发费用归集等实际操作环节开展联合培训。江西省在科技税收工作方面的部门协调机制还不够完善,需要借鉴国内其他城市的做法加以完善。

(3)试点带动全辖区对政策的落实

部分省区在开展加计扣除项目认定和管理过程中,采取以试点带动全省、市对加计扣除政策的落实。如上海市以浦东为试点,优化完善浦东新区加计扣除实施流程,使得浦东新区"研发费用加计扣除"工作多年来位列全市第一。2012 年 9 月,上海市国税、地税、科委联合向该市各区县税务局、科委,市税务三分局、市科技创业中心转发了《浦东新区企业研发费用加计扣除流程》,要求各单位结合本地区实际工作学习借鉴,提高企业研发费用加计扣除税收优惠政策的操作效率,以此规范了各区县操作流程与实施细则。广东省确定东莞市和中山市为全省加计扣除政策落实工作的重点试点市,从培训师资力量、行政工作指导等方面重点支持两市的政策落实工作,推广两市的先进工作经验,加大督促和指导工作力度,以带动其他各市加快推进企业研究开发费加计扣除政策的落实。

(4)搭建研发项目信息化鉴定平台

为推进企业研究开发费用加计扣除政策的落实,部分省市建立了专门的研发项目鉴定平台。如江苏省连云港市建立了企业研究开发项目在线确认管理平台,广东省广州市建立了企业研发项目受理与技术鉴定信息化系统。通过平台及时将相关填报通知、政策与政策解读公布于在线平台上,同时实行企业研究开发项目确认在线申报、受理与技术鉴定,实现了网络化管理,并设置了下载专区与在线帮助栏目。北京市成立了研发项目鉴定工作小组,对项目的政策相符性进行鉴定;四川省在创新型企业中建立了联络员制度,成立了技术开发费认定办公室,开展研发项目认定备案和政策咨询服务。

(5)对加计扣除项目实行集中评审

部分省市针对研发项目数量大、评审难度大等特点,财政、国税、地税等部门联合组织企业研发费用税前加计扣除项目评审会。如河南省郑州市在 2014 年,由该市科技局牵头,联合财政局、市国税局、市地税局、新区国税局、新区地税局、省地税直属局7部门召开了郑州市2014年度企业研发费用加计扣除项目专家鉴定会，针对该市该年度申请加计扣除额达17.68亿元的1 650个项目进行鉴定。事实上，该市多年来都实行专家集中鉴定方式，大大提高了评审的科学性和效率。安徽省科技部门组织专家对企业申报的研发费用加计扣除项目进行集中审核，并由科技部门承担审核费用。

上述国内省市采取的执行研发费用加计扣除政策的经验性做法，同样也适用于江西省在执行其他税收优惠政策时进行借鉴。这些经验归纳来看，主要就是从加强政府内部之间的协作与交流从而提高税收优惠政策执行效率，以及畅通政府与企业之间的联系以鼓励企业在满足申报条件的前提下用足用好各项优惠。

6.2.3　国内激励企业技术创新的政府采购政策经验

(1)构筑完善的政府采购政策体系

创新型国家以政府采购激励技术创新主要从四个方面入手，分别是采购高新技术产品、激励中小企业发展、以绿色政府采购激励节能环保产业发展、鼓励政府采购国货。① 考察我国国家层面及典型地区的政府采购政策及举措可知，均在一定程度上借鉴了创新型国家的政府采购机制并出台了相适配的举措，并且还创造性地提出了独具我国特色的“首购首用”风险补偿机制，即以风险补贴和保费资助等形式鼓励政府采购部门采购首台(套)重大技术装备或新技术新产品(服务)。北京市作为我国政治、经济文化中心，是典型的创新地区，其充分遵循国家层面各个维度的政府采购政策指导，出台了相对完善的配套措施，或以试点的方式实行新的支持手段，如表6—2所示。

① 刘云，闫哲，程旖婕，等. 政府采购促进科技创新的政策作用机制及实证研究——以北京市为例[J]. 中国软科学，2017(8)：9—20.

表 6—2　　北京市以政府采购激励技术创新的政策维度及具体举措

政策维度	国家层面	北京市
激励新技术新产品(服务)推广应用	首台(套)重大技术装备认定	北京市新技术新产品(服务)认定/首购/订购/首台套重大技术装备试验与示范
激励科技型中小企业发展	中小企业认定/政府采购信用担保/鼓励联合体采购/平等对待/预留份额/评审优惠/鼓励分包/款项支持/中小企业培训	北京市政府采购信用担保/对小微企业开展定向采购/预留份额/评审优惠/合同分包
激励节能环保产业发展	节能产品认定/优先采购节能产品/强制采购节能产品/环境标志产品认定/优先采购环境标志产品/推动采购新能源汽车	—
支持国货与采购进口产品管理	国家自主创新产品认定/政府采购评审优惠/首购/订购/采购进口产品财政审核/专家论证	北京市自主创新产品认定/政府采购评审优惠/首购/订购
建立"首购首用"风险补偿机制	国家首台(套)重大技术装备风险补助/保险费资助	北京市首台(套)重大技术装备试验风险补助/保险费资助/新技术新产品(服务)保险费资助

北京市除了在激励节能环保产业发展方面的政府采购政策较为滞后,其他维度的政府采购政策文本数量均位居全国前列。在激励中小企业发展的政府采购政策方面,广东省以地级市政府为政策制定和发布主体,陕西省在政府采购信用担保方面较为突出,江苏省的政策措施也相对完善。在支持国货和采购进口产品管理方面,广东省、江苏省详细规定了政府采购进口产品管理的实施细则。在激励节能环保产业发展方面,由于我国长期实行要素驱动模式,大多数省市都缺乏相应政策文本。在"首购首用"风险补偿机制方面,江苏省、浙江省和上海市政策体系较为系统化。以上这些省市政府采购政策有着较为全面的作用维度和相对完善的配套举措,均值得政府采购政策体系还不完善的江西省借鉴。尤其是江西省应抓住建立"全国生态文明先行示范区"的契机,在以政府采购激励节能环保产业发展方面积极作为。

(2)创新支持中小科技企业的模式

北京市重视通过政府采购支持中小科技型企业创新发展,形成了独具特色的“北京模式”，主要分为 5 种类型。[①] 第一，技术换市场模式。企业利用自身技术优势与地方政府合作运营市政类项目，以此获得稳定的项目来源和资金收入，良好的市场出路极大地调动了企业持续创新的积极性。第二，信用资质撬动模式。企业利用自身良好的银行信用、纳税信用等资质获取政府采购的青睐。第三，首购垫台阶模式。政府采购为创业初期的“三无”（无可抵押物、无担保方、无银行信用记录）小企业打开市场，助其打造良好的口碑以获得进入金融市场的能力，从而解开“供血机制”不畅的死结。第四，技术影响力推动模式。企业因为拥有在某个领域的技术影响力而进入政府采购自主创新产品目录。第五，政府园区扶持模式。政府采购支持工业园区重点培育的中小企业。“北京模式”有效扶持了该市中小企业创新发展，使得中小企业在政府采购合同中所占份额逐年增加，从 2010 年的 60％上升到 2013 年的 90％以上，高于全国 80％的平均水平。具有多元化特征的“北京模式”值得模式单一化、采购机制较僵硬的江西省政府和企业借鉴。

从上述国内其他省市利用三大财税政策工具激励企业技术创新的总结性经验来看，发达省份重视企业技术创新对提高区域经济发展水平的作用，遵循国家相关财税政策的指导，并在政策调整权限内创新财税政策工具的使用和经费管理，以最大化地释放其技术创新激励效应。对于创新环境不优、创新驱动能力弱的江西来讲，应当积极借鉴发达省份在政策制定和执行方案的典型经验，一方面应通过见效较快的财税政策工具鼓励企业加大研发创新，以技术创新引领区域全面创新；另一方面要科学优化区域创新环境，促使创新资源向企业聚集，激励科技成果向现实生产力转化，将提升企业创新能力作为政府各项技术创新公共政策的长远目标。

① 王厚全，侯立宏. 北京市政府采购促进中小企业创新发展模式研究[J]. 科技管理研究，2016(6)：85—87.

第七章

完善激励江西省企业技术创新的财税政策的建议

政府在建设创新型省份中起着主导性的作用，财税政策是政府实施宏观调控的重要手段。当前江西省经济发展模式正处于资源主导型和投资主导型向创新主导型的转轨阶段，尤为需要政府采取直接或和间接的引导手段，将外界创新动力和企业内部创新动力有机结合起来，激发企业持续开展技术创新活动。本章首先厘清完善江西省企业技术创新的财税激励政策的思路、原则和目标，然后充分借鉴国外技术创新财税政策经验并基于江西省省情，提出具体的对策建议。

7.1 完善激励江西省企业技术创新的财税政策的思路、目标及原则

7.1.1 政策思路

(1)以江西省中长期科技发展规划和江西省“十三五”规划对科技创新的战略要求为财税政策制定依据

①《江西省中长期科学和技术发展规划纲要(2006～2020年)》的战略要求

《江西省中长期科学和技术发展规划纲要(2006～2020年)》提出，江西省中长期科学技术发展的总体目标是："到2020年，科技进步综合水平达到全国中等水平，新材料、中医药等重点领域科技水平进入全国先进行列，初步实现创新型江西战略目标，为全面建设小康社会提供支撑。"同时，提出了四个方面的具体目标和科技发展的主要指标，如表7—1所示。该规划跨度为3个五年计划，提出的战略目标对于省域科技发展具有宏观的指导意义。依据该纲要要求，财税政策对企业应当从支持技术研发投入(提高企业研发投入)、技术成果转化(激励专利授权量增长)和技术产业化(实现高新技术产业增值)等方面介入。

表7—1　　2020年江西省科技发展的主要指标

指　标	2020年目标
全社会研究开发投入占国内生产总值的比例	2.5%
科技进步贡献率	60%
专利年度授权量年均增长	10%
高新技术产业增加值占工业增加值的比例	40%

②《江西省国民经济和社会发展第十三个五年规划纲要》的战略要求

《江西省国民经济和社会发展第十三个五年规划纲要》提出，"把创新摆在发展全局的核心位置，坚持重点领域创新与大众创业万众创新结合，坚持企业主体与协同创新融合，坚持创新链与产业链、资金链有机衔接，以科技创新为重点统筹推进全面创新，加快迈向创新型省份行列。"并要求"充分发挥市场配置创新资源的决定性作用，进一步强化企业创新主体地位和主导作用，加快推动政府职能从研发管理向创新服务转变，大力实施创新驱动'5511'工程，全面提升科技进步对经济发展的贡献度"。该纲要要求强调了企业创新主体的对于创新型省份建设的重要性，强调了政府在推动企业创新中应实现角色的转换。依据该纲要要求，财税政策应当大力支持企业成为江西省的创新主体，政府不仅要从资金、政策方面对企业予以直接性的支持，更应该激励创新人才、平台、资源等要素向企业聚集，并积极优化企业创新环境。

③《江西省"十三五"科学技术发展规划》的战略要求

《江西省"十三五"科学技术发展规划》提出，江西省"十三五"期间科学技术发展的总体发展目标是："科技支撑和引领经济社会发展的能力显著提升，重点领域和优势学科的科技创新能力显著提升，科技成果转化和技术转移能力进一步增强，具有江西特色的区域创新体系基本形成，符合科技创新要求的体制机制更加健全和充满活力，使创新成为驱动经济增长的主动力，初步实现创新型江西的建设目标。"同时，还提出了十大具体目标(如表7—2所示)。该规划要求对加大企业创新投入、培育企业创新资源、优化企业创新环境等方面提出了硬性指标要求，对于财税支持政策来讲，作用点更为细化和精准，具有高度的实践指导意义。

表7—2　　江西省"十三五"科技发展的主要指标

一级指标	二级指标	2020年目标
科技进步综合水平	全国位次 科技进步贡献率	前20位 60%
科技投入	全社会R&D经费支出占国内生产总值(GDP)的比重 规模以上工业企业R&D经费支出与主营业务收入之比	2.0% 1.0%
科技创新人才和团队	专业技术人才 各类国家级创新人才和团队 新增院士	100万人 50个 1～2名
创新平台和载体建设	新增创新平台和载体	50个
自主创新能力	专利申请总量 专利授权总量	10万件 6万件
企业创新能力	新增高新技术企业	1 000家
科技协同创新	重点研发专项 科技协同创新体	50项 50个
技术成果转移转化率	技术合同成交金额	100亿元
支撑和引领产业发展升级能力	高新技术产业增加值占规模以上工业增加值的比重	30%
科技创新公共服务体系和功能	科技公共服务机构	100家

(2)完善江西省企业技术创新的财税政策的基本思路

第一,依据各项财税政策的功能范围,在企业不同发展阶段采取有针对性的财税激励手段。一般来讲,对于基础研究、战略性高新技术、共性关键技术以及低碳、节能、环保等有利于经济社会发展的技术创新,供给面的财政投入政策应发挥主要的支持作用,克服由于外部性和不确定性导致的企业技术创新市场失灵。对于环境面的税收优惠政策而言,其具备更为显著的激励性效应,主要是通过涵养企业技术创新财力,激励和引导企业健全技术创新机制,营造良好的技术创新内外部环境。政府采购是一种需求型的政策,侧重点在于技术创新的后期环节,通过对高新技术产品的采购,拉动新兴产业和高新技术的产品需求,使得企业既有投入产生良好的经济效益。

第二,完善财税政策及其相关配套设施,强化财税政策和配套措施之间的协调运作。财税政策的调研、制定、执行、反馈和调整是一个衔接密切、注重协调的有机过程,任何一个环节衔接不到位,都有可能产生政策真空地带,影响政策的实际效果。对于江西省来讲,在用足用好国家层面的财税政策的同时,要对省级层面支持技术创新的政策体系进行全面的归纳和整理,让政策思路清晰化,调整设置重复或者可操作性差的政策条款,及时取消过时、交叉的政策条款。同时,加强对政策执行过程中的政策评价和政策跟踪反馈,及时了解企业对创新政策的需求,以动态的协调机制来强化政策工具的综合效力。除了完善财税政策,还应该通过一系列公共政策完善企业技术创新的相关配套设施,从创新制度革新、创新资源聚集、创新环境优化等方面为企业技术创新提供支持。

7.1.2 政策目标

激励创新的财税政策目标是政策在宏观层面取得的成效,根据江西省当前企业技术创新现状,财税激励政策应当分为短期目标和长期目标两个层次,既要解决动力不足的问题,也要解决能力不足的问题,并提高全社会创新水平。

(1)短期目标:激发企业技术创新动力

企业技术创新动力不足的主要原因在于,技术创新成果的公共品属性与创新收益的不确定性使得企业技术创新无法获得与其既有投入相匹配的收益。利润最大化始终是企业的追求,在激烈的市场竞争氛围下,企业投入个体成本来增进社会福利不利于其生存,唯有创新收益得到了保障和弥补,企业的创新动力才有可能被激发出来。因此,创新政策若要发挥激发企业自主创新动力的功能,必须将建立创新收益的保障机制作为政策设计的关注点,财税政策的宏观调控功能和微观扶持功能无疑能达到这一目的。因此,从短期来看,政府应当通过财税政策进行创新资金配置和创新资源配置,解决企业技术创新的现实困难并提供现实的增加预期收益、减少预期成本的机会。

(2)长期目标:提升企业技术创新能力

当企业技术创新积极性被激发出来,全社会的技术创新投入有可能达到或接近于社会期望的最优水平,但是企业技术创新活动并不一定能够快速提升企业创新能力,唯有高质高效的技术创新行为才能实现企业技术创新能力的跨越,实现对先进技术的追赶。然而,区域创新系统中的基础设施失灵、制度失灵、交互失灵和升级能力失灵等"系统失灵"问题,掣肘了企业技术创新行为的效率。创新政策必须发挥在完善基础设施、构建创新制度、优化交互关系、增强升级能力等方面的政策功能。因此,从长期来看,政府应当通过改善企业技术创新的基础条件和政策环境,优化企业创新的良好氛围,最终提升企业技术创新能力。

7.1.3 政策原则

按照社会主义市场经济体制下的公共财政职能的要求,结合江西省实际,确立财税政策支持企业技术创新的原则,主要包括间接引导原则和系统协调原则。

(1)间接引导原则

第一,充分发挥政府对企业技术创新的支持和引导作用。要充分发挥政府对企业技术创新的支持和引导作用,突出财税制度和政策创新,打造激励企业技术创新发展的长效机制。重点支持具有较强外溢性的技术的发展,完善现行财税扶持政策，消除制约企业技术创新的制度障碍，营造企业技术创新的良好环境。

第二，立足于市场机制构建激励企业技术创新的政策体系。明确政府与市场机制在企业研发创新中的定位和分工。充分调动市场机制的基础性和决定性作用，发挥政府在市场机制失灵领域的“补位”作用，做到不“越位”、不“缺位”。明确政府和企业的责任，以财税等政策为引导，建立利益调节机制和制度，推动产学研用有机结合，推动企业提高创新技术水平和区域创新能力升级。

第三，根据企业技术创新阶段调整政府和市场关系。在企业技术创新不同阶段，要正确处理好政府和市场的关系，实现财税政策与市场机制的有机配合，高效发挥财税政策的作用。一方面，政府通过制定和实施财税政策激励企业技术创新，矫正市场失灵，提高企业技术创新效率；另一方面在技术形成产业化和商业化运作后，政府应减少对企业的干预，破除“大包大揽”，让市场机制激发企业实现其经济效益和社会效益，维护企业之间的公平竞争。

(2)系统协调原则

第一，注重政策体系之间的协调配合。现行激励企业技术创新的财税政策缺乏协调性和系统性，影响了政策的实施效力，因此，完善激励企业技术创新的财税政策必须克服这一缺陷。首先，支持企业技术创新的财政政策设计要基于精确的标准并兼顾灵活性，给各地结合当地实际对政策进行调整的空间。其次，将财税和金融、价格政策等有机结合。尤其是要强化财税政策的作用力，运用投资、补贴、政府采购和税收等多种财税手段，并且促使各种政策手段协调运作，汇聚政策合力。再次，建立起正负向相结合的财税激励制度。不仅要完善如增值税、所得税、营业税等主要税种的税收优惠，体现财税政策的正向激励作用，还应通过征收碳税、资源税等方式鼓励企业绿色技术创新。

第二，注重政策目标的短期和长期效应。企业技术创新从技术研发、技术成果转化、技术产业化到最终消费的周期较长。当前江西省高新技术产业的投资规模还较小，突破技术研发瓶颈、提高技术创新能力、降低研发投入成本和提高创新投资收益都是企业不得不面对的现实问题，因此，财税扶持政策应当考虑政策目标的短期和长期效应。从短期来看,可以通过组建多形式的融资平台,畅通企业融资渠道,鼓励社会资本参与研发投资活动,激励企业的创新动力。从长期来看,应该配置企业市场化运作能力,在研发初期和中期通过财政直接投入、税收优惠、政府采购等政策予以扶持,促使企业技术创新成果产业化生产和商业化运作,将财税政策与市场机制有效结合,增强企业竞争能力,实现企业自我发展。由于企业技术创新财税扶持政策的短期目标和长期目标并不存在完全的一致性,因此在制定和实施技术创新财税政策的过程中,应当注重考虑政策的过渡性和协调性,以解决当前企业技术创新的问题和障碍为首要任务,并将中长期目标贯穿其中,以构建和完善江西省支持企业创新发展的财税政策体系。

7.2 完善激发企业技术创新动力的财政投入政策

财政科技投入是通过对创新主体的直接资金资助激发其创新动力,从而推动区域技术水平进步与创新能力提升。纵观工业化国家的创新发展模式,从工业化初期的政府主导到工业化中期的政企双主导到工业化成熟期的企业主导,政府对技术发展的支持从未停歇。对于处于转型发展期的江西省来说,政府财政资助应当成为企业乃至全社会创新活动的主要资金来源,发挥政府资金的杠杆效应鼓励企业增加投入。结合本书研究,财政投入政策的完善应当从以下几个方面入手。

7.2.1 加大优化宏观创新环境的财政科技支出

(1)健全科技投入的财政体制和法律机制

第一,以明晰的事权和支出责任划分提高各级政府加大科技支出积极性。首先,厘清省、市、县三级政府的科技事权和支出责任,保障基层政府有一定的实际权力,以促使其将激励企业创新的财政措施落实到位,让企业从政府的支持中获得切身的利益。其次,以减轻基层政府负担为原则,改革配套科研项目基金的使用办法，降低或直接取消省直管县的财政配套项目比例。最后，由于市县实行了“分锅吃饭”，市级政府降低了对县的扶持积极性，应当建立起县、市之间在政治、经济等方面利益相挂钩的新机制，使发展较快、较好的市、县能够产生在财政和经济上带动不发达地区的支持创新的意愿。

第二，完善科技财政资金预算管理机制。在江西省财政经常性预算和建设性预算中，建立起支持企业技术创新的财政支出预算机制。根据重点支持项目的技术状况，首先通过省级财政预算拨付一定额度的技术研发启动资金，再根据江西省和企业所在地级市当年经济发展状况，追加一定比例的财政资金，确保技术研发资金的充足、持续和稳定。同时，江西省还应当努力争取中央财政对地方专项转移支付资金，并配备相应的配套资金。对于江西省支持企业技术创新的财政预算投入资金和中央财政的专项拨款，应当建立预算资金专款专用的制度和科学的财政预算资金管理模式，通过各级人大、财政部门等加大对财政预算资金的监督和考评制度。

第三，强化财政科技投入的法律保障机制。当前无论是从国家层面还是江西省地区层面来看，财政科技投入总量都明显不足，财政科技投入强度也与发达国家和地区相差甚远。尽管国家《科学技术进步法》和《江西省科技创新促进条例》能够起到一定的督促江西省各级政府增加科技经费投入的作用，但无法从根本上保障科技投入。这是因为，虽然它们提出了政府科技经费的投入要高于经常性财政收入增长的要求，但却因为缺乏必要的配套政策法规以及实施细则，法律约束的权威效力不高，政策落实并不充分。综合国内诸多学者的研究，建议国家层面应该出台“科技投入法”，江西省应该出台“江西省科技投入条例”，并配之以相应的实施细则，将政府科技投入的法律地位以及经常性财政收入的标准化口径以法律、条例的形式固定下来，形成财政科技投入的法律保障机制。

(2)建立稳定的增长机制，确保财政科技投入总量有增无减

科技投入是技术创新的物质基础，财政科技投入规模是国际上衡量国家或地区技术创新能力的重要指标。近年来，江西省财政科技投入的绝对量不断增

加,但财政科技支出占财政总收入的比重以及R&D经费占GDP的比重增长缓慢,与国内发达省份相比存在较大差距。2016年江西省R&D经费支出占地区生产总值的比例仅为1.13%,低于全国平均水平0.98个百分点。尽管《江西省科技促进条例》规定,“从2015年起,实现省级财政科技拨款占省级财政支出的比例不低于2.5%,设区市和县(市、区)级地方财政科技拨款中地方财政支出比例达到2%的目标”。但实际上无论是省级层面还是地方层面,目标都尚未完全达到。依据2016年的统计数据,省级层面财政科技支出占财政总支出的比重仅为1.8%,尚有0.7%的差距。地级市层面有7个地级市尚未达标,县(市、区)层面尚有70个县(市、区)未达标。江西省各级行政辖区单元的财政支持创新的力度不足已经对全省企业创新活动产生了一定的阻碍作用。因此,江西省各级政府及有关部门应当按照国家及省级层面相关法律法规的要求,全面落实《江西省科技创新促进条例》对地方财政科技支出的法定目标,依法加大财政科技投入规模,建立健全财政科技投入稳定增长机制,不仅要保证财政科技支出增长幅度高于同期经常性财政收入的增长幅度,还要提高财政科技支出占财政总支出的比重,在实现法定要求之后持续保证这两项指标逐年稳定增长。

7.2.2 合理配置构建区域创新体系的R&D投入

(1)加大R&D投入力度,提高R&D投入总量和投入强度

第一,加大政府R&D投入以增强政府调动全社会科技资源配置的能力。虽然江西省财政科技支出规模逐年增加,但近年来50%以上科技经费未投向R&D活动,R&D经费中政府资金占比从2013年的52.31%降至2016年的28.04%,而且政府对R&D的财政支持力度增长水平低于同期可用财力增长和公共财政预算收入的增长。创新型国家的经验表明,在企业成为技术创新主体前,政府R&D经费曾长期占据主导地位,即使在企业实现自身实力跃升之后,政府企业双主导型的局面也持续了很长时间,如美国在1981～1990年保持了10年的政企双主导型R&D投入模式。当前江西省正处在追赶阶段,政府不宜将R&D投入主体的重任卸至企业,而是应不断加大R&D投入,改变全社

会投入水平徘徊低迷的现象。依据《江西省“十三五”科学技术发展规划》提出的科技投入目标，如果要在 2020 年全社会 R&D 经费支出占国内生产总值(GDP)的比重达到 2.0%的水平，那么在 2016 年 1.13%的基础上应当保持年均增长 0.22%的规模，2017 年应达到 1.35%，2018 年应达到 1.57%，2019 年应达到 1.78%(如表 7—3 所示)。

表 7—3　　江西省全社会 R&D 经费支出占国内生产总值的比重增长测算

指　标	2016 年	2017 年	2018 年	2019 年	2020 年
全社会 R&D 经费支出占国内生产总值(GDP)的比重	1.13%	1.35%	1.57%	1.78%	2.00%

第二，鼓励企业自身加大 R&D 投入以提高企业 R&D 投入强度。公平、有序的市场竞争环境能够激发企业加大 R&D 投入的积极性和主动性，使得企业通过技术创新获取经营利润。江西省 R&D 经费来源中企业占比畸高与企业自身低强度的 R&D 投入反差强烈，2016 年江西省规模以上工业企业 R&D 强度仅为 0.50%，与成为技术创新主体相距甚远。因此，政府应当大力完善市场竞争环境，并通过各类科技计划、财政补贴等财政投入政策工具，大力鼓励和引导企业增加 R&D 投入。同样依据《江西省“十三五”科学技术发展规划》提出的“规模以上工业企业 R&D 经费支出与主营业务收入之比”的科技投入目标，经过初步测算认为，如果要在 2020 年规模以上工业企业 R&D 经费支出与主营业务收入之比达到 1.0%的水平，那么在 2016 年 0.50%的基础上应当保持年均增长 0.13%的规模，2017 年应达到 0.63%，2018 年应达到 0.75%，2019 年应达到 0.88%(如表 7—4 所示)。

表 7—4　江西省规模以上工业企业 R&D 经费支出与主营业务收入之比增长测算

指　标	2016 年	2017 年	2018 年	2019 年	2020 年
规模以上工业企业 R&D 经费支出与主营业务收入之比	0.50%	0.63%	0.75%	0.88%	1.00%

(2)优化 R&D 投入结构,强化基础研究地位和企业创新地位

第一,提高基础研究经费占研发经费的比例。基础研究是一种实验性或理论性研究,没有任何专门或特定的应用或使用目的。基础研究投入不足,将使得基础研究发展缺乏动力,进一步影响高新技术、国防技术、健康技术等关系国计民生的科技领域的应用研究和试验发展研究,最终影响整个社会科技水平。基础研究具有收益主体不确定、收益大小不确定的特定以及公共产品属性,是公共财政应当保障的重点。江西省应当认识到基础研究的长期积累性以及基础研究对于技术创新的重要性,不遗余力地加大对基础研究领域的投入,逐步提高政府研发资金中用于基础研究的比例。美国在 1961～2000 年政府研发资金中基础研究投入的比例从 10%增长至 33.5%,年均增长 0.6%。江西省 2016 年基础研究经费支出占比为 2.26%,如果以美国年均 0.6%的增长幅度为标准提高基础研究经费占研发经费的比例的话,2020 年江西省基础研究经费占研发经费的比重应当达到 4.66%以上(如表 7—5 所示)。

表 7—5　　江西省基础研究经费占研发经费的比重增长测算

指　标	2016 年	2017 年	2018 年	2019 年	2020 年
基础研究经费占研发经费的比重	2.26%	2.86%	3.46%	4.06%	4.66%

第二,确立企业的技术创新主体地位。建立以企业为主体、市场为导向、产学研相结合的技术创新体系是建设创新型省份的关键。企业的主体地位主要体现在研发投入主体、技术创新活动主体和创新成果应用主体等方面。因此,首先要尊重技术创新的规律,将以政府、高校、科研院所为主体"院所—企业—市场"的科技投入模式转变为以市场为主导、企业为主体、产学研相结合的"市场—企业—院所"的科技投入模式。厘清政府和市场在科技投入上的职能边界,加大公共财政资金和科研项目向企业的倾斜力度,强化政府调配科技资源的能力。其次,将企业的重大科技需求反映到省级科技计划中。当前,江西省企业在一定程度上参与了省级科技计划,但参与程度仍然过低,在重大科研计

划和研发项目里企业仅仅是配角。增强企业的技术创新能力，要提高企业在基础研究领域的地位，省级科技计划尤其是重大科技专项要对承接科技成果的企业给予更多支持，鼓励企业按照国家产业技术政策，紧密围绕江西省产业结构调整和优化升级，重点支持具有自主知识产权且市场前景良好的新产品开发，努力培育和形成一批江西工业新的增长点。在市场前景明朗的领域里建立企业牵头、产学研协同的项目实施机制，确保项目顺利完成和技术成果转化。对于重大创新产品和技术，向企业以招标方式寻求研发机构。

7.2.3　以更科学的资助手段激励企业技术创新

(1)创新财政科技投入方式，重视“后补助”和“创新券”的激励作用

将传统的“事前补助”“直接补助”“无偿资助”改为“事后补助”“间接补助”“有偿资助”为主的投入方式，提高企业申请创新补助的积极性。大力推广科技创新券，重点支持科技型中小企业购买技术研发成果、使用大型科学仪器设备、购买知识产权、法律咨询、技术服务、创业导师服务等，降低企业科研成本。运用以奖代补、贷款贴息、投资入股、融资增信等方式，支持科技研发、成果转化和条件建设。

(2)对企业实行有差异化的财政资助政策，有效配置财政科技资金

通过引入第三方机构对企业开展技术创新的风险进行合理评估，以基于不同的风险等级而实施差异化的财政投入政策。例如，对于创业型企业而言，其研发资金较为缺乏，对其技术创新的补助可以采取基金补贴的方式；对于投资风险较高的高新技术企业，以项目为基础进行专项补贴更为理想。通过考虑不同企业的技术创新资金需求，为其量身打造科技资助计划，能够实现政府科技资金的有效配置，并更好地发挥“四两拨千斤”的功能。

(3)依据创新环节支持企业技术创新，将财政资助效益最大化

在技术研发阶段，加强核心技术和关键设备的研发攻关投入，形成江西省核心技术优势。除了在安排预算资金和专项基金支持技术研发外，还应该加大对从事技术研发的技术人员和机构的补贴和奖励力度，在生活、子女教育、卫生

医疗等方面对技术人员予以一定的照顾,减少其后顾之忧,对取得技术重大突破的研究人员和团队,给予一定金额的奖励,激励科研人员继续攻克重大技术难关。在关键设备的制造和测试方面,可以成立专款拨付制度,保证有足够的资金进行设备的研发、制造、实验及测试。

在技术成果转化阶段,建立技术创新失败补偿机制,降低技术创新的风险。如对于技术创新成果转化失败的企业,直接进行财政补贴,财政补贴的限额为研发投入及技术成果转化支出的一定比例。通过建立技术创新失败补偿机制,对于减除企业技术成果转化的后顾之忧,提高企业技术创新的动力,具有非常重要的意义。

在技术产业化阶段,以政府补贴形式支持已经进入商业化阶段的企业技术降低成本和市场推广。主要方式包括投资补贴、产出补贴、价格补贴和消费补贴。直接投资补贴能够调动投资者积极性;间接补贴投资是指包括对技术创新企业优先安排银行贷款和对重大研发项目贷款实施长期贴息政策,将金融信贷政策与投资导向政策进行有机结合。对于技术创新产出进行补贴,通过降低成本的方式提高企业效益,达到增加产品产量的目的,有利于刺激企业扩大生产、改进技术装备等。价格补贴可在一定程度上增强省内企业由于技术上的暂时落后而持续投资的信心,同时还可以提高创新产品在国内外市场上的竞争力,扩大市场需求份额。待技术逐步成熟后,形成技术的竞争力时,可以适当减弱补贴的力度。消费补贴能够形成主流消费模式,形成较为稳定的技术产品市场。

7.2.4 建立财政科技投入管理和绩效评估体制

(1)建立科技投入资源协调配置和管理机制

财政科技投入要发挥规模性和凝聚性的激励效应,需要加强科技资源的宏观统筹规划和协调配置。应搭建全省统一的科技管理平台,建立由科技部门牵头,财政、发改、审计、工信、统计等相关部门参加的科技计划管理联席会议制度,成立由各类专家参与的战略咨询与评审委员会,负责审议科技发展战略规划、科技计划项目布局、科技重大专项设置、科技计划项目管理、科技计划经费安排等事项，有效协调各部门的科研立项和科技资金投入，打破部门、行业和地域的藩篱。建立与国家重大专项、重点项目对接机制，对省级科技计划类别进行撤、并、转，进一步明确各类科技计划的功能、定位和边界，着力解决科技计划交叉重叠、定位不清、重复支持等问题，形成符合江西实际并与国家科技部门相衔接的科技计划体系。

(2)加强财政科技投入绩效评估机制建设

建设一套科学的财政科技投入评估机制应该从四个方面着手。首先，建设指标体系。将国内外科技绩效评估相关指标体系框架与江西省实际省情相结合，创建出一套科学合理的财政科技投入绩效评估指标体系，并保持指标体系的相对动态调整，依据经济社会的发展变化作出相应的修订和完善，使指标体系在一定的时期内具有稳定性、普适性和可操作性。其次，建设科技数据库。建立一个相对独立的科技数据库作为财政科技投入绩效评估的支撑机构，既包括科技项目、科技成果、科研机构和科研人员等定量数据，也包括科技政策、科技规划、科技计划和科技发展领域等定性数据。再次，建设信息反馈机制。在财政科技投入绩效评估过程中，根据不同阶段、不同目的向不同领域的专家、民众、其他评估机构等征询意见，借由高效畅通的信息反馈渠道，保证来自各方的意见都能顺利到达评估机构，并将最终评估意见落实到科技工作中。最后，建设责任机制。为确保财政科技投入绩效评估的信息准确，保证评估报告的科学、真实和权威，应当明确参与绩效评估的部门和个人的责任和义务，并建立责任追究机制。将科技计划实施绩效评价结果作为科技计划保留与撤并的重要依据，将项目绩效评价结果作为项目承担单位项目立项、经费分配和信用管理的重要依据。

7.3　完善涵养企业技术创新财力的税收优惠政策

税收政策是世界各国普遍采用的创新激励工具。税收优惠政策效应的发挥涉及多个部门、多方参与主体。作为决策者的国家、省级部门制定相关法规和管理办法,以激励企业加大研发投入提高技术创新能力;作为执行者的地方部门是政策实施的具体操作者,对法规和管理办法进行解读以利于自身偏好;作为政策实施对象的企业衡量政策环境与自身条件以达到自身利益最大化,因此,税收优惠政策的最终效果是各参与主体相互影响、共同作用的结果。现行税收优惠政策对以企业为主体的技术创新在江西省供给侧结构性改革中推动、引领、聚合作用还不够大,制约了江西省创新型省份建设的步伐。因此,必须一方面完善国家层面的税收优惠政策以涵养企业技术创新财力,另一方面加强江西省对政策的执行机制建设,减少企业在享受税收优惠的不便利,使企业技术创新成为推动省域产业结构升级、推进供给侧结构性改革、建设创新型省份的重要动力源泉。

7.3.1 完善国家层面税收优惠政策体系

(1)加快税收优惠法制化进程

我国现行激励企业技术创新的税收优惠政策是由法律、法规和文件组成的多元化税收优惠政策体系,发布单位多元化,政策形式多样化,总体看来政策体系较为繁冗复杂。由于税收优惠政策具备较浓的行政和计划色彩,法律级次不高,缺乏稳定性和系统性,导致在政策执行过程中,自由裁量权过高,损害了税收优惠政策规范性和权威性,尤其是影响了税收优惠政策对企业技术创新的激励作用。因此,有必要加快税收优惠政策的法制化建设,以改变当前税收优惠政策诸如政策上缺乏系统性和稳定性,执行上缺乏强制性等方面的不足。首先,国家财政和税务部门应当基于我国建设创新型国家的需要,全面梳理既有科技税收优惠政策,清理其中政策重叠、政策冲突、政策制定操作性不强的条款,使之系统化和条理化。同时,应当加强对已颁布的税收优惠政策效应的定期评估,杜绝税收优惠政策滥用。其次,将相对成熟的规章、条例、法规,经由法定程序上升至法律级次,从而强化税收优惠政策的法律效力。最后,制定统一的《税收优惠法》,详细规定税收优惠的具体项目、范围、内容、方法、审批程序、审批办法、受惠权利和义务、法律责任等。在税收法定原则下，国家层面科学的税收优惠政策体系是江西省推进依法治税的重要前提，以利润最大化为前提的纳税人能够预测自身税收负担以合理安排自身技术创新活动，从而充分释放税收优惠政策激励技术创新助力江西省创新型省份建设的作用。

(2)优化激励创新的税制结构

我国现行税制结构与税收优惠结构存在着较大程度的不相匹配，税制结构中流转税比重偏高、所得税比重偏小，与此同时所得税方面的优惠政策较多、流转税方面的优惠政策较少。侧重于所得税的税收优惠政策对流转税难以产生减税效应，尤其是对处于盈利甚微或亏损时期的创新企业激励作用非常有限。同时，还可能会压缩货物劳务流转税税收优惠政策的空间，如高新技术企业、技术先进型服务企业等由于销售高新技术产品的收入仅能享受企业所得税税收优惠，无法享受增值税税收优惠。优化税制结构的考量基于将具有不同的作用特点和作用方式的税种激励优势发挥出来，在创新链的各个环节实行更有针对性的优惠政策。其中最关键的是要配合国家“营改增”的宏观改革背景，扩大增值税等其他税种的优惠范围，将所得税优惠为主逐步转变为所得税与增值税优惠并重，在释放流转税对企业技术创新的激励效应的同时更完美地契合税制结构。如破除增值税即征即退优惠仅以软件产业和集成电路产业为适用对象的限制，允许只要符合认定标准的高新技术企业、技术先进型企业、科技型企业以及文化企业都能享受该项政策。由于以智力劳动为主要投入技术创新企业研发投入占企业产品成本比例较大，而原材料、动力成本损耗较少，建议将技术型服务企业的专利、技术等无形资产纳入其增值税抵扣范围，降低企业创新运营开支。为鼓励技术创新成果转化，建议对知识产权交易业务实行增值税即征即退优惠，采取签订合同的形式推广知识产权契税和印花税的减免征收。

(3)优惠方式更注重间接支持

现行激励技术创新的税收优惠政策以降低税率和减免税额等直接优惠方式为主要政策工具，诸如加速折旧、投资抵免等间接优惠方式相对应用较少。直接优惠和间接优惠让企业承担的税负不同，激励效应也大相径庭。以事后激励为主的直接方式针对已创新并盈利的企业,创新发展初期的企业难以从中获益;而侧重事前激励的间接优惠工具如固定资产加速折旧、税前扣除、特定准备金、延迟纳税等能够放大优惠的范围,让企业从创业初期就能享受到政策红利。因此,能在更广阔的时空里激发更多的企业开展创新活动。发达国家更为重视间接优惠方式,其创新实践也证明了间接优惠方式具有更强的政策引导性,对于形成“政策引导市场,市场带动企业”的公共政策激励机制作用十分重大,更为公平公正的市场竞争环境在政府的支持下逐步完善。吸取我国税收激励创新不足的教训,借鉴国际发达工业化国家的做法,我国应当重视对间接方式的使用。具体建议措施如下:

第一,建立企业准备金制度。该制度在韩国、日本较为成熟,我国可以学习借鉴其经验建立准备金制度推动企业创新。允许企业按照投资额或者销售额的一定比例提留各种类型的准备金,如技术研发准备金、新产品研发准备金以及风险准备金等,要求这些准备金在一定的时间(2～3 年)用作企业研发与创新活动,允许准备金在税前如实扣除,若准备金用途被改变或逾期未使用,要求补缴税款并加征利息。第二,在加速折旧制度方面,允许高新技术企业的固定资产实行加速折旧或特别折旧,甚至允许某些特殊技术领域的企业选择自由折旧,允许不扣除残值计提折旧。第三,实行再投资退税制,若企业将税后利润用于开展创新活动,可对其投资额给予一定比例的退税。第四,提高科技型企业研发费用的税前列支标准。2018 年 9 月出台的财税[2018]99 号文已将研发费用 75%的加计扣除额和 175%的税前摊销比例由[2017]34 号文仅适用于中小科技型企业转向适用于所有企业,建议在条件成熟以后将 75%和 175%的比例进一步提高,以释放该政策最大的激励效应。第五,在投资抵免制度方面,允许对投资新办的科技型企业按照投资额中部分比例进行税收抵免;允许科技型企业当年所购新设备按一定比例抵扣当年的应缴税款;允许企业在进行技术改造与升级时按购置相关专利、机器设备成本的一定比例进行税收抵免。

需要注意的是,主张税收优惠方式的转变并非意味着完全放弃直接优惠方式,直接优惠方式在短期内与我国税收征管水平相适应,仍然是积极有效的方式，但是要通过灵活变通革除其不利影响以培养企业长期创新能力，如对于高新技术企业的低税率要求采取动态管理，实行一定的期限限制，当企业的创新产品和成果不属于高新技术范围，应当对其实行标准的税收政策，以此减少企业为了享受优惠而产生的短视行为。

(4)放宽优惠条件增强普惠性

税收优惠政策的限制条款在一定程度上减少了滥用优惠，维护了税收中性原则，但是同时某些可以变通条款的限制也阻碍了对技术创新的激励，因此应当科学放宽优惠条件，将政策的普惠效应扩大化。

第一，放宽优惠领域。研发费用加计扣除政策规定了对七大特定领域不可加计扣除，此规定可能与国家的产业导向有关，但制约了政策激励企业研发投入的积极性，违背了政策制定的初衷。建议由科技部门牵头，在国家政策许可的范围内，根据江西省经济发展和科技创新的实际需要，扩大享受优惠政策的领域。只要企业有研发活动，不论企业的类型、规模，不论是企业直接研发还是委托他人研发，都应该享受此项税收优惠，从而大规模地释放该政策的市场作用力。

第二，放宽优惠区域和产业。宏观政策偏好及区域发展战略下容易使得部分区域(如国家级高新区)的企业受惠更多，客观上加大了税收优惠的不公平，对于处于非政策照顾行政区的企业而言，其创新动力被压制。建议取消各种区域“特惠制”，让所有从事创新活动的企业都享受公平公正的税收优待。同时，也应当将主要针对软件、集成电路等高新技术产业的税收优惠范围扩大到所有科技产业甚至传统产业。

第三，放宽被优惠对象。中小科技型企业是市场中最具活力的创新主体，但是其财务基础薄弱，研发资金有限，无法面对技术创新的高风险，商业银行的信贷支持难以覆盖到中小企业的创新活动。税收优惠政策应放宽限制尽可能使中小企业受惠，使之成为技术创新的生力军。鼓励创投企业对中小科技型企业的投资，将创业投资企业的投资对象扩展至中小科技型企业，如果被投资的中小科技型企业被认定为高新技术企业，则加大对创投企业投资额抵免税款的比例;鼓励企业自身加大研发投入,如果中小科技型企业用固定资产投入研发活动,可通过提高其税前扣除比例补偿更多的成本;鼓励创新成果转化,如果中小科技型企业在成果转化伊始亏损或盈利甚微,则延长其亏损结转年限和微利期内免税。鼓励金融机构向科技型中小企业放贷,允许金融机构针对中小企业贷款业务提取高比例的风险准备金在税前予以扣除,免征金融机构对科技型中小企业贷款获取的利息收入以及担保工业对中小企业提供担保获取的收入的增值税。

(5)强化对技术创新人员激励

人才是技术创新的主体,由于现行税收优惠政策对技术人才激励不足,一方面导致人才创新动力不足,成为制约企业创新能力提升的瓶颈;另一方面导致科技人员的内外流动性较大,尤其是人才向国外的流失给国家造成不可估量的损失。因此,必须健全和完善企业所得税和个人所得税中相关优惠条款以强化其对创新人力资本的充分补偿和积极激励机制。

第一,在企业所得税方面,建议提高科技密集型企业职工教育经费的税前列支比例,如由现行的2.5%提高至5%,同时将该政策仅针对软件行业的优惠范围扩大到生物制药、新材料、节能环保等行业。允许企业用于技术人才培训和员工继续教育的支出在税前扣除。借鉴国外经验鼓励企业采用年金计划,对企业年金计划投资产生的收益设立税收减免条款。

第二,在个人所得税方面,提高科技人才个税起征点,允许科技人才工资的税前全额扣除。允许企业对个人股东转增股本、给予相关技术人员股权奖励个人所得税延期到转让日实现现金收入后按20%的税率纳税。对技术人员提高股权持有期限如3～5年的要求,以维持创新人才的稳定性。对研发人员通过技术入股取得的股权收益减征或免征个人所得税,股权收益包括红利、转让收入及股票期权转让收入,以此提升科技人员将科技成果进行转化的积极性。对个人在研发活动中因有突出贡献而取得的省级以下政府或单位的奖金和技术创新的提成收入免征个人所得税,激发各层次研发人才进行科研创新的创造性。允许对技术创新人员的技术成果和技术服务所得参考稿酬所得优惠形式实行一定比例的减征。将技术创新人员的个税抵扣项目扩展至涵盖技术创新人员本人及其家庭成员的教育、培训等成本支出。

7.3.2　加强地方层面政策执行机制建设

(1)加强政府部门间的协调与配合

科技税收优惠政策专业化程度较高,政策的推动涉及科技、财政、税务以及其他综合性部门,仅仅靠税务部门显然不够,需要多个部门的合作,通过将各部门的创新管理职能和创新资源进行有效整合,形成政策合力,共同推动政策落实。

第一,建立责任考核及监督机制。首先,加强对行政领导的考核。要树立"经济发展,税收增长是政绩;支持创新,适当减税也是政绩"的行政管理观念,将科技税收优惠政策的落实情况纳入党政领导干部科技人才目标责任制考核和部门目标管理年度考核,明确职责,防止出现推诿扯皮现象。其次,加强对执行部门的考核,以调动科技管理人员、税务专管员的积极性,更好地理解政策、宣传政策、落实政策。科技部门和税务部门是政策的直接执行部门。建议建立科技税收优惠政策落实工作单项考核制度,确定各部门的职责和各岗位的考核办法,并在适当时间对各级部门的政策落实情况进行督察,审查有关单位的政策执行流程,保障政策执行公平、合理、合法。最后,建立政府投诉受理平台,接受企业对科技税收优惠政策落实情况的投诉,对各职能部门实施责任管理,定期通报监管政策落实情况,为政策实施的公正透明提供保障。

第二,建立跨部门的联系管理机制。首先,建立主管部门领导定期会商制度。在政策宣传、人员培训、项目审定、执行过程监督、实施效果评估等方面展开多层次合作。尤其要构建跨部门信息共享平台,实现部门间相关数据互通,以多角度评价政策落实情况,对企业科技研发投入情况做到细致量化、有据可依、有证可查。其次,建立政策实施专家评估机制。组建发改委、税务局和科技部门的科技税收优惠政策专家委员会,定期召开专题工作会议,对政策执行中遇到的问题进行深入讨论。根据经济环境和企业反馈信息,及时全面把握企业研发投入的变化情况,有针对性地提出可行性建议,反馈至执行部门以调整相关工作。最后,建立联合政策研究机构。科技、税务部门联合高等院校深入开展企业研发投入机制相关研究,并对政策实施效果进行深入调研,广泛搜集企业研发投入相关信息,及时反馈政策执行过程存在的不足,逐步建立完善的政策执行体系。

(2)增强政府与企业间的联系与沟通

第一,提升政策执行效率。首先,建立人才培训机制。加强对政府相关部门公务员的业务培训,增强其实务操作中发现问题、分析问题、解决问题的能力,提高行政效率。同时,还要加强政府相关部门政策执行人员的职业道德教育,避免其滥用政府权力。要培育相关政策执行人员的创新服务理念,对符合税收优惠政策享受条件的企业要主动及时做好各项指导服务工作。其次,简化科技税收优惠申报流程。在不违反国家相关规定的基础上,适当简并享受科技税收优惠所需的各种备案资料和备案程序,尽可能给纳税人提供便捷、高效的征管服务。根据科技企业特点,合理简化办税流程,对申请办理的备案制税收优惠事项,资料齐全当场办结。完善网上申报系统,为企业提供便捷的申报渠道,并设置申报前提醒服务,为企业提供更加快速便捷的服务。如针对企业研发费用加计扣除申请技术鉴定的项目,逐步实现网上申请与资格审查,提高企业研发投入项目的申报评审效率,在鉴定项目数量不断增加的情况下,也能按时汇集项目鉴定意见,让企业及时得到反馈信息并办理后续手续。

第二,加大政策宣传、业务培训力度。税务、科技等政府主管部门应建立科技税收优惠政策推广和申报培训于一体的纳税服务体系,多方面进行政策引导。首先,建立政策宣传服务体系。可在科技、财政、税务、工商等管理部门门户网站上设立专栏,介绍宣传科技税收优惠政策;各级税务机关可在办税服务大厅的电子显示屏、电子触摸屏,宣传科技税收优惠政策和操作流程;也可广泛运用报刊、广播、电视等新闻媒体,大力宣传科技税收优惠政策,想方设法向社会各界、企业法人、财务人员解读最新政策,让企业了解政策、掌握政策、用足用好政策,使企业真正成为政策落实的受益者、科技创新的主力军。其次,建立政策辅导服务体系。帮助企业正确归集、核算研发费用,完善研发管理各项制度,如科研项目立项管理办法、研发费用会计核算制度、预算和决算制度、内部控制制度等。税务部门可在办税服务大厅设立专门的政策咨询辅导窗口,为企业免费提供宣传辅导资料;科技、财税部门可成立科技税收优惠政策辅导服务队伍,深入企业,全方位开展政策辅导服务,如可以邀请会计师、注册税务师对科技型企业的具体记账及税务部门操作流程等进行培训,向企业讲解政策要点、操作实务等知识,帮助企业解决政策诉求;科技部门可将科技税收优惠政策的相关内容制作成小册子发放给企业,普及税收政策知识。同时,还可以发挥会计师事务所、税务师事务所等中介机构的作用,税务部门在确定税收优惠额时,要充分尊重和利用好中介机构的专项审计报告或鉴证报告。最后,建立政策咨询体系。科技部门要加强与企业的沟通,可采取定点定时、预约上门、专题讲座等方式,上门了解企业研发活动信息,收集反馈企业政策需求,协助企业落实政策。例如可以建立科技政策咨询短信平台,以短信的方式保证科技部门与企业之间及时沟通。

第三,加强全过程跟踪服务。通过完善统计监测分析工作,建立企业科技研发投入资料专项数据库,对企业研发项目进行及时备案、归类,形成完整的科技企业、研发项目、税收减免等数据库,并据此对研发项目进行评定、研发费用审核和政策效果跟踪。搜集企业信息和减免税数据,对政策落实情况进行跟踪调研,定期完成政策执行的情况报告,及时了解政策落实情况。

7.4　完善增加企业技术创新需求的政府采购政策

理论分析表明,政府采购具有鲜明的导向和示范作用,对创新产品的采购能够极大地提高技术创新产品的市场知名度和影响力,企业市场发展空间在政府采购政策的扶持下得以扩大。由于江西省政府采购政策在政策制定和政策执行层面存在较多问题,使得政府采购对区域技术创新的支持效应没有得到发挥。在借鉴国内外优化政府采购政策体系和强化政策执行效率的经验下,本书提出以下完善江西省鼓励技术创新的政府采购政策的建议。

7.4.1 明确政府采购法律法规创新激励取向

(1)将激励技术创新的目标内化于法律法规中

由于国家层面的《政府采购法》未能明确激励技术创新的政策目标,以其为主要遵循依据的江西省层面的政府采购相关办法和规定也大多忽视了激励企业技术创新的目标,以至于尽管江西省政府采购在提高财政资金使用效率、健全财政职能、强化财政监督和预防腐败方面发挥了积极的作用,但是政府采购对于省域企业技术创新的激励效果并不明显,建设创新型省份迫切需要建立起激励企业技术创新的政府采购政策体系。首先,国家应及时调整处于政府采购法律体系的最高位阶的《政府采购法》的立法目标,将激励企业技术创新融入实行政府采购制度的重要目标,并使之由隐含变为更加明朗化。其次,江西省政府部门应在《政府采购法》的指导下,将激励技术创新的政策目标予以细化。同时,要明确省以下各级政府以政府采购扶持企业创新的任务,确定各级政府采购中省内企业技术创新产品的比例。

(2)出台鼓励绿色技术创新的政府采购条例

生态化是技术创新的未来发展趋势。国家"十三五"规划提出"健全优先使用创新产品、绿色产品的政府采购政策",鼓励创新和绿色发展。政府在促进资源节约和环境保护、塑造生态消费模式方面率先垂范,鼓励扶持绿色产业发展,能够倒逼企业实现创新转型。法国政府扶持本国新能源汽车产业,不仅规定了5年内要将政府采购清单的比例提高到25%,同时还采购LED灯、光伏产品等绿色产业新产品。巴西对本国生物能源进行采购,并定期提高采购价格以鼓励市场主体进入该领域。据我国政府采购信息统计数据显示,近些年来全国强制和优先采购节能产品规模保持平稳增长,如2016年全国强制和优先采购节能产品、环保产品规模分别达到1 344亿元、1 360亿元,分别占同类产品采购规模的76.2%和81.5%。鉴于绿色政府采购具有强大的市场拉动效应,应当进一步提高绿色政府采购的比例,以发挥其对生态文明建设的支持效应。绿色政府采购的落实依赖于完善的法规和政策。如挪威奥斯陆出台了有关采购法律来监管其气候能源战略及相关预算。我国应当以《政府采购法》为框架,出台符合国情的《政府绿色采购条例》,江西省层面也应当出台符合省情的《江西省政府绿色采购条例》,让政府采购真正“绿”起来。同时要制定节能认证指标,逐渐提高满足节能认证指标的商品的采购量,不断完善环境标志认证产品的认证方法。再则,需完善政府绿色采购清单制度,扩大清单的涵盖范围,并实行动态管理方式,对绿色环保产品实施指示性的采购,将高耗能、强污染的产品逐年淘汰出采购清单,增加绿色采购体系在具体实践中的可操作性。

7.4.2 制定和改进省级层面的相关制度体系

(1)研究制定激励创新的政府采购政策体系

从国家层面来看,继 2007 年取消自主创新产品采购相关文件后,未再明确出台鼓励创新的政府采购文件,地方政府以国家层面现有文件为基础,研究出台因地制宜的鼓励创新的政策采购政策。2015 年国务院出台的《深化体制机制改革加快实施创新驱动发展战略的若干意见》中指出要建立健全符合国际规则的支持采购创新产品和服务的政策体系,落实和完善政府采购激励中小企业创新发展的相关措施,加大创新产品和服务的采购力度。基于此,2016 年江西省在《关于深入实施创新驱动发展战略推进创新型省份建设的意见》中做出了针对“支持创新产品推广应用和市场拓展”的若干要求。由于国家层面尚未出台具体的政策和实施细则,为了以政府采购鼓励企业创新,加快创新型省份建设,江西省应当积极主动求发展,由政府联合学界制定相关政府采购政策体系,克服政策制定的诸多难点,回应来自外界质疑和指责,在 GPA 规则下制定符合江西省省情的政策体系等。

(2)完善首台(套)产品的政府采购政策

国家层面的《自主创新产品政府首购和订购管理办法》随着自主创新产品认定政策的废止而中止实施。首台(套)产品是政府采购激励大中型企业技术创新的重要政策,可以有效降低企业研发风险,拉动企业大型装备新产品首次进入市场的需求。但是首次采购仅仅起到开拓市场作用和示范效应,并没有降低首台(套)产品较高的研发成本和研发风险。江西省较为重视首台(套)产品的政府采购政策,如《关于深入实施创新驱动发展战略推进创新型省份建设的意见》中规定“对首次投放市场的创新产品实施首购、订购及政府购买服务”以及“建立首购首用风险补偿机制,支持保险机构开展自主创新首台(套)产品的推广应用类保险”,但是尚缺乏政策实施细则和配套措施,在实际落实过程中对激励企业创新的效应不明显,因此有必要继续完善落实首台(套)产品的政府采购政策。首先,最重要的是将首台首购和订购政府采购政策的认定条件改为“国家和地方新产品”;其次,为革除普通政府采购对于首台首购产品的消极影响,应当在符合WTO和GPA规则前提下,实行具有普惠性的后补偿式研发采购政策,即根据首台首套设备的研发成本补贴其一定比例的研发经费,以充分发挥对首台(套)产品的激励功能。

(3)提高政府采购对创新产品的技术标准

在市场需求与企业研发供给信息不对称的情况下,政府对自主创新产品的采购相当于给予该产品一项质量认证,政府采购的强大消费带动力能够让企业赢得一定市场规模。例如特康科技公司中标江西省部队血常规检测仪器,金达莱公司中标江西百强中心镇污水处理设备,这些企业创新产品的声誉和市场销量藉由政府采购得以大幅提高。政府对技术创新产品的性能指标要求,影响企业产品创新的方向和可持续发展。因此,有必要提高政府采购创新产品的技术性能标准,让承载江西省较高创新水平的创新产品与技术水平不高的传统产品能够公平竞争。此外,由于专家审查一票否决存在极大弊端,不利于企业创新产品被认可,因此在政府采购程序中应当推广产品性能实验或实地比拼竞争制度,同时也能杜绝政府采购腐败,以此鼓励企业创新与促进公平竞争。

(4)科学改进江西省政府采购的评分法

《江西省政府采购管理办法》规定,政府采购采用最低评标价法和综合评分法两种评分方法。其中规定,采用综合评分法时,“采购人应当合理设置技术、商务以及价格评审因素的权值,权值设置应当准确反映采购需求,并要求提供佐证材料。不得设定有倾向性、排他性的技术、商务条件,不得将资格条件列为评分因素。未在评审因素中反映的采购需求不得作为评审依据”。从该规定可以看出,江西省政府采购的综合评分法中没有倾向于以政府采购激励技术创新,而是将价格、技术是否符合本单位要求、投标商的资质和售后服务等作为评价因子。因此有必要改进江西省政府采购评分法,使之更趋科学性以激励技术创新。首先,应当优先采购符合自主创新产品认定条件的技术创新产品,对于检测类、生产类、研发类设备采购,应多选用综合评标法。对于采用综合评分法评审的采购项目,应该在价格评标项中分别给予价格评标和技术评标总分值一定比例的加分。其次,对于询价采购项目采用最低评标价法,并给予自主创新产品一定幅度的价格扣除。最后,对于系统集成政府采购项目,除采用最低评标价法、综合评分法之外,还可以采用性价比法。对于采用性价比法评审的采购项目,应当增加技术进步、节能环保等评分因素并给予一定比例的价格扣除。

7.4.3 建立技术创新政府采购政策执行机制

(1)提升政府部门对政府采购创新导向功能的认知

首先,强化政府采购省货的导向意识。如果本省产品能够满足使用需求,同时具有较高的性价比,应当成为政府采购的首选。其次,强化政府在扶持对象上向中小科技型企业的倾斜性。当前江西省政府采购规模逐渐扩大,但总额限定下并非所有创新主体都能受惠其中,政府应选择扶持符合江西省中长期发展规划、具有较强的市场潜力和提高人民群众生活质量的项目,特别是要对中小企业给予更多关注,对中小企业的产品按不低于合同金额一定比例的数额进行采购,以此增强其承受风险的能力,并凭借强大的政府购买力使其创新资金较快回笼以解决资金短缺难题。鼓励大中型企业在获得大额政府采购订单后,向中小型科技企业分包部分产品或零配件。细分大额采购合同或采购任务,将部分进行公开招标,鼓励中小型科技企业参与投标。如果商品性能或服务质量差异性较小,优先购买中小科技型企业的创新产品,以此创造和增加企业创新产品的市场需求,减少企业创新过程中来自市场层面的风险和不确定性。

(2)化解政府采购支持技术创新的风险

首先,搭建政府采购信息发布平台。将未来一定时间段内的政府采购计划予以定期发布,大力宣传技术创新,帮助企业及时获知和掌握市场需求信息。其次,加强培训政府采购人员。可以通过采取资格认证考试、颁发资格认证证书和设立政府采购人员、官员的资格认证机构,提高政府采购工作人员的业务素质,提高政府采购官员的管理能力。再次,完善技术创新产品采购监督机制。加强财政、审计、监察部门对政府采购技术创新产品工作的监督检查,如果采购的产品不符合条件,要责令限期退货或更换。对每期采购金额较高的产品要进行登记,并定期公开向全社会发布。最后建立采购技术创新产品后的跟踪反馈机制。要求机关事业单位及时把技术创新产品的使用情况向省级产业主管部门反馈,省级产业主管部门依据反馈情况,及时修改和调整江西省自主创新型企业、科研机构和产品目录,并将结果通报给有关企业。采购人员也可以向企业反馈产品的使用情况,敦促企业建立起技术创新产品的使用意见反馈机制。

7.5 完善企业技术创新相关配套设施的政策建议

要提高企业技术创新能力必须从增强企业内部创新动力和改善内部创新制度及外部创新环境入手,在促使企业自愿开展创新的同时加快各种创新要素向企业聚集,促使企业提高研究开发、技术引进和吸收应用能力,真正有能力成为技术创新决策、研发投入、科研组织和成果转化的主体。

7.5.1 构建企业内部创新制度

作为政策享受的主体企业来说,为了能充分享受科技税收优惠政策,需要对财务核算以及研发管理等内控体制进行优化和改善,重视对企业各类员工的业务培训,全面提高自身竞争优势。

(1)强化对企业经营者的创新激励

创新是企业持续发展的原动力,企业应当建立起以创新为目标的长效激励机制。为防止企业经营者的短视行为，要建立以创新为目标的长效考核机制，避免企业经营者为追求个人利益，而无视科技税收优惠政策激励效应。企业应当以国家宏观战略为导向，以市场需求为目标，积极开展研究发展活动。企业的健康稳定发展，离不开国家宏观环境的改善和相关政策的扶持。企业在生产经营中应对国家的优惠政策给予足够多的关注与积极响应。尤其创新动力较弱的国有企业，应当建立健全国有企业技术创新的经营业绩考核制度，落实和完善国有企业研发投入视同利润的考核措施，将研发投入、研发机构、研发队伍、高新技术产品、专利技术运用等纳入企业经营业绩考核范围，逐步提高科技创新考核分值在企业经营业绩考核中的比重，并直接与企业班子成员的考核与薪酬挂钩。应将科技工作支出纳入国有资本经营预算管理，研究建立出资监管企业科技创新能力评价体系，确保企业研发投入随营业收入的增长而不断加大。

(2)完善企业内部管理制度

首先，构建科学合理的企业内部各部门协作机制。企业归集研发费用、确定研发项目需要多个部门的合作，部门之间必须加强交流和互动，共同完成项目研发和申报减免税工作。其次，建立健全财务核算体系和研发管理制度。造成企业无法真正享受科技税收优惠政策的另一个重要原因是企业会计核算违反了相关规定。因此，财务部门要以正确落实税收优惠政策为导向，配备专业的财务人员，不断完善财务核算制度，按要求及时编制研发投入预算、决算，准确归集相关费用进行单独核算、专账管理。最后，企业必须建立起与会计师事务所、税务师事务所等中介机构的合作机制，充分利用中介机构在财务核算和项目申报上的人才优势和技术优势，共同把政策落到实处。

7.5.2　集聚企业外部创新资源

(1)搭建企业技术创新服务平台

第一，完善科技中介服务体系。在国家现行法律法规框架内，江西省应进一步规范和完善各类中介服务组织的职能，促进科技资源整合和优势互补，推动形成一批专业领域技术创新服务平台和示范性科技中介服务机构,激励技术转移服务、人力资源服务、金融资本服务、管理咨询服务的均衡发展,提高专业化服务能力和网络化协同水平,实现中介服务机构组织网络化、功能社会化和服务产业化,推动面向广大企业提供研发设计、检验检测、技术转移、大型共用软件、知识产权、标准、质量品牌、人才培训等服务。鼓励和支持学会、协会、科研单位、高校兴办科技中介机构,将科技服务工作成效纳入绩效考核;扩大科技服务业的对外开放力度,吸引国内外知名科研机构及科技中介服务机构在江西省建立分支机构,吸引国内外资本、技术要素进入江西省科技服务领域。

第二,建立企业自主创新平台。江西省级科技、企业、国资主管部门应通过政策创新,按照有技术人员、固定场所、研发经费、科研设备、现代管理制度、具体研发方向的要求,加快推进规模以上工业企业普遍建立研发机构。首先,省国资委要明确要求国有出资监管企业普遍建立研发机构,积极引导出资监管企业与省内外科研院所、高等学校研发机构、中央企业研发机构紧密对接,组建一批具有国内先进水平的企业协同创新平台及产业技术创新联盟,大幅提升企业自主创新能力。着力提升中药固体制剂技术、铜冶炼及加工、新钢集团、江钨控股集团等国家级工程(技术)研究中心的开发能力。其次,实施企业技术研发中心建设专项,支持多样化企业研发机构的建立,支持工业骨干龙头企业建立国家(省级)重点实验室、工程技术研究中心、企业技术中心、院士工作站、博士后工作站、省外研发机构,激励企业研发机构上水平上规模,不断完善企业研发机构评价指标体系,加强运行监测和动态管理,支持企业创新能力的培育。最后,要建立常态化的企业技术创新对话、咨询制度,发挥企业和企业家在创新决策中的重要作用。吸收更多企业参与研究制定技术创新规划、计划、政策和标准。对市场导向明晰的科技项目,明确由企业牵头、政府引导,联合高校、科研院所共同实施。

(2)建立完善的协同创新机制

第一,加快官产学研一体化进程。加快大中型企业与对口专业的大学、科研机构建立紧密的联系,使其成为企业的科技成果开发基地和人才培养基地,以充分发挥其在基础研究、应用研究方面的优势，增强企业技术实力，加速技术储备，提升竞争能力。中小型企业可以将全部资产作为投资，与大学、科研机构共建有限责任公司，成为大学、科研机构的新产品、新技术开发的转化工厂或孵化基地，借助大学、科研机构的科技优势，带动企业的整体创新。构建政府、企业、社会的信息沟通机制，加强科技成果供求衔接环节建设。政府要主动了解企业发展需求，及时发布相关领域国内外发展情况及对科技创新成果的需求，合理地规划和引导企业技术创新项目，以减少科技成果供求双方的信息不对称，提高科技成果转化率。重视“产学研”创新网络的“高校—企业”技术联盟作用，鼓励相关校企对接，政府部门对有需求的企业与高校进行撮合匹配，如湖南省通过举办“新兴优势产业链产学研合作对接会”，为 116 家企业对接了省内 22 所高校 156 个科技成果，极大提升了科技成果转化效率。

第二，整合省内外资源加快组建企业技术联盟。政府要发挥宏观调控作用，整合省内资源，牵线搭桥组建企业技术联盟，加强联盟信息交流，实现大中小型企业在创新中达到优势互补，尤其是在重点产业更要集中力量克服技术瓶颈。利用企业技术联盟在同行业共同组建企业技术中心，既可以节约资源，减少单独开发费用和生产周期，又可以发挥共同智慧，创造更新成果，增强企业产品竞争力。同时，针对基于江西省产业聚集度相对较低这一现实，应当鼓励企业到省外设立研发机构，充分借助外部技术优势，把握产业发展趋势和市场需求。调研获知，江西省已有部分企业将研发中心设在发达地区，如江西联创宏声电子有限公司在深圳设立研发中心；江西高创保安服务技术有限公司在杭州、深圳分别建立研发中心；江西华伍制动器股份有限公司收购上海庞丰交通设备科技有限公司，用作研发基地，与同济大学开展合作研究等。

第三，积极开展国际科技合作。以“大开放”“大合作”“大创新”为科技发展理念，根据江西省战略新兴产业需求，鼓励企业通过人才引进、技术引进、合作研发、委托研发、建立联合研发中心、参股并购、专利交叉许可等方式开展国际创新合作，在重点技术领域与发达国家或地区建立长期合作关系。一方面加强与发达国家或地区政府之间的科技合作，另一方面加强与发达国家或地区企业、高等学校和科研院所合作,协同建立产业技术转移园区,激励创新要素跨境流动。鼓励跨国公司、国际顶尖高校和研究机构来江西省设立研发机构,推动本省龙头骨干企业在海外设立研发机构,充分利用国外创新资源开展技术研发活动。

(3)建立完善的人才培养和引才用才机制

第一,大力实施创新人才培养计划,革新创新人才培养模式。一方面依托政府财政加大教育支出,扶持本土高职院校培养应用型人才,加强技术创新人才队伍建设,拓宽对创新人才内涵的认识,将人力资源视为推动企业技术创新的源动力。另一方面以财政补贴、税收优惠等措施鼓励企业与高校开展高职、本科、应用型本科、专业硕士联合招生与联合培养的模式,鼓励社会资本举办创新人才培训机构,培养全省重点产业发展急需人才。

第二,以政府为主导整合各类人才计划和专项资金加大人才引进力度。面临我国各地纷纷出台人才新政、实施人才抢夺战的大形势,应结合江西省优秀高层次人才引进计划、"赣鄱英才 555 工程"等的实施,重点引进和培育企业创新中的领军人才和创新团队。引进江西籍高层次人才、团队和企业家回乡创新创业。实行海外高层次人才引进"绿色通道"机制,吸引留学人员等海外人才回赣创业。对引进的特殊人才团队,实行一事一议,特事特办。对其参与的项目所需保障依法依规给予优先解决和大力支持。

第三,推进人才引进计划向企业倾斜,加大企业对人才的吸引力。鼓励企业采取刚性或柔性的手段引进各类计划人才,并将其纳入江西省人才工作考核评价体系。鼓励企业设立人才发展专项资金,允许该项资金计入企业研发费用以享受加计扣除税收优惠。

第四,鼓励企业建立更具向心力和凝聚力的人才薪酬和岗位管理制度。在薪酬制度方面,建立企业为主导、财政补贴为助推、社会捐赠为补充的多元化薪酬投入机制。以完善的税收优惠政策激励制度留住企业高层人才,健全和落实技术要素参与收入分配的各种政策规定,鼓励企业创新人才增强创新活力。江西省国资委要明确要求出资监管企业建立对骨干科技人员的中长期激励机制,落实管理、技术等重要生产要素按贡献参与分配的制度，有条件的企业开展股权、期权、岗位分红权、项目收益分红等激励试点工作。要完善科技评价和奖励制度，设立科技奖励专项资金，表彰做出突出贡献的先进企业集体和个人。探索建立技术级的首席工程师，设置管理与技术对等的薪酬体系，形成各类人才争相自我发展的生动局面。在岗位管理制度上，打破人才交流的体制机制障碍，推动科技人才在企事业单位间科学流动。允许科研院所等事业单位高层次人才在履行所聘岗位职责前提下，到科技型企业兼职兼薪或定期开展科技咨询服务。选聘优秀科技企业家到高校担任“产业教授”，允许其担任硕博生的校外指导老师，推进产学研联合培养人才。允许科研人员脱岗创办科技企业，保留其人事关系并享有与其原单位在岗人员同等的参加职称评聘、岗级晋升和社会保险等权利。

7.5.3　优化企业创新政策环境

技术创新过程涵盖了从技术研发到技术市场化的各个环节，相对的创新政策体系也涉及技术创新的全过程。其中，企业与科研机构、高等院校以及政府等诸多部门的交互关系，还需要通过技术创新政策体中的财政政策、金融政策、知识产权政策等加以协调，最终激励创新市场的政策环境建设。

(1)打造财税金融联动政策体系，优化企业创新的融资环境

通过财税政策与金融政策之间的协调配合，制定有利于技术创新的金融扶持政策，畅通企业技术创新融资渠道。财税金融联动主要有三个着力点：财政贴息政策、财政信用担保和财政风险准备基金。

财政贴息政策能够保障金融政策在实行对中小科技型企业和高新技术企业贷款时无后顾之忧，有效克服科技贷款的“风险与收益失衡”问题。江西省财政应加大对商业银行科技贷款的扶持力度，通过一定的利息补贴鼓励银行向具有一定资质、信用等级和技术创新能力的企业提供创新贷款，重点扶持符合江西省科技发展规划的企业技术研发项目。此外，还应积极探索贷款风险补偿机制，推广知识产权和股权质押贷款，引导金融机构以一定倍数发放企业贷款，加

大科技信贷投入。

财政信用担保主要以中小科技型企业为支持对象,对其融资提供基于政府信用的担保。财政信用担保无须政府直接出资,对于政府来说不仅资金压力较小,同时还能够汇聚商业银行和民间资本的投资需求,政府对中小企业技术创新项目的甄别和投资效率能够大幅提高。江西省各级政府应全面兑现国家、省、市支持担保机构发展的政策措施,加大财政资金扶持担保机构发展的力度,适当提高信用担保保费补贴标准,鼓励支持担保机构为科技型中小微企业提供商业信用担保,并探索建立政府全资政策性科技担保机构,降低企业贷款门槛和成本。

财政风险准备基金由财政资金的注入而设立,创新基金统一为中小科技型企业向银行申请贷款。江西省应建立更加科学的创业风险投资基金管理机制,打破部门、单位分散资助科技企业创新发展格局,整合各类产业发展引导基金、科技人才专项、中小企业发展专项、科技发展专项等财政性资助科技创新活动经费,设立江西省科技发展引导基金(母基金),按照“政府资金+产业园(区)资金+企业资金”的股权结构,下设子基金,采取市场化运作,引导带动银行、担保、保险、风投等金融机构参与企业科技创新活动,建立“投保贷”联动机制,探索财政性科技资助经费“金融化”,大力促进科技和金融结合。

此外,要鼓励企业积极开展资本市场融资,实施科技企业上市培育计划,培育和支持诚信规范、成长性好的高新技术企业上市融资,引导企业与多层次资本市场有效对接、做大做优做强。探索开展非上市科技企业产权交易,建设区域性科技金融服务平台和科技金融基础数据库。支持符合条件的中小微企业发行私募债券,以解企业资金匮乏之急。

(2)加强知识产权保护力度,优化企业技术创新的专利环境

知识产权被称作智力成果权、智慧财产权指的是基于智力的创造性活动所产生的权利,是个人或组织对其在科学、技术、文学艺术等领域里创造的精神财富或智力成果所享有的专有权或独占权。知识产权的存在为新兴产业的发展提供了技术支撑和创新源泉。有效的知识产权保护制度通过赋予研发创新成

果的创造者以相关权益，划定产权保护和收益获取边界，激励企业等主体通过不断的科技创新来保持市场竞争优势，并积极将创新成果通过内部产业化、对外转让或许可、质押融资等多种途径予以实现。

江西省应积极探索建立知识产权质押融资的合理风险补偿机制，健全政府、金融机构和企业之间的风险共担机制；加快发展科技保险，完善科技保险的财政补贴机制；积极进行专利保险的试点和推进，并尽快健全激励研发创新的信用增进机制。同时，还需要考量财政补贴制度的有效性，变现行奖励补贴制度为知识产权转化现实生产力的补贴或奖励制度，防止"无效专利"或"垃圾专利"过多。此外，还要强化专利保护，打击侵犯企业技术秘密行为。实行严格知识产权保护制度，建立知识产权侵权查处快速反应机制，探索建立知识产权法庭。加大工商与司法部门的财政投入，扩大执行队伍，增强执行能力。针对假冒产品的企业，政府要积极主动出击。对于企业的举报必须追查到底，对企业侵权造成的损失，要考虑企业产品声誉损失的价值，对不能赔偿损失的造假者要考虑追究刑事责任可行性。加强知识产权维权援助体系建设，完善知识产权维权援助运行机制。

第八章

总结及研究展望

本书在广泛研读并参考国内外相关前沿性文献资料的基础上，基于新古典经济学和演化经济学理论，从弥补技术创新市场失灵和弥补技术创新系统失灵方面解析了政府以公共政策激励企业技术创新的必要性。依据技术创新政策工具分类体系，从供给面、环境面和需求面选取了财政投入、税收优惠、政府采购三类财税政策工具作为研究对象，剖析了各自激励企业技术创新的作用机理，奠定了全书的理论分析基础。本书分析了江西省现行主要财税政策工具的历史沿革、实施现状和存在的主要问题。通过构建企业技术创新能力评价指标体系，分别从纵向和横向角度解读江西省企业技术创新现状，并分析江西省企业技术创新存在的主要问题，为财税激励政策的完善提供更精准的发力点。通过多元线性回归模型、面板数据回归模型、调查问卷分析对现行财税政策工具的创新激励效应进行实证检验。梳理国内外以财税政策激励企业技术创新的主要做法，为国家层面完善相关政策设计和江西省层面调整及执行相关政策提供了有力的经验借鉴。在结合理论论证和实证分析结果以及充分借鉴国内外经验的基础上，形成了完善激励江西省企业技术创新的财税政策的对策建议。

第一，完善激发企业技术创新动力的财政投入政策。建立科学的财政体制和完备的法律机制，保障财政科技投入稳定增长，从而优化企业技术创新的宏观创新环境。在财政体制方面，科学划分财政科技投入的事权与支出责任，并加强财政科技支出的预算管理；在法律制度方面，建议国家层面出台《科技投入法》，江西省出台《江西省科技投入条例》并予以细化。以加大政府投入和鼓励社会投入的双重方式提高 R&D 投入总量和投入强度，同时要优化 R&D 投入结构，重视基础研究以及企业的技术创新地位，以合理的资源配置方式构建有效的区域创新体系。采取科学的资助手段激励企业技术创新，支持方式应当多样化并考虑企业之间的差异性，并依据企业创新阶段予以财政支持，从而将有限的财政资金资助效率最大化。建立科技投入资源协调配置和管理机制，并加强财政科技投入绩效评估机制建设，保障财政科技支出的规模性、凝聚性以及较高的综合效益。

第二，完善涵养企业技术创新财力的税收优惠政策。一方面要完善国家层面的税收优惠政策体系。加快税收优惠法制化进程，出台《税收优惠法》；优化激励创新的税制结构，建立所得税与流转税并重的税制体系。优惠方式更注重间接支持，通过侧重事前激励的间接优惠工具如固定资产加速折旧、税前扣除、特定准备金、延迟纳税等来扩大优惠的范围。放宽税收优惠的领域、区域、产业、优惠对象限制以增强普惠性，尤其要重视对中小企业的创新激励。健全和完善企业所得税和个人所得税中相关优惠条款以强化其对创新人力资本的充分补偿和积极激励机制。另一方面要加强省级层面的执行机制建设。强化政府部门的责任及监督，加强政府部门间协调配合，以更强劲的职能部门合力共同推动各项税收优惠政策落实。加强政府与企业间的沟通：通过政府部门人才培训、职业道德教育等提升面向企业的服务效率和质量；加大政策宣传、业务培训力度，以及对企业研发创新的全过程跟踪服务，提升企业运用税收优惠政策的能力。

第三，完善增加企业技术创新需求的政府采购政策。一方面要在国家层面明确《政府采购法》的创新激励取向，并且省级层面应将政府采购激励技术创新的政策目标予以细化。另一方面要制定和改进省级层面的相关政府采购制度体系。在 GPA 规则下研究制定符合江西省省情的激励创新的政府采购政策体系。完善首台(套)产品的政府采购政策,强化其政府采购的市场开拓作用和示范效应。提高政府采购对创新产品的技术标准,激励企业创新产品之间的公平竞争。科学改进江西省政府采购的评分法,加大以政府采购激励技术创新的评分倾向。同时,要建立技术创新政府采购政策执行机制,提升政府部门对政府采购创新导向功能的认知,多角度地化解政府采购支持技术创新的风险。

第四,完善企业技术创新的相关配套设施。加强对企业经营者的创新激励,完善企业内部各项创新制度。完善科技中介服务体系,建立企业自主创新平台,为企业创新提供服务和设施平台。以加快官产学研一体化进程、整合江西省内外资源组建企业技术联盟、积极开展国际科技合作等方式建立完善的协同创新机制。建立完善的人才培养和引才用才机制,保证人才引得进、不易流失。完善企业技术创新的融资环境和专利环境,让企业的研发创新建立在充裕的资金基础上,并且创新成果能够得到有效保护。

本书的研究基于大量的统计年鉴数据和调研数据,提出的政策建议尽可能贴合我国和江西省实际情况,对于国家层面调整激励技术创新的财税政策以及江西省层面对政策的执行具有较强的政策建议性和实践指导意义。但由于本人知识储备和能力水平有限,加之数据获取十分不易,本书整体上也存在着较多不足之处。首先,财税政策维度不够多面化。建设创新型省份需要考察一整套激励企业技术创新的财税政策,而本书仅选取了三类主要的财税政策工具作为研究对象,缺乏对其他财税激励政策的深入分析。其次,实证分析部分有待改进。采用的数据和建立的模型并不一定能够科学地测度财税政策的创新激励效应。财政投入政策效应的实证分析所采用的统计年鉴数据时间较短,无法准确探测政策实施的时滞效应;由于省域技术创新水平不高导致规范的统计数据不健全而未能深入地级市或县(市、区)层面进行分析,政策的区域异质性效应有待进一步研究;从江西省原国税部门调研获取的数据不十分精确,在建立税收优惠政策效应面板数据回归模型时仅能近似替代部分指标。调查问卷分析参考了较多参考文献,以尽可能地将现行财税政策的创新激励效应阐述清楚,但在方法运用及思路设计上仍需改进。最后,对财税政策的现状和问题的剖析可能不够深入，对策建议的指导性和可操作性也需要更进一步提高，使之更具有现实参考价值。

技术创新激励是政府长期的公共政策目标，开展政策长期影响效应的评估是必要的，相关的财税激励政策的研究和设计也应当具有长期性和持续性。技术创新财税政策的完善应当考虑不同地区、不同企业的需求，因此政策分析的区域异质性和企业异质性也是必要的。未来应当从更广域的视角考察激励创新的财税政策工具类型，同时要深入不同地级市、不同县（市、区）、不同企业内部进行调研和采集数据，考察财税政策对不同地区、不同企业的创新激励效应的异质性。再则，还应当提高财税政策现状分析的深度和对策建议的可操作性。

参考文献

[1]艾冰，陈晓红．政府采购与自主创新的关系[J]．管理世界，2008(03)：169－170.

[2]艾冰．日韩政府采购促进自主创新特色研究[J]．湖南科技大学学报(社会科学版)，2012，15(01)：94－98.

[3]白俊红，李婧．政府R&D资助与企业技术创新——基于效率视角的实证分析[J]．金融研究，2011(06)：181－193.

[4]曹洪军，赵翔，黄少坚．企业自主创新能力评价体系研究[J]．中国工业经济，2009(09)：105－114.

[5]曾金发．江西中小企业自主创新财政政策激励研究[J]．经济研究参考，2017(67)：111－115.

[6]常超，王铁山，王昭．政府采购促进企业自主创新的经验借鉴[J]．经济纵横，2008(08)：100－103.

[7]陈本燕．技术与财政政策的协同演化研究[D]．西南财经大学，2012.

[8]陈艳珍．创新激励：公共财税政策的工具选择[J]．经济问题，2009，355(3)：37－39.

[9]陈钰芬，周昇，黄梦娴．政府科技资助对引导企业R&D投入的杠杆效应分析——基于浙江省规模以上工业企业R&D投入面板数据的实证分析[J]．科技进步与对策，2012，29(1)：21－26.

[10]陈远燕．加计扣除政策对企业研发投入的影响——基于某市企业面板数据的实证分析[J]．税务研究，2015(11)：88－93.

[11]程华. 外部性、技术创新与政府作用[J]. 经济问题探索,2000(8):67－69.

[12]程曦,蔡秀云. 税收政策对企业技术创新的激励效应——基于异质性企业的实证分析[J]. 中南财经政法大学学报,2017(6):94－102.

[13]程瑶,闫慧慧. 税收优惠对企业研发投入的政策效应研究[J]. 数量经济技术经济研究,2018(2):116－130.

[14]池自先,吴莎. 江西财政科技支出对经济增长影响实证分析[J]. 经济研究参考,2017(17):33－39.

[15]戴晨,刘怡. 税收优惠与财政补贴对企业 R&D 影响的比较分析[J]. 经济科学,2008,Vol. 30(3):58－71.

[16]戴毅. 创新导向型财政理论与政策选择[D]. 南开大学,2009.

[17]邓向荣,文青. 中国 R&D 资源投入模式及其相关政策分析——政府主导型 R&D 投入模式分析[J]. 当代财经,2004(3):23－26.

[18]邓子基,方东霖. 公共财政与科技进步[J]. 厦门大学学报(哲学社会科学版),2008(3):35－41.

[19]邓子基,杨志宏. 财税政策激励企业技术创新的理论与实证分析[J]. 财贸经济,2011(5):5－10.

[20]董为民. 财政支持企业科技创新问题研究[D]. 山西大学,2012.

[21]董霄. 提升四川企业自主创新能力的财政政策探讨[J]. 软科学,2014,28(5):139－144.

[22]杜文献,吴林海. 政府 R&D 投入对企业 R&D 投入的诱导效应——基于 1991～2004 年中国科技统计数据的实证分析[J]. 科技进步与对策,2007,24(11):20－23.

[23]范柏乃. 面向自主创新的财税激励政策研究[M]. 科学出版社,2010.

[24]傅家骥. 技术创新学[M]. 清华大学出版社,1998.

[25]高晶. 我国政府的科技激励政策对大中型工业企业 R&D 投入的实证分析[J]. 科技进步与对策,2009,26(23): 123－127.

[26]公宁. 完善自主创新产品政府采购政策研究[D]. 华南理工大学,2014.

[27]管永昊,杨奕,张创. 促进企业创新的税收优惠政策研究[J]. 青海社会科学,2016(6):98－103.

[28]郭宝,卓翔芝,宫兵. 政府采购扶持企业创新的机理研究[J]. 淮北师范大学学报(哲学社会科学版),2014(3): 66－70.

[29]郭兵,罗守贵. 地方政府财政科技资助是否激励了企业的科技创新?——来自上海企业数据的经验研究[J]. 上海经济研究,2015(4):70－78.

[30]郭佩霞,胡彬. 激励企业创新的财税政策评析与建议[J]. 地方财政研究,2016(5):16－22.

[31]郭雯,程郁,任中保. 国外政府采购激励创新的政策研究及启示[J]. 中国科技论坛,2011(09): 146－151.

[32]郭迎锋,顾炜宇,乌天玥,等. 政府资助对企业R&D投入的影响——来自我国大中型工业企业的证据[J]. 中国软科学,2016(3):162－174.

[33]韩凤芹,樊轶侠. 财政资金支持企业创新的新思路与新机制[J]. 经济纵横,2015,No. 360(11):101－109.

[34]韩雪. 企业自主创新与财税政策研究[J]. 科技进步与对策,2010,27(16):97－101.

[35]洪勇,李英敏. 自主创新的政策传导机制研究[J]. 科学学研究,2012,30(3):449－457.

[36]胡卫. 自主创新的理论基础与财政政策工具研究[M]. 经济科学出版社,2008.

[37]胡卫. 作为创新政策工具的公共技术采购[J]. 科学学研究,2004(01):43－46.

[38]胡文龙. 当前我国创新激励税收优惠政策存在问题及对策[J]. 中国流通经济,2017,31(09):100－108.

[39]胡昕. 江西省财政科技投入绩效评价研究[D]. 江西财经大学,2016.

[40]胡耘通,徐东云. 支持企业科技创新的税收政策研究[J]. 财会通讯,2018(5).

[41]黄河. 西方政府采购政策的功能定位及其启示[J]. 南京师大学报(社会科学版),2006(06):63—67.

[42]季凯文,龙强,周吉,等. 从五大“成本困局”看江西科技创新如何持续发力[R]. 江财智库专报,2017(5).

[43]贾康. 建设新型国家的财税政策与体制变革[M]. 中国社会科学出版社,2011.

[44]贾明琪,朱亚宁,辛江龙,等. 技术创新与政府采购关系实证研究——基于开放性视角[J]. 科技进步与对策,2014,31(20):7—12.

[45]简兆权,刘荣. 财政投入对企业创新的宏观效应研究——基于广东的案例[J]. 科学学与科学技术管理,2009,30(8):59—64.

[46]江伟,刘亮. 河北省财政资金支持企业创新的机制与措施研究[J]. 经济研究参考,2016(19):16—21.

[47]江西财经大学经济学系课题组. 对江西省工业化阶段的初步判断. 江西省决策咨询委员会主办的江西自然科学软课题《江西省跨世纪发展战略研究》子课题的阶段性成果打印稿,2015.

[48]江西省地方税务局收入规划与财务处. 固定资产加速折旧政策效应分析——以南昌市高新区为例[J]. 税收分析报告,2016(59).

[49]蒋金法. 高新技术产业发展的财税政策研究[M]. 北京:中国财政经济出版社,2002.

[50]蒋金法. 研发费用加计扣除与风险补偿机制研究. 江西省软科技计划项目结题报告(内部资料),2016.

[51]焦雨生. 湖北省创新型政府采购的反思与重构——基于政策文本分析的视角[J]. 湖北工程学院学报,2017,37(2):76—82.

[52]九三学社江西省委员会. 关于提升我省企业科技创新能力的建议[EB/OL]. (2017—10—09)[2018—06—21]. http://www. 93jx. org/

news/detail2/75179. html.

[53]寇铁军,马大勇. 我国政府科技投入对企业 R&D;投入引导效应的实证分析[J]. 地方财政研究,2013(10): 40—43.

[54]匡小平,蔡芳宏. 企业创新的 5 大困难和财税政策的 5 大着力点[J]. 江财智库专报,2017(40).

[55]李凡. 技术创新政策研究演进[M]. 经济管理出版社,2016.

[56]李建军,朱春奎. 促进自主创新的政府采购政策[J]. 中国科技论坛,2015(2):15—19.

[57]李杰玲. 鼓励大中型制造业企业创新研发的科技财政政策研究[D]. 江西财经大学,2015.

[58]李军. 国家创新系统与企业创新关系分析[J]. 数量经济技术经济研究,2001,18(7):7—13.

[59]李思慧,赵曙东. 财政激励、资源能力与企业创新[J]. 当代财经,2012(10):34—43.

[60]李燕,朱春奎. 政府采购对技术创新的影响效应[J]. 中国科技论坛,2016(09):38—44.

[61]李燕萍,沈晨,罗静子. 基于企业创新主导的区域创新体系及其要素协同——以台湾新竹科学园为例[J]. 科技进步与对策,2014(13):54—58.

[62]李长江,潘孝珍. 政府财政支持企业技术创新的经济学诠释[J]. 数理统计与管理,2010,29(1):1—12.

[63]李振兴,杨起全,程家瑜. 对我国基础研究投入问题的研究[J]. 中国科技论坛,2008(11):11—15.

[64]廖家勤,毛忠滢. 激励企业技术创新的税收政策研究[J]. 科技管理研究,2017,37(16):53—60.

[65]林洁. 基于企业自主创新的政府采购政策探析——以山西省为例[J]. 中共山西省委党校学报,2012(2):53—55.

[66]刘和东,梁东黎. 自主创新补贴政策的效应分析——考虑税收的抽肥

补瘦因素[J]. 科学学研究,2009,27(2):315—318.

[67]刘建民,马理,吴金光. 促进科技自主创新发展的政府采购机制设计[J]. 财政研究,2010(11):43—45.

[68]刘军民. 提升企业自主创新能力的财税政策分析[J]. 华中师范大学学报(人文社会科学版),2009,48(2):45—55.

[69]刘云,闫哲,程旖婕,叶选挺. 政府采购促进科技创新的政策作用机制及实证研究——以北京市为例[J]. 中国软科学,2017(08):9—20.

[70]柳卸林. 技术创新经济学[M]. 清华大学出版社,2014.

[71]麻智辉. 江西工业企业技术创新能力研究——基于江西省工业龙头企业创新调查数据的分析[C]. 中国技术管理,2013.

[72]马海涛,许强. 财税政策激励企业技术创新的理论分析及其启示[J]. 兰州商学院学报,2014(2):78—83.

[73]马伟红. 税收激励与政府资助对企业 R&D 投入影响的实证研究——基于上市高新技术企业的面板数据[J]. 科技进步与对策,2011,28(17):111—114.

[74]聂颖. 中国支持科技创新的财政政策研究[D]. 辽宁大学,2011.

[75]宁旭初,秦强. 欠发达地区政府采购促进企业技术创新研究——以广西为例[C]. 中国财政学会 2017 年年会暨第 21 次全国财政理论研讨会论文集. 2017.

[76]欧文汉. 瑞典、德国支持自主创新的财政政策及对我国的启示[J]. 中国财政,2012(18):73—76.

[77]彭佑元. 科技创新绩效评价理论与实证研究:基于山西省的经验数据[M]. 经济管理出版社,2017.

[78]钱霞,庄杨,黄晋,等. 推进企业自主创新的财税政策研究[J]. 软科学,2012,26(2):94—97.

[79]邵传林,邵姝静. 财政补贴政策对企业创新绩效的激励效果评价——来自微观层面的经验证据[J]. 西安财经学院学报,2015,28(06):5—11.

[80]申嫦娥. 促进科技进步的财政政策——基于创新价值链的研究[M]. 经济科学出版社,2014.

[81]宋河发,穆荣平,任中保. 促进自主创新的政府采购政策与实施细则关联性研究[J]. 科学学研究,2011,29(02):291—299.

[82]孙磊超. 我国政府采购对高新技术产业发展影响的实证研究[D]. 东华大学,2014.

[83]孙隆英. 企业研发费用税收政策的国际比较[J]. 国际税收,2014(11):23—27.

[84]田仪顺. 扶持自主创新产品的政府采购制度研究[D]. 武汉理工大学,2009.

[85]万钢,马建堂. 国家科技创新政策读本[M]. 国家行政学院出版社,2015.

[86]万如意. 创新战略中的政府采购政策:理论与模式[J]. 公共管理评论,2014(2):23—32.

[87]万莹,魏吉华,蒋金法. 完善研发费用加计扣除,激发供给侧改革新动力[R]. 江财智库专报,2016(01).

[88]汪建宏. 研发费用税前加计扣除政策存在问题及对策[J]. 税收经济研究,2016(2):27—32.

[89]王春法. 技术创新政策:理论基础与工具选择:美国和日本的比较研究[M]. 经济科学出版社,1998.

[90]王芳,汤鹏志,周俊. 江西省高新技术产业技术创新实证研究[J]. 企业经济,2009(8):111—113.

[91]王厚全,侯立宏. 北京市政府采购促进中小企业创新发展模式研究[J]. 科技管理研究,2016(6):85—87.

[92]王里克,殷晓莉. 甘肃省科技创新能力及其绩效评估研究[M]. 中国经济出版社,2010.

[93]王乃明. 论科技创新的内涵——兼论科技创新与技术创新的异同[J].

青海师范大学学报(哲学社会科学版),2005(5):15—19.

[94]王瑞涵. 技术进步的财政激励[D]. 财政部财政科学研究所,2011.

[95]王拓,李莉,胡远洲. 江西省大中型企业技术创新能力测度研究[J]. 江西财经大学学报,2009,2009(6):15—19.

[96]王文乐. 江西中小企业技术创新:现状与路径[J]. 科技广场,2015(8):189—193.

[97]王玺,张嘉怡. 税收优惠对企业创新的经济效果评价[J]. 财政研究,2015(01):58—62.

[98]王艳荣,刘业政. 基于系统失灵的区域创新政策有效性分析[J]. 中国科技论坛,2009(12):22—27.

[99]王再进,方衍. 企业研发费加计扣除政策实施问题及对策研究[J]. 科研管理,2013,34(01):94—98.

[100]武建龙,于欢欢,王宏起. 面向企业创新创业的政策工具效果研究——来自278家企业的问卷调查[J]. 科技进步与对策,2016,33(19):88—93.

[101]席卫群. 研发费用加计扣除税收政策效应分析——以江西省为例[J]. 社会科学家,2017(12).

[102]夏力. 税收优惠能否促进技术创新:基于创业板上市公司的研究[J]. 中国科技论坛,2012(12):56—61.

[103]肖丁丁,朱桂龙,王静. 政府科技投入对企业R&D支出影响的再审视——基于分位数回归的实证研究[J]. 研究与发展管理,2013,25(03):25—32.

[104]肖鹏,黎一璇. 所得税税收减免与企业研发支出关系的协整分析——基于全国54个国家级高新区的实证研究[J]. 中央财经大学学报,2011(8):13—17.

[105]邢怀滨,苏竣. 均衡与演化框架下的技术政策比较[J]. 科学学研究,2004,22(5):488—492.

[106]徐博. 促进我国自主科技创新的财税政策研究[M]. 经济科学出版社,2010.

[107]徐晓,李远勤. 研发费加计扣除政策的实施效果与存在问题分析——以上海市为例[J]. 科技进步与对策,2011,28(19):97—101.

[108]许强. 激励企业技术创新的财税政策研究[D]. 中央财经大学,2015.

[109]薛菁. 财税政策对企业自主创新的支持效应分析[J]. 技术经济与管理研究,2015(7):72—76.

[110]严成樑,王弟海,龚六堂. 政府财政政策对经济增长的影响——基于一个资本积累与创新相互作用模型的分析[J]. 南开经济研究,2010(1):51—65.

[111]杨博,薛薇. 英国研发支出税收激励计划及对我国的启示[J]. 会计之友,2012(30):80—84.

[112]杨博. 法国研发支出税收抵免政策及对我国的启示[J]. 会计之友,2012(22):106—109.

[113]杨博. 加拿大企业科学研究与试验开发税收激励计划[J]. 会计之友,2012(21):87—91.

[114]杨梅英,刘旭,蒋占华,等. 企业研发费用税收优惠政策的国际比较与借鉴[J]. 科技管理研究,2014(19): 16—20.

[115]杨志宏. 促进自主创新的财税政策研究述评及启示[J]. 吉林工商学院学报,2010,26(3):52—54.

[116]姚林香,黄菊萍. 中部六省科技投入与创新能力比较[J]. 改革,2014(6):105—112.

[117]余子鹏,王今朝. 我国企业技术创新选择影响因素的实证分析[J]. 科研管理,2015,36(07):49—55.

[118]袁建国,范文林,程晨. 税收优惠与企业技术创新——基于中国上市公司的实证研究[J]. 税务研究,2016(10):28—33.

[119]袁健红，孙建祥．企业创新能力研究 ：基于江苏省工业企业创新调查结果分析[M]．科学出版社，2013.

[120]袁燕军．中关村高新技术企业研究开发费加计扣除政策落实情况分析与建议[J]．科技与企业，2012(08)：83—84.

[121]约瑟夫·阿洛伊斯·熊彼特．经济发展理论——对于利润、资本、信贷、利息和经济周期的考察[M]．商务印书馆，2015.

[122]约瑟夫·阿洛伊斯·熊彼特．资本主义、社会主义与民主[M]．商务印书馆，2009.

[123]张继良，李琳琳．R&D资助差异与企业技术创新阶段的关系研究[J]．科学学研究，2014，32(11).

[124]张嘉怡．促进企业研发创新的税收优惠政策研究[D]．中央财经大学，2016.

[125]张建平，周兵林．南昌服务外包新路径："企业带产业园区带县区"[J]．服务外包，2015(10)：54—55.

[126]张俊瑞，陈怡欣，汪方军．所得税优惠政策对企业创新效率影响评价研究[J]．科研管理，2016，37(03)：93—100.

[127]张林，宋阳．企业技术创新能力评价体系构建研究[J]．商业经济研究，2018(10)：114—117.

[128]张勤芬．公共财政促进科技创新的作用与政策研究[D]．上海社会科学院，2009.

[129]张小红，逯宇铎．政府补贴对企业 R&D 投资影响的实证研究[J]．科技管理研究，2014，34(15)：204—209.

[130]赵笛．促进企业创新发展的税收优惠政策研究[J]．税务研究，2017(07)：112—115.

[131]赵凯．演化经济学的结构——过程分析方法及其经济政策研究[M]．经济管理出版社，2016.

[132]赵丽霞．促进内蒙古科技成果转化的财税政策研究[D]．财政部财

政科学研究所,2015.

[133]赵林海. 基于系统失灵的科技创新政策制定流程研究[J]. 科技进步与对策,2013,30(4):112—116.

[134]郑春美,李佩. 政府补助与税收优惠对企业创新绩效的影响——基于创业板高新技术企业的实证研究[J]. 科技进步与对策,2015,32(16):83—87.

[135]中国科学技术发展战略研究院、中央财经大学经济学院. 中国企业创新能力评价报告 2016[EB/OL]. (2017—10—27)[2018—06—29]. http://www. most. gov. cn /cxdc/cxdcpjbg/201710/P020171027318072814519.

[136]中国科学技术发展战略研究院、中央财经大学经济学院. 中国企业创新能力评价报告 2016[EB/OL]. (2017—10—27)[2018—06—29]. http://www. most. gov. cn /cxdc/cxdczbtx/201311/P020131204326622509886.

[137]朱恒鹏. 企业规模、市场力量与民营企业创新行为[J]. 世界经济,2006(12):41—52,96.

[138]朱平芳,徐伟民. 政府的科技激励政策对大中型工业企业 R&D 投入及其专利产出的影响——上海市的实证研究[J]. 经济研究,2003(6):45—53.

[139]朱有为,徐康宁. 中国高技术产业研发效率的实证研究[J]. 中国工业经济,2006(11):38—45.

[140]Akinwale Y. O. ,Dada A. D. ,Oluwadare A. J. ,et al. Understanding the Nexus of R&D,Innovation and Economic Growth in Nigeria[J]. *International Business Research*,2012,5(11).

[141]Arrow K. The Economic Implication of Learning by Doing[J]. *Review of Economic Studies*,1962,29(3).

[142]Aschhoff B. ,Sofka W. Innovation on demand—Can public procurement drive market success of innovations? [J]. *Research Policy*,2009,38(8):1235—1247.

[143]Beije P. Technological change in the modern economy: basic topics

and new developments [M]. Edward Elgar Publishing,1998:100.

[144]Bellais R. Post Keynesian Theory,Technology Policy,and Long—Term Growth[J]. *Journal of Post Keynesian Economics*,2004,26(3):419—440.

[145]Bérubé C. ,Mohnen P. Are firms that receive R&D subsidies more innovative? [J]. *Canadian Journal of Economics/revue Canadienne Déconomique*,2009,42(1):206—225.

[146]Bloom N. ,Griffith R. ,Reenen J. V. Do R&D tax credits work? Evidence from a panel of countries 1979—1997[J]. *Journal of Public Economics*,2002,85(1):1—31.

[147]Carlsson B. Jacobsson S. Insearch of useful public policies—key lessons and issues for policy makers[M]. Technological systems and industrial dynamics. Springer, Boston,MA,1997:299—315.

[148]Carlsson B. Internationalization of innovation systems: A survey of the literature [J]. *Research policy*,2006,35(1):56—67.

[149]Carlsson B. ,Jacobsson S. In Search of Useful Public Policies: Key Lessons and Issues for Policy Makers [M]. In:Carlsson B. (Eds),Technological Systems and Industrial Dynamics:Dordrecht:Kluwer Academic Publishers,1997.

[150]Clausen T. H. Do subsidies have positive impacts on R&D and innovation activities at the firm level? [J]. *Structural Change & Economic Dynamics*,2009,20(4):239—253.

[151]Cooke P. ,Uranga M G. ,Etxebarria G. Regional systems of innovation: an evolutionary perspective [J]. *Environment & Planning A*,1998,30(9):1563—1584.

[152]Correia F. ,Howard M. ,Hawkins B. ,et al. Low carbon procurement: An emerging agenda [J]. *Journal of Purchasing & Supply Manage-*

ment,2013,19(1):58—64.

[153]Czarnitzki D. ,Hanel P. ,Rosa J. M. Evaluating the impact of R&D tax credits on innovation: A microeconometric study on Canadian firms [J]. *Research Policy*,2011,40(2):217—229.

[154]Davis L. ,North D. C. Institutional change and American economic growth: a first step towards a theory of institutional innovation [J]. *The Journal of Economics History*,1970,(05):131—149.

[155]Energy U. Energy Efficiency and Renewable Energy[J]. *Contesting the Future of Nuclear Power*,2013.

[156]Etzkowitz H. ,Leydesdorff L. The Triple Helix——University-Industry-Government Relations: A Laboratory for Knowledge Based Economic Development[J]. *Social Science Electronic Publishing*,1995,14(1):14—19.

[157]Fountain J. Social Capital and Technological Innovation[J]. *Technology Management Handbook*,2000.

[158]Freeman C. Technology policy and economic performance: lessons from Japan. London: Pinter Publishers,1987.

[159]Freeman C. The Economics of Industrial Innovation, 3rd Edition [M]. The MIT Press,1997:215—219.

[160]Gayle P. G. Market concentration and innovation: New empirical evidence on the Schumpeterian hypothesis [J]. *University of Colorado at Boulder*. unpublisher paper,2001.

[161]Grossman G. M. ,Helpman E. Innovation and growth in the global economy[J]. *Mit Press Books*,1993,1(2):323—324.

[162]Guellec D. ,Van Pottelsberghe De La Potterie B. The impact of public R&D expenditure on business R&D [J]. *Economics of Innovation and New Technology*,2003,12(3): 225—243.

[163]Hall B. H. The Financing of Research and Development[J]. *Ox-*

ford Review of Economic Policy,2002,18(1):35—51.

[164]Hall B. ,Reenen J. V. How Effective are Fiscal Incentives for R&D? A New Review of the Evidence[J]. *Research Policy*, 1999, 29(4): 449—469.

[165]Westling H. Final management report Annes Ⅲ:Cooperative procurement of innovative technologies for demand side management[J]. *International Energy Agency Demand Side Management Programme*, Paris. 2000.

[166]Herbig P. A. ,Miller J. C. The United States versus the United Kingdom,Canada,and Australia : The case for structural influences on innovation[J]. *Technological Forecasting & Social Change*,1992,41(4):423—434.

[167]Holemans B. ,Sleuwaegen L. Innovation expenditures and the role of government in Belgium[J]. *Research Policy*,1988,17(6):375—379.

[168]Kestenbaum M. I. ,Straight R. L. Procurement Performance: Measuring Quality,Effectiveness,and Efficiency[J]. *Public Productivity & Management Review*,1995,19(2):200—215.

[169]Klette T. J. ,Moen J. R&D investment responses to R&D subsidies : a theoretical analysis and a microeconometric study[C]. Department of Business and Management Science,Norwegian School of Economics,2010.

[170]Langrish J. Technology Transfer: Some British Data[J]. *R & D Management*,2010,1(3):133—135.

[171]Lember V. ,Kalvet T. ,Kattel R. Urban Competitiveness and Public Procurement forInnovation [J]. *Urban Studies*, 2011, 48(7): 1373—1395.

[172]Loeb P. D. ,Lin V. Research and Development in the Pharmaceutical Industry——A Specification Error Approach[J]. *Journal of Industrial*

Economics,1977,26(1):45—51.

[173]Lucas,R. E. Jr. On the mechanics of economic development[J]. *Journal of Monetary Economics*,2011,22(1):3—42.

[174]Martin S. ,Scott J. T. The nature of innovation market failure and the design of public support for private innovation[J]. *Research Policy*,2000,29(4—5):437—447.

[175]Nelson R. R. The Simple Economics of Basic Scientific Research [J]. *Journal of Political Economy*,1959,67(3):297—306.

[176]North D. C. Structure and Change in Economic History[M]. Structure and change in economic history. Norton,1981.

[177]OECD. Venture Capital and Innovation. Paris:OECD,1996:5.

[178]P. A. Geroski. Procurement policy as a tool of industrial policy [J]. *International Review of Applied Economics*,1988,4(2):182—198.

[179]Romer P. M. Endogenous Technological Change[J]. *Nber Working Papers*,1989,98(98):71—102.

[180]Romer P. M. Increasing Returns and Long-Run Growth[J]. *Journal of Political Economy*,1986,94(5):1002—1037.

[181]Rothwell R. Technology-Based Small Firms and Regional Innovation Potential: The Role of Public Procurement[J]. *Journal of Public Policy*,1984,4(4):307—332.

[182]Rothwell R. ,Zegveld W. Innovation and Public Policy: Preparing for 1980s and 1990s[M]. London: France Printer,1981.

[183]S. Kline,N. Rosenberg. An overview of innovation. Landau R E, Rosenberg N E. The Positive Sum Strategy. Harnessing Technology for Economic Growth. [M]. National Academy Press, 2101 Constitution Avenue, Washington,National Academy Press. 1986:275—307.

[184]S. Lundsted, E. Colglazier (eds). Managing Innovation. New

York: Pergamon Press,1982:46.

[185]Samuelson P. A. The Pure Theory of Public Expenditure[J]. *Review of Economics & Statistics*,1954,36(4):387—389.

[186]Siemiatycki M. Implications of Private-Public Partnerships on the Development of Urban Public Transit Infrastructure [J]. *Journal of Planning Education & Research*,2006,26(2):137—151.

[187]Smith K. Innovation as a Systemic Phenomenon: Rethinking the Role of Policy. Canberra:Science and Techno-logy Policy Branch,1999.

[188]Tödtling F. Regional Development,Endogenous[J]. *International Encyclopedia of Human Geography*,2009:208—213.

[189]Uyarra E. ,Edler J. ,Garcia-Estevez J. ,et al. Barriers to innovation through public procurement: A supplier perspective [J]. *Technovation*, 2014,34(10):631—645.

[190]Wallsten S. J. The Effects of Government-Industry R&D Programs on Private R&D: The Case of the Small Business Innovation Research Program[J]. *Rand Journal of Economics*,2000,31(1):82—100.

[191]Woolthuis R. , Lankhuizen M. , Gilsing V. A System Failure Framework for Innovation Policy Design[J]. *Technovation*,2005(25): 609—619.